AF160456

Carolin Pirich
Das Vorspiel

*Begegnungen
mit Musik
in 15 Variationen*

BERENBERG

»Die Musik ist der einzige Bereich, in dem der Mensch die Gegenwart realisiert.«
                        Igor Strawinsky

9 — Das Konzert I

I.

26 — Gegen den Strich
43 — Das Vorspiel
66 — Vom Mut, zu viel zu sein
80 — Vor dem Vorhang

II.

94 — »Ich will nicht nur der Mann sein,
der die Tasten drückt«
119 — Stillstand
140 — Machine for Contacting the Dead
162 — Auf beiden Saiten
183 — Klassischer Krimi

III.

200 — Ausgegraben
216 — Vom Lärm der Zeitenwende
236 — Zum Leben erweckt
248 — Die dunkle Seite der Sonate

264 — Das Konzert II

Das Konzert I

Musik hat kein Gewicht. Ein Klavier schon. Dieses hier wiegt 380 Kilo und ist schwarz lackiert, ein Steinway O-180, ein kleiner Konzertflügel, Versicherungswert: 94.000 Euro. Er soll jetzt übers Wasser. Die Klavierträger haben ihm Beine und Lyra abmontiert und ihn senkrecht auf einen Rollwagen gestellt. Als sie ihn über die Uferbefestigung auf das Pontonboot schieben und sein Gewicht ganz auf dem Boot liegt, sinken die Pontons ein paar Zentimeter tiefer in den See. Die Klavierträger wechseln stumm einen Blick. Der Himmel über Berlin ist blau. Einer der Klavierträger, er stellt sich als Kutte vor, umfasst mit einer Hand die Reling, mit der anderen überprüft er, ob der Gurt den Flügelkorpus hält.

»Wie oft macht ihr das so?«, fragt er.

Mit seinem Kinn beschreibt Kutte einen Kreis, der das Instrument, das Boot und die Insel meint, zu der wir fahren. Er sieht Ronny an, vielleicht, weil Ronny das Boot steuert. Eine Schwanenfamilie schwimmt vorbei. Ronny schweigt. Ich kann nicht schwindeln. »Das ist eine Premiere«, sage ich. Für Ronny, der einen Flügel über den See fährt. Für die Insel im Tegeler See, auf der Hütten, Zirkuswägen, ein paar Häuser und viele Buchen, Erlen und Kastanien stehen. Und es ist eine Premiere für mich als Konzertveranstalterin.

Hätte ich gewusst, was bis zu dem Moment alles auf mich zukommt, hätte ich es womöglich bei der Idee belassen. Ich sitze hinter dem Flügel auf dem Boot und habe die Worte des Chefredakteurs vom Magazin der Süddeutschen Zeitung im Ohr, der den Anstoß zu dieser Situation gegeben hat, in der mich anstrenge, ein entspanntes Gesicht zu machen, während ich versuche, eine Stelle am Flügel zu finden, an der ich ihn festhalten kann. Als würde das irgendwas nutzen, wenn das Boot Schlagseite bekäme. »Du bist keine Mäzenin«, hatte er am Telefon gesagt, als er die Regeln des Projekts erklärte. Aber das Wort ärgerte mich. Mäzenin. Als bräuchte klassische Musik zwangsläufig Mäzene. Als wären Menschen nicht bereit, ihre Wertschätzung für Kunst in Euro auszudrücken. »Es geht darum, das Geld zu mehren«, hatte er gesagt, dann legten wir auf.

Wobei.

Wenn eine Welle über das Boot schwappte und den Flügel erwischte, bräuchte ich mir zumindest über die Geldvermehrung keine Gedanken zu machen. Das wäre versenkt.

Als er im Januar anruft und sagt, er stelle ein Startkapital von 1000 Euro, ich könne machen, worauf ich Lust hätte, denke ich sofort an ein Konzert. Mit klassischer Musik. Ich brauche hin und wieder Live-Musik wie andere einen Besuch im Schwimmbad: sie erfrischt mich, füllt die Reserven wieder auf, bringt neue Perspektiven. Seit Monaten schon fließen die Tage grau und leise ineinander. Die Coronafallzahlen steigen, Schulen, Restaurants, Kinos, Konzerthäuser: geschlossen. Alle haben zu kämpfen oder leiden still – Kinder, Teenager, Familien, Alleinerziehende, Hotelangestellte, Restaurantbetreiber. Musiker sitzen zuhause und üben ziellos vor sich hin. Manche fragen sich, ob es ein Fehler war, sich in dieses Dasein begeben zu haben, als wäre klassische Musik weder Berufung noch Beruf, sondern nicht mehr als ein luxuriöses Nice-to-have, auf das man verzichtet, wenn es eben sein muss.

Trotzdem: Ich will nicht nur Konzerte besuchen, ich will jetzt selbst eines veranstalten.

Wie ich das anstellen soll, davon habe ich nur eine vage Vorstellung. Als ich einem Freund, er ist Musiker, davon erzähle, dass ich ein Konzert plane, sagt er, er wisse nicht, ob er mich bedauern oder beglückwünschen solle. Ich denke noch, er meint das finanzielle Risiko.

Was braucht es für ein Konzert? Kann ja nicht so schwer sein. Einen Ort, Publikum, Musik und jemanden, der oder die sie macht. Ich spiele Klavier. Aber das bringt mich hier nicht weiter. Mein Konzert braucht eine Musikerin, für die ich auch selbst Eintritt bezahlen würde.

Es ist ein Sonntagnachmittag im Februar, als ich Julia Hagen frage. Sie ist Cellistin, 26 Jahre alt, wir hatten uns im Sommer 2020 bei den Salzburger Festspielen kennengelernt, während einer Lockdown-Pause. Wir saßen nach einem Kammermusikabend zufällig nebeneinander, draußen, bis der Kellner die Stühle auf die Tische räumte. Mir fiel auf, dass Julia spricht, wie sie Cello spielt: mit Wärme, Tiefe, Humor. Und frei von Angst. Sie gehört nicht zu den Menschen, die sich lange mit Zweifeln aufhalten. Wenn sich für sie etwas richtig anfühlt, dann ist es für sie richtig.

Im Februar ist die Leichtigkeit aus Salzburg verflogen. Wir gehen an der Spree spazieren. Natürlich nieselt es. Julia hatte ihr letztes Konzert irgendwann vor Weihnachten gegeben, Woche für Woche wurden ihr Termine abgesagt, erst eine Japanreise, dann eine Tour in Frankreich und auch sonst überall. Sie sitzt viel zuhause, spielt Cello, backt Kuchen. Und fotografiert die Kuchen, wenn sie fertig dekoriert sind. Es sei derzeit ein ständiges Hin und Her der Gefühle, sagt Julia. Mal keime ein bisschen Hoffnung auf, dann wieder fühle sie sich ratlos, oft machtlos. Das Schlimmste sei dieses unsichtbare Achselzucken, das sich einschleiche. »Man gibt es ein bisschen auf«, sagt sie. Die Zusicherungen des Publikums, dass es Konzerte vermisse, sowie die Beteuerungen mancher Politiker, wie wichtig Kultur für die Gesellschaft sei, sind in Debatten darüber verebbt, wie die Kurve flach zu bekommen sei. Die Tränen der anderen scheint derzeit niemand mehr sehen zu wollen. Die Empathiereserven der Menschen füreinander sind aufgebraucht.

Jetzt hat Julia nicht nur Lust, selbst ein Konzert auf die Beine zu stellen, sie hat ja auch Zeit. Im Sommer, wenn Corona kein Thema mehr wäre, träumen wir: Die Menschen hielten Gläser mit schimmernden Getränken, und sie würden sich volllaufen lassen mit Musik. Klar. Aber mit welcher? Mir fällt ein, was der Dirigent Jukka-Pekka Saraste am Anfang der Pandemie gesagt hatte. Es ging um die Frage, welche Rolle Konzerte in Krisenzeiten spielten. Er erzählte davon, wie Anfang der neunziger Jahre die Menschen in Finnland während der Wirtschaftsrezession kein Geld hatten und trotzdem ins Konzerthaus strömten. Es habe keine leichten Programme gegeben, sondern Sinfonien von Schostakowitsch. Saraste sprach von einer »Katharsis«, die das Publikum in der Musik erleben wollte und erlebt habe.

Welche Musik würde jetzt in die Zeit passen? Julia und ich drehen Runden an der Spree und halten immer wieder an, um auf einen Zettel zu kritzeln, was uns zur Pandemie einfällt: Einsamkeit, Langsamkeit, Nähe, Fernweh, Unklarheit, Heimlichkeit, Enge. Was noch? Gewichtszunahme, das auch. Könnte das alles in ein Konzertprogramm übersetzt werden?

Ich denke an den Dirigenten Vladimir Jurowski, der schon seit Jahren Programme entwirft, die die großen Themen der Zeit aufgreifen wollen, den Klimawandel zum Beispiel. Die Konzepte sind gut, funktionieren aber allein schon deshalb, weil es dem Dirigenten gelingt, praktisch jeden Klang so zu formen, dass man überzeugt ist, ihn nie wieder anders hören zu wollen. Ich denke auch an Igor Strawinsky, der mal befand, dass Musik gar nichts ausdrücke, nur sich selbst. Strawinsky war aller Zweck, den manche der Musik auferlegen, zuwider. Ich kann das nachvollziehen. Ich hatte mein Studium der Musikwissenschaften abgeschlossen mit einer Arbeit über Strawinskys Idee des Gesamtkunstwerks, die sich entschieden von den Vorstellungen Richard Wagners abhob, der die Musik dem Drama unterordnete und dessen Musik sich vielleicht auch deshalb für Ideologien missbrauchen ließ.

Trotzdem löst Musik etwas aus, wenn auch in jedem etwas anderes. Als wir durch den Februarmatsch laufen, stellen Julia und ich uns vor, wie wir unserem Publikum Papier und Stift in die Hand geben, mit der Bitte, aufzuschreiben, wie sie in unser Konzert gekommen sind und wie sie danach wieder gehen. Vielleicht wäre das eine Art Beleg für einen Satz, den ich irgendwo mal gehört hatte: Man kommt in ein Konzert als Individuum hinein und geht als Gemeinschaft wieder heraus. Jedenfalls glaube ich an diesem nieselgrauen Februartag, dass das Wichtigste bei einem Konzert die Wahl des Programms ist. Dass der Inhalt die Form bestimmt.

Nach ein paar Stunden sind wir leergeredet, aber haben ein Konzept. Sieben Werke, sieben Zustände im Neuland der Pandemie. Wir finden uns sehr zeitgemäß.

Die Auswahl der Werke wollen wir dann mit den anderen Musikern zusammen treffen. Sobald wir wissen, wer mit dabei ist. Ein Cello allein reicht für unser Konzert nicht, finden wir, der Klang wäre nach einer Weile zu einsam. Wir brauchen zumindest eine Pianistin oder einen Pianisten, die können schon mal ein ganzes Orchester ersetzen, sind aber weniger aufwändig. Wir planen ein Konzert in einer Zeit, in der niemand mehr Pläne macht. Es wird sich sicher jemand finden, denken wir. Zusammen würden wir den Termin bestimmen und einen perfekten Ort finden. Einen speckigen Ballsaal aus den 1920er Jahren (Atmosphäre). Oder eine Plattenbausiedlung (Musik für alle). Oder eine Galerie (Hipness).

Aber die Pianisten, die wir fragen, sagen erst begeistert zu, dann winden sie sich wieder raus. Vielleicht, weil sie unser Vorhaben aussichtslos finden? Weil wir keine erfahrenen Veranstalterinnen sind, die Aufmerksamkeit versprechen? Aufmerksamkeit ist in der Musikwelt wie überall in Kultur und Unterhaltung eine feste Währung. Wenn es schon kein Geld gibt, dann wenigstens ein bisschen Ruhm. Dabei hat bislang keiner nach einer Gage gefragt, und selbst wenn: Wir haben ja nur eine Idee und 1000 Euro. Die würden allein für die Saalmiete draufgehen. Und einen Klavierstimmer.

Außerdem sieht es weiter schlecht aus für Veranstaltungen mit Publikum. Für Ende März hat der Berliner Senat Pilotprojekte mit neun Konzerten, Opern- und Theatervorstellungen vor Publikum geplant, mit personalisierten Tickets, Coronatests, Masken. Aber die Infektionszahlen steigen weiter, in der Politik rufen sie zur »Osterruhe« auf. Das Pilotprojekt wird abgebrochen. Sollen wir unser Konzert streamen, ein Geisterkonzert ohne Besucher, wie es gefühlt alle machen? Aber fast das ganze Leben findet ja gerade vor dem Bildschirm statt. Julia ist dagegen. »Wirst sehen, das wird schon«, sagt sie. Wir haben keinen Ort, keinen Termin, keine Musiker. Dafür das Virus. Und Julias Optimismus.

Es ist einer der wenigen Tage im Mai, an dem die Sonne scheint, als Julia uns in unserer Datsche in Berlin-Reinickendorf besucht. »Perfekt«, sagt sie. Sie läuft über die große Gemeinschaftswiese am Strand, das Wasser glitzert, frisches Grün leuchtet an den Bäumen, das Gras wächst dicht wie im Garten von Schloss Windsor.«»Das Konzert machen wir hier«, stellt sie fest. Es klingt wie »und nirgendwo sonst«.

Die Wiese liegt auf einer Insel. Keine Straßen, keine Autos, am Wochenende steuert eine kleine Fähre den schmalen Anleger an. Wer die verpasst, hängt eine ganze Weile am Ufer herum, muss ein Tretboot leihen oder schwimmen. Oft schon haben wir Freunde mit dem Stand-up-Paddle-Board abgeholt, weil sie die Fähre verpasst oder gar nicht erst gefunden haben.

»Da sollte die Bühne stehen.« Julia deutet auf eine Stelle unter alten Bäumen, dahinter die Havel, zweifellos ein schöner Ort für ein Open-Air-Konzert. Vielleicht hört sie schon einen melodischen Mendelssohn oder leidenschaftlichen Schumann unter den hohen Baumkronen. In unserem Projekt wird Julia gerade zur Architektin und ich zur Statikerin, die die schöne Vision auf Machbarkeit überprüft. Hygienekonzept, Ordnungsamt, Stuhlreihen, saubere Toiletten, so was.

»Ich könnte zum Beispiel am 26. Juni«, sagt Julia. Der erste Samstag der Berliner Sommerferien. Das ist in gut drei Wochen. Irgendwann muss man sich ja festlegen. Der Senat hat bis 18. Juni weitere Öffnungsschritte angekündigt, und wer weiß, was der August bringt. Eine vierte Welle?

Ich ahne, ich muss jetzt eine Menge Leute davon überzeugen, dass es völlig vernünftig und alternativlos ist, auf dieser Insel mit 1000 Euro Startguthaben ein klassisches Konzert auszurichten. Und wenn ich gedacht hatte, bei einem Konzert käme es auf ein schlüssiges Programm an, lerne ich spätestens von nun an, dass dabei, wie in der Musik, wie im Leben überhaupt, wenig wichtiger ist als Timing.

Als Julia wieder auf die Fähre steigt, dreht sie sich zu mir um: »Wir brauchen auf jeden Fall ein Klavier«, ruft sie. Die Fähre legt ab, sie winkt mir fröhlich zu.

An meiner Mail an die Firma Steinway & Sons in Berlin sitze ich mehrere Tage. Wie formuliere ich die Anfrage, jemandem wie mir einen Flügel zu bringen, für wenig Geld und, ähem, auf eine Insel, auf der es keine befestigten Wege gibt? Ich kenne die Steinway-Leute, sie sind wahnsinnig nett, aber sie sind nicht verrückt. Ich recherchiere Anfahrtsweg, Uferhöhe, Höhe der Bühne, auf die der Flügel gestellt werden muss (je höher die Bühne, desto teurer der Transport), mache ein Foto vom Pontonboot, zeichne in Google Maps mit einem pinkfarbenen Strich die Route des Boots vom Festland bis zum Inselstrand. Das sieht irgendwie nach Urlaub aus. Das Anschreiben formuliere ich so ehrlich wie möglich und schließe mit der Feststellung: »Es wird nicht regnen.« Mehr als absagen können sie nicht, denke ich. Ich schicke die Mail ab.

Zwei Tage später kommt die Zusage. Sie würden uns ein Instrument zur Verfügung stellen (ohne Saalmiete!) und für uns einen Spezialpreis für den Transport verhandeln wollen. Die Pandemie hatte die ganze Branche ausgedörrt. Der Sommer liegt vor uns, jeder scheint Lust zu haben, was zu machen, und ich hatte unterschätzt, dass Menschen, die im Umfeld der Kunst arbeiten, anders ticken. Kunst muss nicht vernünftig sein, sie muss Kraft haben.

Julia fragt Musiker an, jetzt kann sie Pianisten sagen, dass wir auch ein Instrument haben.

Ich spreche mit dem Inselwart. Er heißt Ronny Kötteritzsch, ist gelernter Veranstaltungstechniker und hat ein gutes Händchen für Partys, Lichtinstallationen und transparente Stoffe im Wind. Aber seit fast zwei Jahren hat es auf der Insel kein großes Fest gegeben. Ronny zögert. Bis ich ihm vom Flügel erzähle. »Ihr bringt ein Klavier? Ernsthaft?« Er würde gleich den Inselbesitzer ansprechen. Er würde die Bühne bauen, Getränke mit dem Boot vom Festland bringen, an wie viele Leute würden wir denken?

Ich beschäftige mich mit Hygienekonzepten, Abständen, Personenzahlen, rufe bei Ämtern an, wo ich jeweils jemanden erreiche, der oder die gerade nicht zuständig für Genehmigungen von Open-Air-Konzerten ist, dann gebe ich es auf. Die Insel ist in Privatbesitz, was bedeutet, dass wir das Konzert auch als private Veranstaltung durchführen können. Das bedeutet aber auch, dass ich nicht groß Werbung machen kann, keinen Hinweis im Radio, keinen Veranstaltungstipp im Stadtmagazin, keine Vorfreude-Fotos auf Social-Media. Aber kommen dann überhaupt genug Leute auf die Insel? Und lassen diese Leute auch genug Geld da? Meine 1000 Euro sind schon längst verplant, für den Bühnenbau, für den Klaviertransport, außerdem, erfahre ich, werde ich eine technische Verstärkung einrechnen müssen, falls Wind aufkommt und den Klang fortträgt. Ich bin ja keine Mäzenin.

Ich brauche Tickets, allein, um eine Kontrolle zu haben, wie viele Menschen kommen, wegen des Hygienekonzepts.

Könnte ich Ticketpreise von 20 Euro pro Erwachsenen aufrufen, bräuchte ich etwa 100 Gäste, um die Kosten für die Musik zu decken, am besten 200, dann wäre wenigstens das Taxi für die Musiker drin, wenn sie nachts die Insel verlassen. Im Tegeler Forst. Allerdings weiß ich nicht, was noch alles anfällt und was Menschen mir an Zeit und Arbeit schenken. Ich darf die Tickets ohnehin nicht verkaufen, dafür müsste ich ein Gewerbe anmelden. Also muss ich um Spenden bitten. Aber Quittungen ausstellen kann ich nicht, dazu müsste ich einen Verein gründen. Und dazu fehlt mir schlicht die Zeit. Spenden Deutsche ohne Quittung?

Ich brauche eine Bühne, Lautsprecherboxen, ein Mischpult, Mikrofone, einen Tontechniker, Stühle fürs Publikum, Desinfektionsmittel, eine Person, die die Toiletten reinigt, eine Einladungsliste und jemanden, der den Überblick über Zu- und Absagen behält, damit wir nicht zu viele werden, wegen Corona. Ich brauche Leute, die Tickets und Coronatests anschauen, Spendenboxen und Leute, die darauf aufpassen, und Jens, den Fährmann der Insel, der an dem Tag Extrafahrten macht.

Wer mir über den Weg läuft, hört von mir »Konzert dies, Konzert das«.

»Hab immer einen Kasten kühles Bier da«, rät eine Freundin, die beim Theater arbeitet, als sie uns auf der Insel besucht. Das halte die Stimmung der Helfer oben. Sie wippt auf dem Liegestuhl und blinzelt in die Sonne. Mir fällt auf, dass wir das Gras mal dringend mähen müssten. Den Gedanken streiche ich gleich wieder, spielt keine Rolle fürs Konzert.

Was, wenn es regnet?, frage ich. Die Freundin tippt auf ihrem Handy. Sie liest vor: »Profizelt Cappuccino mit Seitenwänden inklusive Auf- und Abbau. Preis auf Anfrage.« Sie zeigt mir ein Foto. Das Zelt sieht aus, als fiele es beim nächsten Windstoß um, von ästhetischen Fragen mal abgesehen. Ronny muss der Bühne doch ein Holzdach bauen, auch wenn es teurer ist.

Ich brauche eine Bar. Das ist zwar noch mehr Orga, aber mit dem Getränkeverkauf würde sich die Bar selbst finanzieren, und darüber hinaus würden wir mehr Kosten decken als durch die Spenden für die Kunst. Vermute ich. Die Bar braucht: Leute hinterm Tresen, Gläser, Wein, Cremant, Wasser, Gin, Tonicwater, Wassereis für die Kinder und Eiswürfel, und all das muss auf die Insel. Kühlschränke, Brunnenwasser und einen Tresen gibt es schon. Strom auch.

Ich schlafe zu wenig. Ich übertreibe nicht, wenn ich sage, dass Organisation nicht unbedingt mein Hobby ist. Man muss viele Bedürfnisse im Blick haben, und ich lade ja nicht zu einer Party nach Hause ein. Ich soll keinen Verlust machen, sondern »Geld mehren«, das dann gespendet wird, sprich: Eine Gage kann ich nicht zahlen. Die Musiker treten also für Liebe, den Sommer und den guten Zweck auf. Also will ich dafür sorgen, dass sie alles haben, was sie brauchen. Eine Klavierbank mit Holzbeinen zum Beispiel wünscht sich einer, Metallbeine an Klavierbänken lehne er ab, schreibt er mir und setzt ein Smiley dazu. Solche Sorgen hätte ich in dem Moment auch gern gehabt.

Was, wenn der Flügel vom Boot rutscht?

Ich telefoniere mit Versicherungen. Ein Open-Air-Konzert, mit Flügel? Versicherungswert 94.000 Euro? Schwierig. Wir seien ja nicht in Italien.

Ich checke jeden Tag die Wettervorhersage, aber längst nicht mehr auf der Wetter-App meines Smartphones, die ist zu pessimistisch. Ich schaue auf die Seite vom Deutschen Wetterdienst. Überall Dauerregen in Deutschland. Außer in Berlin. In Berlin soll ausgerechnet am Samstag, dem 26. Juni, die Sonne scheinen, 26 Grad.

Ich frage alle, die es noch hören können, danach, wie wir unser Event nennen sollen (es wird simpel: »Inselkonzert«), und verschicke Einladungen mit dem Link zu einer App, auf der man sich selbst an- und abmelden kann. Die Einladung geht an Menschen, die Julia oder ich kennen oder die einen Bezug zur Insel haben, und nur an Journalisten, mit denen wir befreundet sind, denn manche Journalisten zeigen eine Tendenz, zu glauben, ihre Anwesenheit sei schon Spende genug. Ich fühle mich schäbig. Aber ich bin ja keine Mäzenin. Ich richte ein Paypal-Konto ein, falls jemand lieber online überweist.

Ein paar Tage nachdem die Einladungen raus sind, bekomme ich meine zweite Corona-Impfung. Ich bin sehr müde. Mein Telefon klingelt ständig. Der Tontechniker fragt, ob wir Monitoring wollen (ich weiß nicht mal, was das ist), der Bekannte, der sich um die Bar kümmert, will wissen, ob wir einen guten, aber teuren oder eher einen anderen Cremant bestellen (den guten), es fehlen noch Notenpulte, Pultleuchten, Orchesterstühle, die Geige haben wir noch nicht besetzt, und die Sache mit der Klavierbank habe ich auch noch nicht gelöst.

Wie hoch wäre der Schaden, wenn ich alles absage?

Nach nur vier Tagen haben sich schon knapp zweihundert Personen angemeldet. Auf meinem Paypal-Konzert-Konto ist tatsächlich schon Geld eingegangen, und mit dem Geld: Vorschussvertrauen. Jens, der als Fährmann der Insel jeden kennt, erzählt, mit wem er schon alles gesprochen habe, und alle wollen sie kommen. Im Sommer steuert Jens die Fähre »Odin«, im Winter hat er verschiedene Jobs, mal als Brandwächter bei Konzerten, mal im Sicherheitsdienst. »Und sie bringen euch ein Klavier, ja?«, fragt er nochmal. Die Vorstellung eines Konzertflügels, der übers Wasser kommt, scheint was mit den Menschen zu machen. Vielleicht auch deshalb, weil es in eine Zeit fällt, in der man sich daran gewöhnt hat, vernünftig sein zu müssen. Einen Konzertflügel über den See zu fahren ist wohl das Gegenteil von vernünftig. Absagen ist keine Option mehr.

In diesen Tagen lege ich mich immer mal für zwei, drei Minuten in die Hängematte, die wir auf der Insel zwischen einer Linde und einem Ahorn aufgespannt haben. Mein Ohrengeräusch kommt zurück, ich sollte mal wieder richtig schlafen. Was habe ich mir und uns da zugemutet? Und warum? Für den Moment?

Meine Großmütter fallen mir ein, sie sind schon lange tot, aber mit ihren Geschichten bin ich aufgewachsen. Die eine war Sängerin, Mezzosopranistin, der auf dem Weg zur

Bühne der Krieg dazwischenkam. Nach dem Krieg war sie zu alt für die Oper. Sie wurde eine der ersten Nachkriegs-Kritikerinnen, die allerdings in ihren Texten immer viel Empathie zeigte für die Menschen, die Musik ausübten. Die andere, Tochter eines Schusters mit zwölf Kindern, machte das Schreiben immer große Mühe, sie hatte in Danzig nur die Grundschule besuchen können. Wenn der Nachbar auf dem Klavier spielte und sein Fenster offen stand, hörte sie die Musik durch den Hof. Bis an ihr Lebensende blieben ihr seine Stücke im Kopf.

Musik kann man nicht essen, man kann sie sich nicht übers Sofa hängen, man kann sie nicht anfassen. Sie ist da, und dann ist sie auch schon wieder weg. Aber sie lässt etwas zurück. Was ist das mit ihr? In den vergangenen Jahren hatten die Texte, die ich schrieb, meistens mit Musik zu tun, das hat sich so ergeben. Es fasziniert mich, was Menschen bereit sind, für Musik zu tun. Warum verwenden sie einen großen Teil ihrer Lebenszeit darauf, Noten einzustudieren, die Menschen aufgeschrieben haben, die oft schon lange tot sind? Ohne diese Menschen gäbe es diese Musik heute nicht. Was machen Menschen mit der Musik, und vor allem: Was macht die Musik mit ihnen? Was ist ihr Wesen?

In anderen Worten, auf die Frage, was dieses Buch ist, würde ich antworten: Es ist eine Sammlung von Versuchen, der Musik nahezukommen.

I.

»Zu meinem vierzehnten Geburtstag habe ich mir diese kleine gelbe Taschenpartitur von Schuberts Unvollendeter Sinfonie *gewünscht. Ich glaube, meine Eltern haben sich damals ein bisschen über mich gewundert. Als ich sie dann hatte, las ich immer wieder in diesem Büchlein herum wie in einem Lieblingsbuch und hörte dabei innerlich diese Musik und dachte: Man fliegt ja weg! Man kriegt ja Flügel, wenn man sich nur vorstellt, wie das klingt.«*

Joana Mallwitz

Gegen den Strich

Sie fragt: Vielleicht möchten Sie mich in Aktion sehen?

Man hätte dann schon mal einen Eindruck.

Sie schlägt vor, dass wir uns in einem Raum der Staatsoper Unter den Linden treffen. Es ist später Vormittag, die Februarsonne hängt milchig hinter Wolken, drinnen ist es stickig, und Franziska Pietsch nimmt den Bogen, greift die Geige am Hals und legt sie in einer fließenden Bewegung unters Kinn. Dann lässt sie die Geige schreien. Von null auf hundert. Die Geige kreischt, jammert, weint. Und dann löst sich der Ton fast in Luft auf, ganz zart. Sie will das so.

Franziska Pietsch probt ein kaum bekanntes Stück von Eugène Ysaÿe, sein einziges Streichtrio. Musiker, die es gespielt haben, finden es »sauschwer« und »verworren«. Ysaÿe war ein Virtuose, der eines Tages nicht mehr Geige spielen konnte. Deshalb hat er komponiert. Er musste diesen Drang kanalisieren.

Die Komponisten, die Franziska Pietsch interessieren, brauchten die Musik als Ventil, weil sie etwas bedrängte. Das spürt sie. Das soll auch das Publikum spüren. Sie sagt: Man soll nicht gemütlich im Konzert sitzen.

Sie nimmt gern Musik auf, die ganz und gar nicht gefällig ist. Bartók zum Beispiel. Die letzte Sonate, die er vor seinem

Tod fertig geschrieben hat, entstanden im Krieg, im Exil in New York, in einem Zustand völliger Verlorenheit. Sie sagt: Da gibt es nichts Weiches. Wenn damit einer gefallen will, sage ich: Er hat nichts verstanden.

Jemand schrieb mal, Franziska Pietsch sei die Anne-Sophie Mutter des Ostens. Ein anderer stellte dann fest, das sei gewiss gut gemeint, treffe aber schon deshalb nicht zu, weil Franziska Pietschs Geigenton nicht nur rund und schön sei.

Wer sie Beethoven spielen hört, den kann sie erst einmal durchaus einlullen. Aber dann fährt es einem kalt in die Glieder. Sie spielt, als gehe es in der Musik um die nackte Existenz.

Franziska Pietsch könnte ihre Geschichte als deutschdeutsche Geschichte erzählen. Dann würde sie von dem Wunderkind handeln, das die DDR fallen ließ, als der Vater nach einem Konzert im Westen geblieben war.

Aber sie sagt: Es ist keine Opfergeschichte.

Sie könnte auch von den Grenzen des Systems berichten, an denen sie heute steht: als eine Frau um die fünfzig, die entgegen aller Wahrscheinlichkeiten ihrer Branche versucht zu erreichen, was nur wenigen gelingt – als Solistin auf der Bühne zu stehen. Aber auch das wäre nicht die ganze Wahrheit.

In jedem Fall ist es eine verzwirbelte Geschichte, bei der schwer zu sagen ist, welchen Faden man zuerst aufnehmen soll. Den, als sie als Vierjährige erfuhr, dass ihr Vater gar nicht ihr echter Vater war, sondern ein gewisser Horst, der dann mit einem Baby namens Susanna zu Franziska und ihrer Mutter in die Wohnung zog? Oder vielleicht den, als sich an einem vernieselten Herbstvormittag 1984 in Ost-Berlin ihre Zukunft auflöste. Sie saß in ihrer Klasse, 14 Jahre alt, sie hatten Bio oder Chemie, als ihr Lehrer an der »Spezialschule für Musik« in der Rheinsberger Straße in Berlin-Mitte sie aufforderte, aufzustehen, und sie aus dem Klassenzimmer führte. Zwei Treppen runter, quer über den Hof. Vor dem Schultor übergab der Lehrer Franziska zwei Stasi-Mitarbeitern, die mit dem Auto gekommen waren. Stumm setzte sie sich auf den Rücksitz. Stumm fuhren sie zum Verhör.

So erzählt es Franziska Pietsch, als sie über dreißig Jahre später an der Pförtnerin ihrer ehemaligen Schule vorbeischreitet, tack, tack, tack, auf hohen Absätzen, das Haar weht hinter ihr her, das Kinn reckt sie vor, bis sie auf dem Hof stehen bleibt, die Fußspitzen nach außen gedreht, die Knie durchgedrückt, gerade wie eine Ballerina. Sie schaut hinauf zu den rundgebogenen Fenstern der Aula.

Sie legt die Hände hinter die Ohren. Sie sagt: Ich höre das noch heute.

Da waren die Stimmen der Jungs aus den beiden zehnten Klassen, 1981 im Spätsommer. Die Jungs lehnten sich aus den Fenstern im zweiten Stock, als sie zum ersten Mal zum regulären Unterricht erschien. Sie raunten, da kommt es, unser Geigenmädchen. Ganz genau erinnert sie sich nicht an den Ausdruck, aber sie spürte damals: In den Augen der anderen war sie eine Sehenswürdigkeit. Die kleine Pietsch. Tochter des Konzertmeisters Horst Pietsch und der Geigerin Karin Pietsch. Schülerin von Geigenprofessor Scholz, Werner Scholz, der Koryphäe.

Franziska war zwölf, als sie zum ersten Mal als reguläre Schülerin »die Spezi« betrat, das Haar damals wie heute lang bis zur Taille, ein fein geschnittenes Gesicht, der Mund groß, die Augen himmelblau. »Spezi«, so nannten sie die Schule, heute ist in dem Backsteingebäude das Musikgymnasium Carl Philipp Emanuel Bach untergebracht. Wer auf diese Schule geht, hat seine Entscheidung schon getroffen. Sie oder er will Musikerin, Musiker werden, so war es früher, so ist es heute. Sonst nichts.

Franziska Pietsch war da schon wer. Sie hatte in der Komischen Oper auf der Bühne gestanden und das a-Moll-Konzert von Vivaldi gespielt, es war ein Triumph gewesen. Sie hatte den Bach-Wettbewerb in Leipzig gewonnen. In der Musikerwelt machte sie das zu einer Berühmtheit. Die Exzellenzen, die Talente suchten und sie gezielt förderten, hatten oft ein gutes Gespür bewiesen. Sie meinten: Die kleine Pietsch, die ist Solistin. Die machen wir groß. Von der wird Glanz auf die DDR zurückstrahlen.

Die Kindheit von Franziska Pietsch ist wie die vieler begabter Musikerkinder: wenig Freispiel, viel üben, Erwartungen erfüllen. Die Anspannung vor den Vorspielen, vor der Klasse, der ganzen Schule, einer Jury. Sie kennt es nur so.

Sie sagt: Ich bin Kind von zwei Geigern.

Ihre erste Geigenlehrerin war Heide-Maria Milatz. Franziska Pietsch spricht von ihr als einer warmherzigen, fröhlichen Frau, bei der es anders zuging als bei ihr zuhause. Irgendwie freier. Heide-Maria Milatz unterrichtete sie, bis Franziska sieben war. 1985 verließ Milatz die DDR, da war

Franziska sechzehn und Franziskas Vater schon weg. Bis zu ihrer Pensionierung spielte Heide-Maria Milatz bei den Duisburger Philharmonikern. Am Telefon schwärmt sie heute noch von Franziskas »großem, warmem Ton«, der musikalischen Fantasie des Mädchens und dessen Fleiß. Sie spricht auch davon, wie man Franziska »auf Solistin gedrillt« habe. Im autoritären Staat und später in der BRD.

Franziska Pietsch spielte Geige, bevor sie lesen konnte. Ihre Eltern hatten sie in ein Konzert mitgenommen, als sie noch ein kleines Kind war. Dort flüsterten sie ihr den Namen des Solisten zu. David Oistrach spielte die *Frühlingssonate* von Beethoven. Die kleine Franzi hockte inmitten der Musik, das war wie eine Burg. Sie fühlte sich sicher. Was draußen war, blieb draußen. Drinnen gab es nur sie, und es war, als hörte sie ihre eigene Stimme. Danach sagte sie nicht, sie wolle Geige spielen. Sie sagte: »Ich will Solistin werden.« Von da an strich sie stundenlang über die Saiten. Jeden Tag. »Wir zwingen sie nicht«, beteuerte ihre Mutter gegenüber den erstaunten Nachbarn. »Der macht das Spaß.« Vielleicht sind die Eltern auch diejenigen, die treiben, aber wie soll man das eine vom anderen unterscheiden? Die Bilder, die Franziska für die Schule malen sollte, malte die Mutter. Sie schrieb auch ihre Aufsätze. Wenn sie mit ihrer jüngeren Halbschwester Susanna in eine Rangelei geriet, gab Franziska irgendwann nach. Sie rief dann: »Meine Arme! Meine Arme!« Susanna spielt heute Geige im Symphonieorchester des Bayerischen Rundfunks. Sie lacht wie ihre große Schwester, ansteckend und hell, eine dunkelblonde, lebhafte Frau, von der Franziska Pietsch sagt: »Sie ist so ganz anders als ich.« Susanna Pietsch sagt über ihre Schwester: »Sie ist sehr fanatisch mit ihrer Geige.«

Manchmal fiel Franziska Pietsch damals selbst auf, wie die Geige alles dominierte. Wie einmal, als sie über den Schulhof rannte, als hätte man eine Rakete gezündet. Sie jagte ihrer Freundin hinterher, rutschte auf dem Kies aus und stürzte auf die Hand. Die linke Hand, die beim Geigespielen die Saiten drückt, die virtuose Hand. Sie blutete.

Franziska Pietsch zupft sich den Lederhandschuh von den Fingern und zeigt auf die blasse Narbe unter dem Daumenballen.

Sie sagt: Einmal die Geige vergessen, und zack, die Quittung dafür.

Man sieht, wie sie die Kontrolle fahren lassen kann: In einem kurzen Moment zum Beispiel, wenn sie den Kopf in den Nacken wirft und ihr Gesicht aufglänzt wie eine Messerklinge in der Sonne. Sie lacht so, dass man sich umschauen will, ob ein dünnwandiges Glas in der Nähe ist, das springen könnte.

»Wenn du ein Profi werden willst, musst du mit vierzehn technisch fertig sein«, sagt Franziska Pietsch. Das waren auch die Worte ihres Lehrers, Werner Scholz. Als Franziska vierzehn war, konnte sie alles spielen. Die Intonation – perfekt. Die Technik – ausgereift. Die Angst vor dem Auftritt war kleiner als der Genuss des Applauses. Für Musiker ist das eine ganz normale Entwicklung, so beschrieb es Anne-Sophie Mutter in einem Interview: »Menuhin, Rubinstein,

Heifetz sind alle in diesem Alter aufgetaucht. Zwischen zwölf und vierzehn offenbart sich eine Seelenreife, die nichts mit der Lebensreife zu tun hat und etwas Gottgegebenes ist.«

Den Rollkies auf dem Schulhof, auf dem sie ausgerutscht war, haben sie weggeschafft. Heute ist der Hof hell und dunkel in Pflastersteine gegliedert. Klaviertöne plätschern aus einem Fenster. Eine Dame mustert uns im Vorbeigehen. Ein adretter Jugendlicher grüßt bleich, dann verschwindet er im Gebäude. Franziska Pietsch schlüpft durch die Holztür und steigt die Treppe hinauf zur Aula der Schule.

»Hat dein Vater mit dir gesprochen?«, fragten die Stasi-Leute beim Verhör, da war ihr Vater bereits seit ein paar Monaten im Westen. Es waren mehrere, aufgereiht hinter einem großen Schreibtisch. Franziska saß ihnen gegenüber. Sie hatte sich vorn an den Rand des Stuhls gesetzt. Sie fragten geschickt, nicht direkt, sie fragten zu unverfänglichen Ereignissen aus den Monaten davor. Vielleicht würde das Mädchen die Konzentration verlieren und sich verplappern. Wenn sie verraten würde, dass sie von den Fluchtplänen gewusst hatte ... Franziska musterte ihre Gesichter. Die Lippen, wie sie sich bewegten. Psychologen nennen das Blitzlichterinnerungen, wenn sich Details um ein wichtiges Ereignis herum ins Gedächtnis einbrennen.

Franziska Pietsch war an einem Punkt, an dem sie namhaften Dirigenten hätte vorspielen können. Sie hätte mit ihnen Platten aufnehmen, in Salzburg auftreten können, in London, New York, Wien und Paris. Sie hätte wie der Tenor Peter Schreier und der Trompeter Ludwig Güttler einer der wenigen internationalen Musikstars der DDR werden können. Es hätte im Osten für Franziska Pietsch losgehen können wie wenige Jahre zuvor für Anne-Sophie Mutter im Westen.

Sie sagt: Mein Gefühl war, mein Leben war hier zu Ende.

Sie denkt an ihren Vater, wie er sich an einem Maiabend zu ihr ans Bett setzte. Sie müsse jetzt stark sein, sagte er.

Es war ein Abend kurz nach ihrer Jugendweihe. Sie war mit ihrer Schwester und der Mutter von einem Ausflug nach Budapest zurückgekommen, müde von der Fahrt. Franziska hatte sich die Haare gebürstet, die Zähne geputzt, den Schlafanzug angezogen. Sie hatte sich in ihr Bett gelegt und sich zugedeckt.

Am nächsten Morgen werde er fahren, sagte der Vater, er saß auf ihrer Bettkante. Es sei eine Konzertreise mit seinem Streichquartett in den Westen, wie schon oft. Diesmal werde er nicht zurückkehren, sagte der Vater. Sie würden dann den Ausreiseantrag stellen – den »Antrag auf Familienzusammenführung« – und nachkommen.

Sie fragte nicht: Wann sehen wir uns wieder, was wird aus uns? Sie hielt ihn nicht am Arm fest und verlangte: Bleib hier! Franziska nickte und löschte das Licht. Am nächsten Morgen rollte der Vater mit dem grünen Lada 1600 aus der Ausfahrt.

Sie sagt: Ich wusste, der kommt nicht wieder.

Es war, als hätte er etwas von ihr mitgenommen. Sie kommt nicht darauf, was das war.

Hätte Franziska sich vor den Stasi-Leuten verplappert, hätten sie vielleicht ihre Mutter verhaftet. Hätte sie etwas gesagt, hätten sie alle als republikflüchtig gegolten. Vielleicht hätten sie ihre Schwester und sie ins Heim gesteckt. Aber Franziska Pietsch verplapperte sich nicht. Sie war ja ein Bühnenkind. Ein Bühnenkind weiß, wie man Angst versteckt.

Sie sagt: So viel Kraft hatte ich damals schon.

Franziska Pietsch hat sich später oft gefragt, warum es ausgerechnet zu jenem Zeitpunkt sein musste. Das Leben war okay. Der Vater konnte reisen. Von den Honoraren der Auftritte im Westen musste er den Großteil der Republik überlassen. Das ging schon, aber das musste im Westen keiner machen. Bei denen standen auch nicht diese Hunde hinter der Grenze, bei deren Anblick man sich schon gebissen fühlte und sich fragte: Habe ich mir etwas vorzuwerfen? Aber Franziska Pietsch hat ihn nie gefragt, warum er gegangen ist. Sie hat ihm auch nicht erzählt, wie es für sie war. Sie haben bis heute kaum über die Zeit im Osten gesprochen. Ihre Eltern leben heute zusammen in Hannover.

Sie sagt: Meine Eltern sind Menschen, die nach vorne schauen.

Sie steht in der Aula ihrer ehemaligen Schule. Das Parkett ist neu, die Stühle leuchten in Pink und Orange, heute ein behaglicher Raum. Hier hat sie früher oft gestanden und vorgespielt, die kleine Pietsch mit der großen Zukunft. Bis zu dem Tag, als der Lehrer sie der Stasi übergab.

Nach diesem Tag veränderte sich äußerlich wenig. Franziska ging weiter zur Schule, und sie musste auch weiter ihren Geigenkoffer in die Schule tragen. Aber sie durfte ihn nicht mehr öffnen, und damit veränderte sich für Franziska Pietsch alles. Trotzdem hatte sie einmal in der Woche Unterricht bei Professor Scholz. In dieser Stunde saß er ihr gegenüber, die Geige blieb im Koffer, und der Professor sprach von Kapitalismus, Sozialismus und davon, dass der Vater ihrem Leben schade. Für den Fall, dass sie sich gegen die Eltern stelle, verspreche er ihr eine Weltkarriere. Einmal, so erinnert sich ihre Schulfreundin Sophia Reuter, heute Bratschistin in der Berliner Staatskapelle, habe Professor Scholz im Nebenraum so laut gebrüllt, dass ihr Lehrer aufstand, um nachzusehen, wie es der Schülerin ginge.

Franziska Pietsch sagt: Ich war in einer Art Vakuum.

Sie durfte keinen Wettbewerb mehr spielen, nicht mehr auftreten. Sie wurde fünfzehn. Sie wurde sechzehn. Ihre Mutter, erzählt Pietsch, warnte sie davor, sich zu verlieben, Gefühle könnten die Ausreise noch schwerer machen. Und die Jungs könnten Spitzel sein. Die Schwester Susanna ging wieder zum Geigenunterricht. Der Mutter strich man mit dem Konto auch die Stelle im Rundfunkorchester. Sie trat jetzt überall auf, wo sie noch durfte. Sie arbeitete rund um die Uhr.

Franziska war damals in dem Alter, in dem Anne-Sophie Mutter vom Baden-Württembergischen Kultusministerium längst von der Schulpflicht befreit worden war, damit sie sich nur noch der Musik widmen konnte. Andere in ihrem Alter an der »Spezi« gewannen Wettbewerbe, spielten Konzerte. Franziska Pietsch sah sie an sich vorbeiziehen.

Sie sagt: Ohne Geige war ich praktisch nicht mehr existent.

Hier könnte Franziska Pietschs Geschichte enden. Dann wäre es die Geschichte vom Mädchen mit dem Riesentalent, das der Willkür eines politischen Systems ausgeliefert war.

Aber dann formuliert sie einen merkwürdigen Satz, der lautet: Ich bin fast dankbar.

Sie wohnt in einem Kölner Altbau. Zweiter Stock. Eine üppige Welt aus Schönheit über zwei Stockwerke: ein antiker Flügel, antike Möbel. Moderne Gemälde. Kunstvolle Lampen. Ein Musizierzimmer. Sie hockt im Wohnzimmer auf dem weichen Teppich im Schneidersitz vor dem Ledersofa, ein Stück Mokkatorte trocknet seit vier Stunden auf ihrem Teller, und sie versucht zu erklären, wie sie Dankbarkeit empfinden kann.

Sie sagt: Ich habe dann angefangen, mir Fragen zu stellen. Warum die Geige? Bin ich ein Zirkuspferd, schneller, höher, weiter? Worin liegt der Sinn von all dem?

Damals war sie allein in der Wohnung in Berlin-Pankow und las die Noten von Bach-Sonaten. Sie fragte sich, ob Bach so hatte schreiben können, weil er gläubig war. Sie las über Dmitri Schostakowitsch, den berühmten sowjetischen Komponisten, der aus Furcht davor, abgeholt zu werden, den Mantel anbehielt, wenn er ins Bett ging. Schostakowitsch zerrieb sich zwischen Anpassung und Aufbegehren gegen den sozialistischen Bruderstaat der DDR. Der große Bruder war ein Staat, der Menschen töten ließ.

Franziska Pietsch sagt: Schostakowitsch hatte kein leichtes Leben. Und trotzdem hat er diese Musik geschrieben.

Wenn sie heute Schostakowitsch spielt, dann schwingt das mit: die Grenze zum Wahnsinn jener Zeit. »Sie kann Schostakowitsch spielen und zur Furie ausrasten«, so beschreibt es Sophia Reuter, die Freundin, heute.

Zweieinhalb Jahre nach der Flucht des Vaters wurde der Antrag auf Familienzusammenführung genehmigt. Franziska Pietsch durfte mit ihrer Mutter und ihrer Schwester in die BRD ausreisen. Sie hatten einen Tag Zeit, um die Dokumente in der Stadt zusammenzusammeln. Es gab einen bestimmten Zug, den sie bekommen mussten. Auf dem Bahnsteig standen Polizisten mit Maschinengewehren und Sophia Reuter, ihre Freundin mit den langen braunen Zöpfen, neben ihr der große Hund der Reuters. Sie winkte, und Franziska Pietsch weiß noch, wie sie im Zug aus dem Fenster schaute und erschrak, als sie dachte: Du wirst hier nie rauskommen, Sophia.

»Was haben Sie die letzten dreißig Jahre gemacht?«

Das ist die Frage, die ein Konzertagent Franziska Pietsch irgendwann immer stellt. Konzertagenten vermitteln Musiker an Veranstalter. Sie bringen ihre Musiker mit Dirigenten für einen Auftritt zusammen. So wie es heute kaum noch eine Schriftstellerin, Schauspielerin ohne Agenten gibt, haben die meisten Solisten Agenten, die sich darum kümmern, dass ihr Name groß und der Konzertkalender voll bleibt. Konzertagenten wollen große Namen, damit Veranstalter einen Saal vollbekommen. Wenn der Name nicht groß ist, sollte der Musiker, die Musikerin einen Haufen Wettbewerbe gewonnen haben, sich gut fotografieren lassen und etwas mitbringen, das sich über die Musik hinaus erzählen lässt, ein Ideal, ein Engagement, vielleicht ein eigenartiges Hobby. Im besten Fall sollte ein Solist, eine Solistin jung sein.

Franziska Pietsch wird in diesem Jahr fünfzig. In dem Alter haben andere Geigerinnen schon laut überlegt, wie lange die Kraft noch reicht, der Ton glänzt und das Dekolleté frisch bleibt. Aber als sie im perfekten Alter war, mit vierzehn, fünfzehn, sechzehn, lebte Franziska Pietsch im falschen System.

In der BRD fing sie zunächst da an, wo sie in der DDR vor der Ausreise ihres Vaters aufgehört hatte. Sie hatte wieder Lehrer, und sie hatte jetzt eine Agentur, die für sie Auftritte organisierte. Wo Franziska Pietsch auftrat, schrieben die Kritiker von »Glanzeffekten«, stürmischem Beifall, »Weltklasse«, »Urtalent«, manchmal vom »Geigenwunder«. Sie hatte wieder Unterricht. Aber die Lehrer sprachen nicht über das Was in der Musik, sondern über das Wie. Artikulation und Intonation, statt dem, was darunterliegt. Dem Wesen der Musik. Franziska Pietsch sagt: Ich kam aus dem Unterricht und war leer.

Sie bekam eine Art Autoimmunkrankheit. Die Schilddrüse spielte verrückt. Das Herz schlug zu schnell. Sie musste

Konzerte absagen. Ihr damaliger Freund sagte zu ihr: Du legst ein halbes Jahr die Geige weg, du brauchst Zeit, das kriegen wir schon hin. Die Agentur kündigte den Vertrag. Aus der Welt der Solisten war sie draußen.

Sie lernte einen Mann kennen, der nichts mit Musik zu tun hatte. Er ist Chirurg und operiert Herzen. Sie zog nach Köln und heiratete. Sie sieht heute ihre Mutter vor sich, wie sie das Glas abstellte, mit dem sie eigentlich anstoßen sollte, als sie ihr mitteilte, dass sie schwanger war, und wie die Mutter sagte, das war's dann wohl. Sie meinte die Karriere der Tochter als Solistin.

Sie trat nicht auf den großen Bühnen auf, in Salzburg, der Berliner Philharmonie, der Carnegie Hall, wie es einst von ihr erwartet worden war. Sie spielte in Orchestern. Franziska Pietsch sagt: Ich bin Mensch geworden.

Es sei ihr gut damit gegangen, dass die Geige nur noch ein Aspekt in ihrem Leben war. Nicht der einzige. Aber nach ein paar Jahren hörte sie auf, in Orchestern zu spielen.

Gabriela Ijac, eine Kollegin aus dem Orchester in Wuppertal, erinnert sich an Franziska Pietsch. Sie saß neben ihr am Pult. Sie hat sie dicht neben sich gehört und manchmal auch aus dem Publikum. Pietsch sei eine fantastische Konzertmeisterin gewesen. Ijac erinnert sich daran, wie Pietsch einmal mit dem Solo in Édouard Lalos *Symphonie espagnole* die Kritiker umhaute. »Ein wahrer Musiker spielt alles«, sagt Gabriela Ijac. Aber man hört heraus, dass sie offenbar fand, Pietsch habe sich im Orchester unter Wert verkauft. »Ein Rennpferd ist kein Zugpferd«, sagt sie.

Nachdem sie das Orchester verlassen hatte, spielte Franziska Pietsch Kammermusik, im Duo, im Trio. Sie nahm eine CD mit einem Orchester auf und schließlich eine allein. Geige solo. Es war, als suche sie nach etwas.

—

»Ich brauche frisches Fleisch.«

Das ist die Antwort, die Franziska Pietsch nicht nur einmal von einem Konzertagenten gehört hat, dem sie vorgestellt wurde. Frisches Fleisch. Das klingt mehr nach Pornobetrieb als nach einer Branche, in der es lange Diskussionen darüber gibt, ob man nach dem Reger noch einen Beethoven spielen sollte, damit das Publikum mit einem erhabenen Gefühl aus dem Konzerthaus spaziert.

Warum tut sie sich solche Antworten an? Warum hat sie überhaupt aufgehört, in Orchestern zu spielen?

Sie sagt: Es hat ein Stück gefehlt. Das war noch nicht stimmig.

Will sie in dem Bild aufgehen, das einmal für ihr Leben entworfen wurde? Vielleicht kann man sich dem nicht entziehen. Vielleicht kann das kaum einer. Wahrscheinlich muss man an den Anfang zurückgehen, um einen Kreis zu schließen.

Es dauerte ein Vierteljahrhundert, bis im November 2014 bei Sophia Reuter in Berlin das Telefon klingelte. Sie sagt, sie habe Franzis Stimme sofort erkannt. Ob sie Lust habe, Kammermusik mit ihr zu machen? Sie habe da einen wunderbaren Cellisten an der Hand.

Vier Jahre nach dem Anruf steht Sophia Reuter auf einer Probebühne neben dem Cellisten, um beide herum wirbelt Franziska Pietsch. Die drei Musiker proben das einzige Streichtrio von Eugène Ysaÿe. Sie wollen es als Trio Lirico in Hamburg spielen. Der Cellist hat das Konzert an Land gezogen, der Veranstalter hat sich sogar dieses Außenseiter-Stück gewünscht. Franziska Pietsch eilt ans andere Ende des Raumes, um zu hören, wie es von weiter weg klingt. Dann saust sie wieder zurück.

Sophia Reuter ist eine große, dunkelhaarige Frau mit mütterlichem Gesicht, besprenkelt von Sommersprossen. Sie hat die beruhigende Ausstrahlung von jemandem, der die Dinge im Leben praktisch angeht. Wenn Franziska Pietsch zehn Schattierungen für die Atmosphäre der ehemaligen Spezialschule für Musik ausleuchtet, zielt Sophia Reuter mit einem Wort auf deren Bausubstanz: »Die haben sie in der DDR ziemlich geschrottet.« Damit ist für sie praktisch alles gesagt.

Sie sind als Jugendliche im Sommer mit ihren Familien zusammen in die Datschen gefahren, die Autos vollgepackt mit »Vogelkäfig, Hund und Hase«. Sie sind im Winter auf dem See heimlich Schlittschuh gelaufen. Franziska verschwand hinter der Biegung und verstauchte sich die heilige Hand. Und dann war Franziska weg, im Westen.

Sophia Reuter spielt in der Staatskapelle Berlin Bratsche. Sie hat den Raum in der Staatsoper Unter den Linden organisiert, in dem sie nach einer gemeinsamen Aussage für das Streichtrio von Ysaÿe suchen.

Sophia Reuter sagt: Da steht »Allegro non troppo«. Was machen wir damit?

Franziska Pietsch fragt: Willst du ganz linientreu sein?

Die Frauen grinsen.

Der Cellist lässt den Bogen sinken. Er fragt: Können wir noch mal?

Sie können.

Ein Ton, eisig, er fährt einem unter die Haut.

Franziska Pietsch ruft: Ja! Da hört es auf, schön zu sein.

Wenn es aufhört, schön zu sein, dann stimmt die Richtung.

Das Vorspiel

Letzte Nacht hat Konrad Reber nicht mehr von den Stücken geträumt, von Dittersdorf, Koussevitzky, Beethoven. Er hat tief geschlafen, jetzt fühlt er sich sicher. Eine Putzfrau saugt noch einmal um ihn herum, dann lässt sie ihn allein. Reber blickt sich um in diesem Raum, den sie ihm zugewiesen haben: eine Solistengarderobe, kahl, eng, aber mit einem Fenster. An der Wand ein großer Spiegel. Über der Tür ein Lautsprecher, über den sie ihn bald rufen werden. Es gibt sogar ein Klavier. Das Modell kennt er noch aus seiner Kindheit in der DDR, Firma Hupfeld, Modell Carmen. Reber öffnet den Deckel, schlägt eine Taste an und verzieht den Mund. Es ist verstimmt.

Draußen steigt die Sonne über die Berliner Dächer. Eine Gruppe dunkel gekleideter Männer zieht über den Gendarmenmarkt, bewehrt mit Kaffeebechern. Alles in ihrem Gang strahlt Gewissheit aus. Gleich werden sie sich in den Büros verteilen. Reber kippt das Fenster und klappt den Hocker auf, den er mitgebracht hat, streift das schwarze Hemd über und bindet seine frisch gebürsteten Konzertschuhe. Dann zieht er den Bass zu sich heran. Öffnet den Reißverschluss der Hülle, greift mit der einen Hand das Instrument am

Hals und streift mit der anderen die Hülle ab. Nimmt den Bogen aus dem Etui und bestreicht ihn mit bernsteinfarbenem Harz, dem Kolophonium. Alles macht er langsam. Das dämpft die Aufregung. Heute werden ein paar Minuten entscheiden, da muss alles stimmen: sein Gang über die Bühne. Seine Stimme für das »Guten Morgen!«, das er in den Saal schickt. Die Eindeutigkeit von Klang und Rhythmus in seinem Spiel. Und das gewisse Etwas, das Undefinierbare. Wenn er jetzt mit Ruhe beginnt, wird er auch später ruhig sein.

Reber setzt sich und lässt den Bogen über die Saiten gleiten. Die Töne füllen den Raum. So soll es sein.

Seit knapp einem Jahr sucht das Konzerthausorchester in Berlin einen neuen Kontrabassisten. Bei diesem Probespiel will es einen finden. 94 Kandidaten haben sich beworben, 52 wurden eingeladen. Sie haben Mappen eingeschickt mit Lebensläufen, die von Verzicht und Fleiß, von Drill und Zielstrebigkeit erzählen. Und mit Fotos, die manchmal fast noch Kinder zeigen.

Da ist Je-Jun Kwak aus Südkorea, der mit 15 die Schule verließ und mit seinem Bass nach Deutschland kam, allein.

Da ist Krasen Zagorski aus Bulgarien, 25 Jahre alt, der an der Nationalen Musikschule in Sofia zu den Besten zählte; er kam zum Studium nach Deutschland, weil er von seinem Beruf einmal leben will.

Da ist Christian Poll aus Wiesbaden, 35 Jahre alt, der für sein Instrument so viel ausgab wie andere für einen Mittelklassewagen: 35.000 Euro.

Und da ist Konrad Reber, 25 Jahre alt, aus einem Dorf zwischen Leipzig und Dresden. Er hatte schon einen Vertrag in einem Orchester mit großem Namen. Aber der Vertrag war auf ein Jahr befristet, weshalb er sich jetzt wieder eine Stelle suchen muss.

Der jüngste Kandidat ist 22 Jahre alt, der älteste 36. Sie kommen aus Chile und China, Australien und Amerika, Israel und Südkorea. Sie alle haben an Musikhochschulen studiert, Meisterkurse besucht, Wettbewerbe gewonnen. Ihre Lebensläufe sind lückenlos. Trotzdem ist dieses Probespiel für viele schon eine der letzten Chancen, als Orchestermusiker von ihrem Beruf zu leben. Deshalb haben fast alle Musiker in dieser Geschichte in Wahrheit andere Namen. Ihre Welt ist klein. Manche könnten Schwierigkeiten bekommen, weil sie sich woanders beworben haben. Und viele fürchten, ihnen könnte am Ende dieses Tages der Makel des Verlierers anhaften.

Die Büromenschen draußen auf dem Gendarmenmarkt hören vielleicht das Brummen von Konrad Rebers Kontrabass, aber sie ahnen nicht, dass sich hinter dem gekippten Fenster jemand für einen Existenzkampf rüstet. Zwar gibt es im Jahr 2011 in Deutschland 133 Kulturorchester, ein Viertel aller öffentlich finanzierten Orchester weltweit. Aber während vor zehn Jahren noch rund 1500 Orchestermusiker die deutschen Musikhochschulen mit Diplom verließen, sind es jetzt 2000. Gleichzeitig werden Häuser geschlossen, Stellen gestrichen. Und der Wettkampf um die verbliebenen Plätze ist globaler als je zuvor: Immer mehr hochbegabte Klassikmusiker aus der ganzen Welt strömen an ihren Sehnsuchtsort

Deutschland, immer jünger scheinen sie zu werden und immer besser. Immer anspruchsloser und immer bescheidener.

Kein deutsches Opernhaus kommt mehr ohne einen Sänger, eine Sängerin aus Südkorea aus. In Venezuela werden 250.000 Kinder vom dritten Lebensjahr an sechs Tage in der Woche in Orchestermusik unterrichtet. Im ganzen Land gibt es Dutzende Musikzentren mit rund 15.000 Musikpädagogen, deren Erziehungsprogramme dem Drill in einer Kaserne ähneln. Und der neue chinesische Starpianist heißt Niu Niu, eine halbe Milliarde Menschen schaut ihm bei seinem Klavierspiel im Fernsehen zu. Er ist zu dem Zeitpunkt gerade mal dreizehn Jahre alt.

In China und Südkorea gilt das Beherrschen klassischer Musik mittlerweile als Statussymbol, etwa 80 Millionen Kinder lernen dort ein Instrument, und viele besuchen schon im Grundschulalter spezielle Musikschulen, die normalen Unterricht mit einer Musikausbildung verbinden. Erfolg wird dort belohnt, Misserfolg streng sanktioniert. Wer diese Zeit übersteht und den Abschluss schafft, dem raten die Lehrer, noch an einer Musikhochschule in Deutschland zu studieren. Im Wintersemester 2010/11 sind an deutschen Musikhochschulen 8133 Orchestermusiker eingeschrieben. 4757 von ihnen kommen aus dem Ausland – mehr als die Hälfte.

»Man kann gut sein, aber es nützt einem nichts«, sagt Reber in die Stille seiner Solistengarderobe. »Man braucht auch Glück.«

Konrad Reber hat ein glattes, herzförmiges Gesicht mit grünen Augen unter dichten Brauen. Sein Mund sieht aus, als würde er immer lächeln. Er ist eigentlich zu jung, um schon mit Druck zu einem Probespiel zu fahren. Aber er hat eine Tochter und einen kleinen Sohn. »Meine Frau wird langsam unruhig«, sagt er.

Zwei Wochen vor dem Tag der Entscheidung hatte Reber zuhause in Sachsen ein Stück Holz in den Ofen gelegt. Nebenan, in einem winterkalten Zimmer, lag sein schwerer Bass. Das kleine Haus, in dem er mit seiner Frau und seinen Kindern lebt, hat keine Heizung, dafür ist die Miete niedrig. Bei Kaffee und Gebäck, beschienen von einer Kerze, erzählte Reber von seinem Lebensbegleiter, dem Kontrabass. Er lernte darauf zu spielen, weil seine Eltern es wollten, nicht weil er Lust dazu hatte. Sein Vater war Klarinettist in einem Operettenorchester, seine Mutter Musiklehrerin. Der Sohn sollte ein »richtiges Instrument« lernen, Kontrabass zum Beispiel. Bässe brauche man immer, meinte der Vater.

Die Lust kam erst später. Reber hatte unter Anleitung seiner Eltern geübt und geübt, und irgendwann saß er im sächsischen Landesjugendorchester. Sie probten *Tod und Verklärung* von Richard Strauss, als er erstmals spürte, was ein Bass in einem Orchester bewirken kann. Wie sein tiefer Ton die hellen trägt. Parallel zum Abitur bereitete sich Reber auf die Aufnahmeprüfung an der Musikhochschule vor. Er bestand.

»Wenn man studiert, geht man davon aus, dass man davon einmal leben kann«, sagte Reber an jenem Nachmittag in seinem Haus. Auf dem Boden liegen Spielzeug und Buntstifte der Tochter, an der Wand hängt ein Foto aus der Zeit, als er die Haare noch lang trug und zu einem Zopf zusammenband. Bevor er zu seinem ersten Probespiel fuhr, schnitt er ihn ab.

Seinen ersten eigenen Bass kaufte Reber am Ende des Studiums. 8000 Euro zahlte er einem Bassisten im Ruhestand dafür. Es kommt bei Probespielen nicht nur darauf an, gut zu sein, sondern auch auf den Klang des Instruments, das der Kandidat mitbringt. Reber hat an diesem Morgen in Berlin die Instrumente der anderen gesehen, sie alle haben still ihr Material beäugt wie Rennfahrer die Wagen der Konkurrenz. Für einen Platz im Orchester müssen junge Musiker weit in Vorleistung gehen. Dabei haben viele Orchester eigene Kontrabässe, die ihre Mitglieder benutzen, manchmal noble, alte Instrumente, deren Wert zwischen 50.000 und 100.000 Euro liegt.

Reber bewarb sich in Köln, Frankfurt, Berlin. Irgendwann klappte es bei einem Orchester mit großem Namen und langer Tradition. Rebers Vertrag war eben auf ein Jahr befristet. Während er unter berühmten Dirigenten auf einem dieser noblen Instrumente spielen durfte, zahlte er die Schulden für seinen alten Bass ab. Ob das Publikum ahnt, wie viele prekär Beschäftigte es im Herzen der Hochkultur beklatscht?

Reber hatte eine Weile überlegt, wie er das Gefühl beschreiben könnte, Teil eines Orchesters zu sein. »Das sind Gänsehautmomente«, sagte er dann. »Da weiß man, warum man das alles macht.«

Doch dann war das Jahr vorbei. Seitdem bekommt Reber Arbeitslosengeld. Und jetzt sitzt er in der Solistengarderobe und wartet, dass der Lautsprecher knackt und endlich sein Name fällt.

In der Einladung stand, was das Konzerthausorchester hören will: Dittersdorf, Vanhal, Hoffmeister oder Sperger in der ersten Runde, Solokonzerte von Bottesini oder Koussevitzky in der zweiten. Schließlich zusammenhanglose Stellen aus Opern und Sinfonien, verschiedene Stile, verschiedene Komponisten, schnell hintereinanderweg. Eine Art Zirkeltraining in Noten. Nur die wenigsten Kandidaten werden sie spielen dürfen. Die meisten scheitern in der ersten Runde.

Reber braucht die Noten schon lange nicht mehr, er kennt jedes Stück. Aber sein Herz rast jedes Mal, wenn er zu einem Probespiel auf die Bühne tritt. Deshalb hat er die Noten doch dabei, als Halt. Auf das erste Blatt hat er ein lächelndes Gesicht gemalt. Um sich daran zu erinnern, dass ihm das hier eigentlich Spaß macht.

Vor dem Bühneneingang des Konzerthauses geben zwei Bassisten einander die Hand, sie haben sich erst kürzlich gesehen: dieselbe Situation, andere Stadt. Ein dritter dreht eine Zigarette und hält den Kopf gesenkt, als wolle er seine Konzentration wie eine unsichtbare Schutzhülle bewahren, die bei einem Wort sofort zerreißen würde.

Herr Freitag, der Orchesterwart – ein Mann wie aus einem Block gehauen –, hakt auf einer Liste die Namen der Konkurrenten ab: Nur 25 haben sich angemeldet. Einer muss kurzfristig ein Konzert spielen und konnte sich aus dieser Lage nicht herauslügen. Ein anderer hat sich mit Durchfall abgemeldet. Wer sich nicht gut fühlt, sagt meist von sich aus ab, denn ein Probespiel kostet nicht nur Nerven und Zeit, sondern auch Geld. Viele Orchester erstatten einem Kandidaten die Reisekosten nur, wenn er in die zweite Runde kommt.

Freitag streicht Namen für Namen durch. Wer heute nicht teilnimmt, wird keinen neuen Termin bekommen. Er begleitet die Kandidaten zu ihren Zimmern und wünscht »Toi, toi, toi«. Nie antwortet jemand. Wenn man sich bedankt, geht es schief. »Alte Theaterweisheit«, sagt Freitag.

Die Gänge hinter der Bühne gleichen einander in jedem Stockwerk, grau und schmal mit Stimmzimmern auf jeder Seite, eins neben dem anderen wie in einem schmucklosen Hotel. Nacheinander gehen die Kandidaten in den Kleinen Saal im vierten Stock, holen sich vom Konzertflügel das A, plang, plang, und messen mit einem kleinen Apparat die Schwingungen. Dann stimmen sie in ihren Zimmern ihre Instrumente.

Überall im Haus brummen jetzt die Kontrabässe, jeder für sich, aber zusammen klingen sie wie schwere, nervöse Insekten.

An diesem ersten Tag des Probespiels besteht die Jury aus sieben Mitgliedern und einem Vertreter des Orchestervorstands, der darüber wacht, dass alles korrekt abläuft. Die Reihenfolge der Kandidaten, die Diskussion, die Wahl. Die Jury sucht am ersten Tag jene Bewerber aus, aus denen am zweiten Tag das ganze Orchester den neuen Kollegen wählen wird.

Die Jury, das sind an diesem Morgen die sieben Kontrabassisten des Konzerthausorchesters. Ihnen fehlt der achte – und den wollen sie finden. Einen sogenannten Tuttisten, der in der Masse mitspielt, auf den sie sich verlassen können. Sie wollen nicht den Besten, sie wollen den Geeigneten – den, der zum Orchester passt, klanglich und als Kollege. Denn der, den sie aussuchen, darf auf Lebenszeit bleiben.

Die Kür eines Musikers ist so geheim wie die Wahl des Papstes – nach innen demokratisch, nach außen unkommentiert. Das Orchester hat abgestimmt, ob eine Journalistin bei diesem Konklave dabei sein darf. Es hat debattiert und schließlich zugestimmt, aber niemand will an diesen beiden Tagen viele Worte verlieren oder gar geschwätzig werden.

Die Jury verteilt sich auf den Samtsesseln im Saal. Eine Frau und sechs Männer. Jeder der sieben kennt die Situation im Probespiel, jeder Musiker hat sie einmal erlebt: Man fühlt sich nackt und bloß, der Tagesform ausgeliefert – der eigenen und der der Entscheider. Jetzt sind sie es, die auf der sicheren Seite sitzen. Die Schicksal spielen werden. Über der Szene liegt ein heiliger Ernst. Sie sitzen nicht zu weit hinten, aber auch nicht zu weit vorn. So, dass die Akustik stimmt. Aber auch so, dass zwischen Kandidat und Jury eine Leere gähnt. Die muss er füllen.

Oder sie?

Yasako Mashimoto sitzt im Erdgeschoss, zart wie eine Elfe. Wenn sie wollte, könnte sie bequem in ihrer Basshülle schlafen. Sie hat eine Sackkarre gekauft, auf denen andere Umzugskartons oder Bierkisten transportieren. Mashimoto schiebt darauf ihren Bass. Er wiegt 15 Kilo. Wenn sie ihn über Pflastersteine zieht, schüttelt es ihn zwar, aber das macht nichts, sagt sie: »Er ist ja nicht aus Porzellan.«

Yasako Mashimoto trägt einen kunstvollen Haarturm auf ihrem Hinterkopf, aus dem ein paar Strähnen locker ins Gesicht fallen, als sei das unbeabsichtigt. Über ihrem schwarzen, engen Konzertanzug liegt ein cremefarbenes Cape. Als sie am Morgen durch die Orchesterflure kam, schien sie zu schweben. Warum nur, dachte wohl mancher ihrer Konkurrenten, sieht bei einigen so leicht aus, was so schwer ist?

Diese zierliche Japanerin – auf den ersten Blick wirkt sie wie eine der vielen neuen Konkurrenten aus Ostasien und Osteuropa, die plötzlich die Probespiele dominieren. Sie kommen stumm und gehen stumm, ganz so, als hätten sie keine Geschichte. Es wird nur gewispert unter den Bewerbern auf den Fluren des Konzerthauses am Gendarmenmarkt, aber einmal fällt das Wort »Ausländer«, und es klingt nicht freundlich.

Das deutsche Publikum bewundert »Exoten«, will Lang Langs und Netrebkos – aber die deutschen Musiker wollen einen Job. Die Konkurrenz ist härter geworden, das Niveau gestiegen. Die Musiker müssen sich heute mit Aufnahmen von Spitzensolisten messen, die Tontechniker in Studios geglättet haben. Wer heute mit dem Studium als Orchestermusiker beginnt, beherrscht Partituren, die vor einigen Jahren nur von Solisten erwartet wurden, und wer von der Musikhochschule kommt, muss sich beeilen: Wie bei Sportlern die Ausdauer und die Beweglichkeit mit dem Alter abnimmt, reduziert sich bei Musikern die Geläufigkeit der Finger und die Muskulatur. Wer über 35 ist, hat kaum noch eine Chance, zu einem Probespiel eingeladen zu werden. Die Akademie der

Sächsischen Staatskapelle in Dresden hat zu dem Zeitpunkt ihre Altersgrenze für Bewerber neu ausgeschrieben: Wer älter ist als 28, braucht seine Unterlagen nicht mehr einzusenden.

Doch auch Yasako Mashimoto hat eine Geschichte, man muss ihr nur zuhören. Als Kind, in der Musikschule, saß sie zunächst am Klavier und spulte ihre Etüden ab. Aber eigentlich wollte sie Kontrabass spielen, wie ihr Vater im Sinfonieorchester von Sapporo. Der Klang des Basses, ganz unten, ganz tief, klang »wunderschön«, sagt sie, die Vibrationen fingen ihren kleinen Körper. Wenn Mashimoto spricht, muss sie eine Weile nach den Wörtern suchen. Wenn sie das passende gefunden hat, lächelt sie entspannt.

Auf Japanisch gibt es kein eigenes Wort für den Kontrabass, Mashimoto benutzt einfach das deutsche. Als sie zwölf war, prüfte der Vater, ob ihre Finger lang und ihre Hände kräftig genug waren. Und er schickte seine Tochter nicht auf eine der teuren Spezialschulen, sondern unterrichtete sie selbst, streng und unnachgiebig. Es dauerte ein paar Jahre, bis Hornhaut an ihren Fingerkuppen gewachsen war und es nicht mehr schmerzte, wenn sie die dicken Saiten auf dem Griffbrett drückte.

Mashimoto stellt die Teetasse ab, die sie mit beiden Händen gehalten hat, und dreht ihre Handflächen nach oben. Am Zeigefinger der rechten Hand wölbt sich eine Schwiele, wie eine Beule. »Der Bogen liegt ganz gut darauf«, sagt sie.

Im Frühjahr 2006 ist Mashimoto mit ihrem Diplom von der Musikhochschule in Tokyo nach Deutschland gekommen, mit 24. Sie wollte bei einem Professor studieren, von dem ihre Eltern in Japan schwärmten. »Er ist fantastisch«, sagt sie, er habe ihr beigebracht, mit den Augen zu hören und mit den Ohren zu sehen. Im vergangenen Sommer schloss sie auch dieses Studium ab, aber Mashimoto will nicht zurück. »In Japan sind die Orchester ... wie Maschinen«, sagt sie. »Sie spielen so korrekt.«

Ihre Eltern geben ihr noch ein halbes Jahr. Wenn sie bis dahin keine Stelle gefunden hat, holen sie die Tochter zurück nach Japan.

Im Orchestersaal nimmt nun eine Frau mit strenger Frisur am Flügel Platz, streicht sich die Hosenbeine glatt und massiert noch einmal ihre Finger. Sie wird die Kontrabassisten begleiten, immer wieder dasselbe spielen, drei Stunden lang den Dittersdorf.

Die ersten Takte sind die schwierigsten: ein Lauf über zweieinhalb Oktaven vom D bis zum hohen A; die Musiker nennen ihn die Mannheimer Rakete, weil die Komponisten der Mannheimer Schule des 18. Jahrhunderts ihn oft verwendet haben. Und weil er in die Höhe schnellt. Bei Dittersdorf landet er auf einem einzigen Ton, der dann wiederholt wird. Nur wenige schaffen es, dabei die Spannung zu halten. Der Bassist beugt sich über sein Instrument nach vorn wie über die Schulter eines Kleinwüchsigen und muss am Ende des Griffbretts das hohe A treffen. Es sind nur wenige Takte – aber in ihnen liegt die Arbeit von vielen Jahren.

Nun knarzen die Lautsprecher und werfen Namen in die Stimmräume.

»Je-Jun Kwak!«

»Yasako Mashimoto!«

»Konrad Reber!«

Yasako Mashimoto schwebt auf die Bühne und trägt den Bass in ihrer rechten Hand, als würde sie seine Masse nicht mehr spüren. Die Strähnen aus dem Haarturm wehen um ihren Kopf, und als sie spielt, lächelt sie und hält die Augen geschlossen. Eine junge Französin stupst kurz noch ihre Brille auf die Nase, greift den Bogen mit der Hand von oben, nicht wie die anderen von unten, und spielt erstaunlich leicht. Beim nächsten Kandidaten klingt das Instrument ein wenig nach Quetschkommode, er hat keinen guten Tag erwischt. Dann ist da ein Chilene, bei dem es so aussieht, als spielte er nicht Kontrabass, sondern tanzte einen zärtlichen Tanz mit einer traurigen, dicken Frau.

Die Juroren in den Sitzreihen malen Kreuze, Striche und Adjektive auf die Namenslisten. »Ruhig«, »weich«, »anbiedernd«, »voll«, »musikalisch«. Am Ende steht hinter jedem Namen ein Plus oder ein Minus. Meistens ein Minus.

Es ist kurz nach elf, als Konrad Reber ins grelle Licht des Scheinwerfers tritt. Seine Stimme bleibt fest: »Guten Morgen!« Er ist der Erste, der das Publikum grüßt, vielleicht seine neuen Kollegen. Sollte sein Herz auch diesmal rasen, ist es ihm nicht anzumerken.

Reber hat extra für diesen Tag ein anderes Instrument dabei. Der Bass, den er jetzt auf der Bühne vorsichtig in Balance bringt, ist älter als der, den er sich am Ende des Studiums gekauft hat, etwa um hundert Jahre. Strahlend klingt er, kräftig. Immer wieder hatten die Orchester ihm nach Probespielen gesagt, er habe zwar schön gespielt, aber sein Instrument klinge zu leise, irgendwie heiser. Deshalb hat Reber sich eines geliehen und ihm andere Saiten aufgezogen, Solosaiten. Die seien »präsenter«, hat er gesagt.

Mit dem strahlend polierten Bass und den neuen Saiten lässt Reber die Mannheimer Rakete auf der Bühne starten. Das hohe A ist eine Punktlandung. Später wird er selbst sagen, er habe »voll, frei und frisch« musiziert.

»Vielen Dank!«

Die Unterbrechung kommt aus Reihe fünf, kühl, knapp, entschieden. »Den zweiten Satz bitte!« Ist das ein gutes Zeichen?

Ein Probespiel ist das engste Nadelöhr in der Laufbahn eines Orchestermusikers. Weniger als vierzig Prozent aller in Deutschland ausgebildeten Musiker schaffen diese Hürde. Die anderen drängen in die Musikschulen oder überleben als Freiberufler. Doch die werden immer mehr. Meldeten sich 1995 noch 20.000 freiberufliche Musiker bei der Künstlersozialkasse, waren es fünfzehn Jahre später bereits 45.000 – mehr als doppelt so viele.

Scheitert ein Geiger, kann er in Trios oder Quartetten spielen. Ein klassischer Kontrabassist ohne Orchesterstelle dagegen hat es noch viel schwerer: Es gibt kaum Stücke für kleine Besetzung mit Kontrabass. Das Ziel, nach jahrelanger Ausbildung auf dem tiefen Klangteppich ein Orchester schweben zu lassen, erreichen nur wenige. Der Kontrabass ist ein Sackgassen-Instrument.

Konrad Reber wartet auf das Urteil. Er wartet lange.

Während der zähen Stunden wechseln auf der Bühne die Kandidaten. In den Fluren gehen Türen auf, fallen wieder ins Schloss. Yasako Mashimoto ist auch schon durch, Michael Sander wartet noch, dass er seinen Namen hört.

Sander teilt sich sein Zimmer mit einer Kandidatin aus Israel. Als er ankam, aß sie gerade einen Apfel und lächelte ihn an. Sie scheint einen guten Tag zu haben, ihr Bass wirkt solide, sie wie die Ruhe selbst. Nebenan spielt einer, der fast perfekt klingt. Krafttöne. Nicht hinhören, zu gefährlich.

Sander ist ein muskulöser Mann von neunzig Kilo mit dunklem, akkurat geschnittenem Haar. Sein Gesicht hat die Blässe eines Menschen, der zu selten aus dem Haus kommt. »Das liegt daran, dass ich meistens im Keller sitze und übe«, sagt er.

Der Raum, den er Keller nennt, ist allerdings hell und geräumig, denn Sander ist Akademist in einem Opernhaus. Ein Akademist ist eine Art Edelhospitant eines Orchesters. Mit niedrigem, aber regelmäßigem Einkommen und der Möglichkeit, zwei Jahre lang mit erstklassigen Musikern zu spielen. Akademisten werden gern eingeladen zu Probespielen: Sie haben Konstanz und Kompetenz bewiesen. Und Demut.

»Kennen Sie den *Kontrabass* von Patrick Süskind?« Sander hat das Buch immer wieder gelesen. Es erzählt von einem Mann, der sich als Orchestermusiker unterschätzt fühlt und der sein Instrument, den Bass, mehr hasst als liebt. Zu schwer, zu unhandlich, zu tief. All das hat ihn zu einem Stubenhocker gemacht und jede Romanze verhindert, eine feste Beziehung sowieso.

»Das stimmt alles!«, sagt Sander. Bei ihm sei es dasselbe. Er habe in seinem Leben noch keine Freundin gehabt – nur den Kontrabass, dieses Ding mit Taille und Hüfte.

»Ich bin einer, der gerne übertreibt«, sagt Sander, aber während andere auf Partys gingen oder in Urlaub führen, bleibe er tatsächlich bei seinem Bass und übe. Dieses große, schwere Instrument scheint wie eine Fußfessel zu sein: Es bremst, schränkt ein und kettet seinen Besitzer zuhause fest. »Spätestens nach zwei Wochen Pause lässt die Feinmotorik nach«, sagt Sander. Die Angst davor lässt ihn auf vieles verzichten. Das sagt er auch denen, die ihn um Rat fragen, ob sie Musik studieren sollten: »Wenn es dir nicht tiefernst ist, lass es lieber sein.«

Sander war dreizehn, als er sich in einem Brandenburger Musikgeschäft in die Masse und Kraft des Kontrabasses verliebte. Dabei stand er nur in der Ecke, unauffällig, schlicht und schwer. Sander redet von Liebe, als wäre sein Tun mit dem Verstand nicht zu erklären.

Drei Jahre nachdem er den Kontrabass für sich entdeckt hatte, bewarb er sich an einem Spezialgymnasium für Musik im Berliner Osten. Er hatte es schwerer als die vielen anderen, die mit Geige oder Bratsche angefangen hatten. Dafür nennt sich Sander heute »Edelkontrabass«: einer, der nie etwas anderes wollte.

Nach dem Abitur schenkten seine Eltern ihm den Kontrabass, den er bis heute spielt. Er stammt aus Wien, und sein Holz sieht aus, wie es klingt: schön und dunkel. Es gab Zeiten, in denen Sander übte, bis sich die Nerven zwischen

Fingerkuppen und Knochen entzündeten. »Jetzt«, sagt er, »will ich endlich eine richtige Stelle gewinnen.« Er sagt tatsächlich »gewinnen«. Wie bei einem Wettkampf. Oder einer Lotterie. Wie bei einem Spiel, auf dessen Ausgang man selber kaum noch Einfluss hat.

Mittlerweile wird auch unter Musikern gedopt. Ein beliebtes Medikament ist Tavor. Es macht die Finger nicht schneller, es steigert auch nicht den Sauerstoffanteil im Blut, das würde einem Musiker ohnehin nichts nützen. Tavor ist ein Beruhigungsmittel, das die Angst dämpfen soll. Beliebt sind auch Betablocker, die den Herzschlag senken. Jeder junge Musiker weiß, woher er sie bekommt, manche nennen sie auch die »rosarote Brille«, aber kaum jemand würde zugeben, dass er sie braucht.

Der Druck ist so groß geworden, dass um die Probespiele ein kleines Beratungsbusiness entstanden ist: Es gibt Seminare nur für Musiker in der Probespiel-Zeit. Notenbuchausgaben, die die Stellen aus den Partituren herausgelöst haben, die bei Probespielen oft abgefragt werden. Yogakurse an Musikhochschulen. Und einen Mentaltrainer aus Bremen, der an die Orchesterakademien fährt und dort ein Video von der Tennisspielerin Maria Scharapowa zeigt, immer wieder, in Zeitlupe. Wie sie ihren Tennisschläger in der Hand dreht, wie sie vor dem Aufschlag den Ball springen lässt, tapp, tapp, so lange, bis sie hoch konzentriert ist. Erst dann schlägt sie zu.

In Berlin hat sich ein Psychologe auf die Ängste von klassischen Musikern spezialisiert. Er berät einen 32-jährigen Klarinettisten, der nun einen Taxischein macht. Einen

34-jährigen Konzertmeister, der Koch lernt. Einen 29-jährigen Posaunisten, der endlich eine Stelle gefunden hat: als Orchesterwart.

Als Michael Sander aufgerufen wird, ist der Fahrstuhl ausgefallen. Er schleppt seinen Bass in den vierten Stock. Stufe für Stufe, Atemzug für Atemzug. Es ist ein Albtraum. Als er an der Tür zum Saal ankommt, hört er ein trauriges Brummen. Sein Vorgänger spielt noch. Dann wird es still. Stumm betritt Sander die Bühne, fixiert hoch oben die Luft wie ein Tennisspieler vor dem Aufschlag.

Während der Abstimmung werden die Türen zum Saal von innen verschlossen. Manchmal fällt die Entscheidung schnell, manchmal dauert es eine Stunde. Es kommt sogar vor, dass das Probespiel abgebrochen wird, weil die Jury sich nicht einigen kann oder meint, dass kein geeigneter Kandidat dabei war.

Yasako Mashimoto schält in ihrem Stimmzimmer eine Orange. Konrad Reber öffnet das Fenster. Michael Sander reibt Kolophonium mit Kräutern aus Amerika auf seinen Bogen. Es gilt als das beste.

Wieder knacken die Lautsprecher. »Alle Kandidaten kommen bitte ohne Instrument in die vierte Etage!«

Sie sammeln sich im Foyer. Als der Vertreter des Orchestervorstands aus dem Konzertsaal tritt, stehen sie da wie eine Schulklasse vor der Zeugnisvergabe. Wunderkinder, Meisterschüler, Wettbewerbssieger. Sie stellen sich im Halbkreis auf und warten darauf, welche Richtung ihr Leben nehmen wird. Der Orchestervorstand macht es so kurz wie möglich. Er nennt die Namen derer, die am nächsten Tag noch einmal spielen dürfen. Yasako Mashimoto klemmt sich eine Strähne hinters Ohr. Konrad Reber schaut zu Boden. Michael Sanders Blick sucht Halt an einer Deckenlampe. In kühlem Stakkato fallen die Namen. Michael Sander hört den Orchestervorstand »Michael Sander« sagen. Yasako Mashimoto wartet vergeblich. Und auch Konrad Reber hört seinen Namen nicht.

Am zweiten Tag sollen die verbliebenen Kandidaten hinter einem blassblauen Vorhang aus Ballonseide spielen. Nur der Klang soll entscheiden. Sie haben Nummern statt Namen. Das gesamte Orchester hört zu.

Der Hausmeister hat den Vorhang mit Schnüren an beiden Enden aufgeknüpft, weshalb er schlaff in der Mitte durchhängt. Alles, was am Tag zuvor zu sehen war, ist jetzt nur noch zu erahnen. Die Kandidaten sind blassblaue Schatten, der eine schlurft, der nächste stakst. An leichten, schnellen Schritten erkennt man eine Frau. Hinter dem Vorhang klacken die Hocker auf, kratzen die Stachel des Basses in den weichen Bühnenboden, dann tut sich ein kurzes Geräuschloch auf, bevor die Bässe vibrieren.

Michael Sander ist sofort zu erkennen an seinem Mut zum Risiko. Er spielt jetzt ganz oder gar nicht. Der, der ihm folgt, ist der mit den Krafttönen, die Sander gestern durch die Wände hörte. Einer spielt nervös, aber mit Seele. Einem anderen rutschen die Töne weg. Noch einer klingt zu hoch.

Die Jury tagt und ist sich nicht einig. Sie setzt noch eine Runde an, mit nur noch zwei Kandidaten. Mit einem romantischen Musikstück ihrer Wahl sollen sie »Persönlichkeit zeigen«.

Der Vorhang wird abgebaut, die Sicht auf die Bühne ist frei. Dort sitzen die Frau am Konzertflügel und – Michael Sander. Er hat seinen Hocker ganz nah an die Rampe gerückt und blickt wieder hoch in den leeren Rang, bevor er den Bogen aufsetzt und den ersten Ton spielt. Giovanni Bottesini, ein herzzerreißend dramatisches Stück in h-Moll. Die Jury lässt ihn lange spielen, so lange, dass Platz ist für Freude und Zweifel, denn was heißt es, dass sie ihn nicht stoppen: Hören sie ihn gern? Oder haben sie noch Bedenken?

»Danke, das genügt!«, ruft die Solobassistin aus dem Publikum. Ihr Gesicht ist nur Maske.

Der zweite Mann, der jetzt auf die Bühne tritt, ist kaum größer als sein Instrument. Er sitzt nicht, er steht. Es ist der Chilene, der am Tag zuvor so aussah, als würde er tanzen. Wie er den Bass von hinten umfasst, wirkt es wieder, als wiege er eine Frau mit bemerkenswerter Taille in seinen Armen. Vielleicht gelingen ihm deshalb die kräftigen Samttöne. Sein krauses Haar wippt, als er das Konzert von Sergei Koussevitzky beginnt.

Das Stück sei »ein wenig kitschig«, wird er später sagen, er möge es nicht mal sehr. Aber er sei nicht dazu gekommen, ein anderes zu lernen.

Michael Sander wartet draußen im Foyer und hört ihn spielen, diesen Nhassim Gazale, siebenundzwanzig Jahre alt, dessen Name ihm nichts sagt und dessen Geschichte er nicht kennt. Sie wurde ja auch erst in den letzten Stunden interessant, als alle ausschieden, nur nicht dieser Lockenkopf, den niemand auf der Rechnung hatte. In Curanilahue, der kleinen Stadt in Chile, in der Nhassim Gazale aufwuchs, wollten die Lehrer den Kindern klassische Musik beibringen. Die meisten suchten sich die Geige aus, viele ein Cello. Am Schluss fehlten Fagott und Kontrabass.

Nhassim Gazales Hände schienen groß genug, und die Lehrer vermuteten, er würde noch wachsen, also gaben sie ihm den Kontrabass. Er bekam Unterricht und spielte in dem kleinen Jugendorchester seiner Stadt. Später zog er nach Concepción, um in einem richtigen Sinfonieorchester zu spielen. Aber weil das Orchester nicht besonders gut war, verlor er bald die Freude daran.

Wenn er an diesem entscheidenden Tag erzählt, was danach geschah, lacht Gazale wie ein Junge, dem ein Streich gelungen ist: Er akzeptierte, dass er mit seinem Kontrabass in Chile nicht glücklich werden würde, und studierte Zahnmedizin. Zahnärzte braucht man immer. Gazale zog sogar gern Zähne und bohrte Löcher aus. Aber nach fünf Jahren ließ ein Professor ihn durch seine letzte Prüfung fallen. Gazale kehrte zurück zu seinem Instrument und entschied, zusammen mit ihm auszuwandern.

Nhassim Gazale war fünfundzwanzig und wollte ein Musikstudium beginnen in einem Alter, in dem andere nach einem Platz im Orchester suchen. Er bewarb sich an einer Musikhochschule in Berlin, und im April 2009 saß er im Flugzeug nach Deutschland, im Bauch der Maschine eine Holzkiste mit seinem Bass. Ein Tischler hatte die Kiste für ihn gezimmert, sie wog knapp fünfzig Kilogramm, einen Flugkoffer konnte sich Gazale nicht leisten.

Vielleicht erklärt all das seine Leichtigkeit. Als Michael Sander sich beim Üben die Fingerkuppen wund spielte, zog Nhassim Gazale Zähne.

»Vielen Dank!«, ruft die Solobassistin aus dem Dunkel des Zuschauerraums. Nhassim Gazale bricht ab, lächelt irritiert, nickt dem Publikum zu, dann der Frau am Klavier. Er klemmt den Bogen unter die Saiten, fasst sein Instrument an der Taille und verlässt den Saal zügig durch den Bühnenausgang. Es war sein erstes Probespiel.

Ein letztes Mal berät die Jury. Manche sagen, die einzige Freiheit, die ein Orchester besitzt, sei die, ein neues Mitglied zu wählen. Über Programm und Konzertreisen entscheiden Management und Chefdirigent, aber wenn es darum geht, einen neuen Kollegen zu finden, entscheidet das Orchester: allein und in einer demokratischen Abstimmung. Der neue Kontrabassist des Berliner Konzerthausorchesters braucht die einfache Mehrheit. Wenn es keine Mehrheit gibt, ist die Wahl ungültig und das Probespiel wird abgebrochen.

Nicht selten einigen Orchester sich am Ende auf solides Mittelmaß. Da sind persönliche Interessen, Lobbyarbeit und manchmal die Angst vor der Konkurrenz, die man sich mit einem jüngeren Kollegen in die eigenen Reihen holen würde – auch wenn sein Klang gut zum Orchester passt.

Vor dem Eingang zur Bühne blinkt noch immer die Lampe: »Bitte Ruhe! ... Bitte Ruhe!« Auf dem Boden liegen zwei Kontrabässe, Gazales rötlicher und Sanders dunkelbrauner.

Keiner der beiden Kandidaten will in seinem Zimmer auf die Entscheidung warten. Sander steht neben seinem Bass, reibt seine nackten Unterarme und sieht immer wieder zur Tür. Gazale sitzt, an die Wand gelehnt, auf einem der gepolsterten Hocker. Verstohlen kreuzen sich ihre Blicke.

Wieder schnarrt der Lautsprecher: »Michael Sander und Nhassim Gazale, bitte!«

Der Vorstand des Orchesters, ein aufgeschlossener Mann, der sich noch sehr genau an sein eigenes Probespiel erinnern kann, streckt die Hand zum Glückwunsch aus – Richtung Nhassim Gazale. Michael Sander steht daneben und weiß nicht, wohin mit seinen Armen, er schüttelt sie aus wie ein Boxer nach dem Kampf. Als Nhassim Gazale seine neuen Kollegen begrüßt, hört er, dass er schon in einem Monat seine erste Sinfonie spielen wird, Beethovens sechste. Da ist Michael Sander schon draußen, auf einem langen Spaziergang.

Und so verschwinden 24 von 25 Bewerbern um die Bassistenstelle im Konzerthausorchester Berlin wieder in das Nichts, aus dem sie gekommen sind. Yasako Mashimoto, die Japanerin, schiebt den Anruf bei ihrer Familie in Sapporo noch etwas hinaus. Konrad Reber, der junge Vater im Haus ohne Heizung, will ein paar Tage Pause machen, bevor er wieder die Noten aufschlägt, in die er das lächelnde Gesicht gezeichnet hat. Michael Sander läuft wie ein Tourist über den Gendarmenmarkt. Als er zurückkommt, um seine Sachen aus dem Konzerthaus zu holen, ist das Zimmer, in dem sein Kontrabass liegt, schon abgeschlossen.

Vom Mut, zu viel zu sein

Es gibt verschiedene Möglichkeiten, seinen Ängsten ein Zuhause zu geben, ich habe mich für ein Klavier entschieden. Es hat einen waldhonigfarbenen Körper, 155 Zentimeter lang, das kleinste Modell der Firma Steinway & Sons, ein Flügel, gebaut in Hamburg im Kriegsjahr 1940. Die oberen Lagen sind brillant wie die seiner viel teureren, jüngeren Verwandten, aber nicht hysterisch, der Bass klingt rund und voll und die Mitte bleibt ausgewogen. Er hört sich sehr gut an. Nein, ich will es anders ausdrücken, ohne Zurückhaltung: So klingt Liebe.

Hätte mir jemand vor einem Jahr gesagt, ich würde mich finanziell für ein Musikinstrument verausgaben, ich hätte in stiller Nachsicht den Kopf geschüttelt. Früher vielleicht, hätte ich gedacht, als ein paar der Möglichkeiten, die man so hat als junger Mensch in Europa, noch Zeit gehabt hätten, in Erfüllung zu gehen. Außerdem: wohin in der Berliner Familienwohnung mit so einem Elefanten von Instrument? Und, schlimmer, wenn ich mich trauen würde, auf ihm zu spielen, würden sie mich hören, die Nachbarn oben, die Nachbarn unten, die Leute auf der Straße. Irgendwann würden sie bei uns klingeln. Ich würde die Tür öffnen. Die Freundlichen unter ihnen würden lächeln und Begründungen erfinden, weshalb ich bitte nicht vormittags / mittags / nachmittags / abends Klavier spielen sollte, wegen des Babys / Homeoffice / sonstiger Sorgen, als wären sie schuld daran, dass ich sie störe. Als wäre nicht ich zu viel.

Wahrscheinlich schreibe ich deshalb. Schreiben ist, abgesehen vom Klacken auf der Tastatur, nicht zu viel. Texte sind still, sie stören nicht, wenn sie entstehen, die Nachbarn nicht, und später müssen sie auch die Leser nicht stören. Ich meine nicht, dass Texte nicht aufrütteln oder neue Perspektiven eröffnen oder einen wütend, traurig, glücklich werden lassen können. Aber sie tun es auf eine distanzierte Art. Wenn sie Lesern nicht gefallen, scrollen sie halt weiter oder wickeln ihren Biomüll ins Papier. Was ich meine: Zwischen mir und dem Geschriebenen und zwischen mir und den Lesern gibt es erst das leere Dokument, dann die Buchstaben, dann die Redakteure, und vor allem gibt es Zeit.

Musik ist das Gegenteil von Stille und das Gegenteil von Abstand. Man kann ihr nicht ausweichen. Man kann sie nicht festhalten. Wenn ein Ton kommt, dann fällt er in einen hinein. Zwischen mir und der Musik gibt es: nichts. Keinen Filter. Sie greift in mich hinein und zieht alles raus. Das ist extrem, wenn man ihr zuhört. Das kann unerträglich sein, wenn man sie macht.

Der Gedanke, mich mit einem Klavier dem Mädchen zu stellen, das ich einmal war, kommt mir im Sommer vor einem Jahr. Meine Mutter ruft an und sagt, dass meine frühere Klavierlehrerin gestorben sei.

Sie hieß Frau F., hatte eine tiefe Stimme und ein flächiges Gesicht. Sie war groß und blieb es auch, als ich ausgewachsen war. Ich verbrachte viele Stunden mit ihr, seit ich fünf war. Sie war unsere Nachbarin, früher Opernsängerin, später Korrepetitorin, dann private Klavierlehrerin. Ich ging jede Woche ein bis zwei Mal zum Unterricht in ihr altes Haus, das unter dunklen Nadelbäumen kauert, wie in einer Höhle. In einem Erkerzimmer, auf einem durchgescheuerten Teppich, stand ihr Blüthner-Flügel. Seine Tasten waren angegraut von Generationen von Klavierschülern. Vergilbte Partituren quollen aus den Regalen, im Winter zog die Kälte durch die Fenster, im Sommer die Hitze, aber der Flügel schien den Temperaturen zu trotzen. Wenn alles in mir in Aufruhr war, der Flügel blieb stabil, voll und rund im Bass, hell und lyrisch in der Höhe. Er machte es mir leicht, denn er reagierte schon beim Gedanken, einer Note eine andere Farbe geben zu wollen.

»Willst du unser Klavier haben?«, fragt meine Mutter in die Stille, die am Telefon entstanden ist, nachdem sie mir von Frau F.s Tod erzählt hat. Meine Mutter fängt gern große Gefühle mit dem Praktischen ein, meine Bewunderung dafür grenzt an Neid. Das Klavier stehe rum und staube ein, sagt sie, sie selbst spiele nicht mehr, unsere Kinder hätten bestimmt Freude daran. Vielleicht käme ja ich auch hin und wieder dazu, zu üben, wir könnten eine Spedition bestellen, kein Problem.

Das Klavier meiner Eltern ist ein Instrument, für das es im Englischen den Begriff *upright piano* gibt. Der Klangkörper nimmt weniger Raum ein als bei einem Flügel, er steht aufrecht an der Wand. Wenn man die Tasten anschlägt, wird der Druck auf die Hämmer, die auf die Saiten treffen, erst durch eine Mechanik in die Senkrechte umgeleitet. Bis der Druck der Fingerkuppe also auf der Saite ankommt, dauert es beim Klavier immer einen Moment länger als beim Flügel, und besonders lange dauert es beim Klavier meiner Eltern. Man könnte auch sagen, es hat die Aura eines Volvos: praktisch, geduldig, alles, aber nicht reaktionsschnell. »Überleg's dir«, sagt meine Mutter und beendet das Gespräch.

Damals spielte ich am liebsten auf Frau F.s Blüthner. Als ich noch kleiner war, ließ ich Tiere über die Tasten kriechen, hüpfen, stelzen, schwimmen, schleichen. Ich erinnere mich an dieses Gefühl, das sich in mir einstellte, wenn ich ein Stückchen in Moll spielte und mir vorstellen sollte, es sei die Geschichte eines Hundes, der den Weg nicht mehr nach Hause fand. Ich erfuhr, wie sich etwas anfühlte, wofür ich erst später Worte kennenlernte: Verzweiflung, zum Beispiel, wie im Fall des Hundes. Oder Überschwang. Oder Abschied. Abschied war der Moment, wenn ein Lieblingstakt verklang und ich ihn wieder erleben wollte, aber so nicht mehr hinbekam.

Ich durfte zu ihm, wenn meine Eltern mir zuhause sagten, ich hätte doch schon Stunden geübt, das reiche für den Tag, schließlich würde ich nicht Pianistin werden wollen. Oder? Sie sagten, Pianisten bräuchten nicht nur viel Talent, sondern auch viel Glück. Wenn jemand sogar alles hätte, Talent *und* Fleiß *und* Glück, dann würde ich nicht mein Leben damit verbringen wollen, nach Konzerten einsam in Hotelzimmern zu sitzen. Oder? Ich konnte mir damals nichts unter Einsamkeit in Hotelzimmern vorstellen. Aber es schien etwas zu sein, was man nicht riskieren sollte.

In den Stunden im Erkerzimmer löste ich mich in der Musik auf. Als ich älter wurde, spürte ich Menschen und Charaktere um mich rum, wenn ich spielte, ich berauschte mich an Akkorden, und wenn ein Stück wie von selbst lief, hatte ich immer wieder dieselben Charaktere um mich, sogar meinte ich mal, meine verstorbene Großmutter zu spüren. Auf manche freute ich mich, vor manchen gruselte es mich, aber sie waren der Grund, weshalb ich immer weitermachte. Es war auch, als würde Frau F. hören, was in mir vorging, wenn ich nur zwei Takte spielte. Frau F. sagte mir Dinge wie: »Hat dich dein Bruder geärgert?«, sie stellte fest: »Du bist verliebt« oder: »Heute scheint die Sonne bei dir«. Ich verstand, dass Musik mit dem Leben zusammenhängt. Durch sie lernte ich, dass ich vor der Musik nichts verstecken kann und dass Musik alles preisgibt.

Das klingt ein bisschen pathetisch, aber das ist auch die Wahrheit. Und es wurde zum Problem. Wenn jemand die Triolen, das Tempo, die Dynamik, irgendwas kritisierte, dann kritisierte der Jemand nicht meine Technik oder die Art, wie ich Musik machte. Er urteilte über *mich*.

Vielleicht ist das ein Grund, weshalb Profimusiker immer wieder sagen, sie stünden ganz im Dienst eines Werks. Mit einem solchen Satz verbeugen sie sich vor der Musik, zeigen Bescheidenheit und Hingabe, er besagt auch, dass sie sich als Nachschaffende sehen, nicht als Schaffende. Aber ein bisschen ist es für mich auch so, als sagten sie, das, was ihr hört, bin gar nicht ich, es ist ein anderer. Als dürften sie nicht *Ich* sagen in der Musik. Vielleicht ist das ein Schutz, ich weiß es nicht.

Frau F. begleitete mich damals zu Vorspielen. Manche fanden mit anderen ihrer Schüler statt, andere vor Leuten, die mir nicht vertraut waren. Anfangs waren Vorspiele etwas, was man halt so machte als Klavierschülerin. Aber dann wurde ich Teenager und begann, Blicke wahrzunehmen. Wie unter einer Lupe sah ich die Mimik der Menschen im Raum, ich hörte es tuscheln, bezog jede Regung auf mich. Ich erinnere mich an ein Vorspiel in der Aula meines Gymnasiums. Es war naturwissenschaftlich ausgerichtet. In der Schule glänzte, wer in Physik glänzte, in Mathe und so. Musik, Kunst, Sprachen, die waren halt dabei, aber unter den Menschen, die diese Fächer damals unterrichteten, gab es wohl nur den Kunstlehrer, den nicht der Frust über eine verlorene Biografie eintrübte.

An diesem Vorspielabend war fast die ganze Schule anwesend, gut vierhundert Schüler. Ich weiß nicht mehr, warum es diesen Abend gegeben hatte und ob zuvor etwas vorgefallen war, aber ich weiß, dass ich auf den Nadelfilzteppich im Raum starrte. Ich starrte auf den Nadelfilz und wartete darauf, aufgerufen zu werden. Frau F. blieb an meiner Seite, während ich zitterte und flach atmete, das kannte ich. Als meine Hände vereisten, legte ich sie in warmes Wasser. Das

Wasser half nicht. Die Hände blieben Eis, mein Debussy blieb es auch, steif und leise, das fand dann auch jemand, der im Publikum saß.

Ich brachte den Debussy hinter mich, habe mich wahrscheinlich nicht beschämend verspielt, aber die Musik trug mich nicht. Ich erinnere mich, dass ich jede Note einzeln hörte. Als sähe man Zähne, Nase, Poren, Haare, aber nicht den Menschen, zu dem das Gesicht gehört. Als träte man zu nah an ein Seerosengemälde von Monet und erkennte Pinselstriche und Farbtupfer, aber nicht das, was sie bedeuten. Es war, als wäre ich auseinandergefallen.

Nach diesem Vorspiel kam ich weiterhin ins Erkerzimmer im Haus unter den Nadelbäumen, zum vollen Bass des Blüthners, seiner warmen Mitte, der lyrischen Höhe. Frau F. sagte, sie könne mir nichts mehr beibringen, ich solle zu einer anderen Lehrerin gehen, wenn ich diesen Liszt fertig hätte. Ich übte alles, die Läufe, das Flirren und Leuchten, die handspreizenden Akkorde, die Melodie in der Mittellage, die der Daumen zu spielen hatte. Aber die letzte Seite des Liszt rührte ich nicht an. Ich kann sie bis heute nicht. Frau F. redete mir gut zu, sie redete mit meinen Eltern, meldete mich bei Wettbewerben an. Dann meldete sie mich wieder ab.

Meine Mutter setzt Ideen gern um. Nach unserem Telefonat bestellt sie einen Techniker, der das Klavier untersucht. Es ist kaum verstimmt, die Tasten laufen gleichmäßig. Der Techniker öffnet den Klangkörper und stellt einen Riss in der Gussplatte fest. Die Gussplatte verhält sich im Instrument wie das Becken im Körper eines Menschen, es hält alles zusammen. Der Riss in der Gussplatte ist haarfein, man kann auf dem Klavier noch spielen. Einen Transport würde es aber nicht überleben. Die Nachricht enttäuscht mich nicht.

Als die Schule mich nach dem Abi endlich freigab, zog ich in eine andere Stadt und stopfte hunderttausende Buchstaben zwischen die Musik und mich. Vielleicht kann man sagen, ein Musikwissenschaftsstudium ist der Versuch, Abstand zur Musik zu bekommen. Ich bekam Worte für sie. Ich lernte, Sonaten in ihre Bestandteile zu zerlegen, Terzverwandtschaften zu erkennen und wie die unauflösbare Sehnsucht im Tristanakkord *funktioniert*. Ich schrieb über die Wirkung offener Schlüsse und las Bücher darüber, wie Mozart es schaffte, dass die Musik seiner Opern ehrlicher war als die Texte, die seine Figuren sangen. Abiturtreffen mied ich, um nicht das Berufsbild einer Musikwissenschaftlerin definieren zu müssen. In meinem Studentenzimmer stand ein E-Piano, es klang farblos, spielte sich okay, aber die Wesen, die Charaktere, die mich einst manchmal umgeben hatten, wenn ich auf dem Blüthner spielte, die kamen nicht zurück.

Wenn ich meine Eltern besuchte, schaute ich anfangs bei Frau F. vorbei, setzte mich ins Erkerzimmer. Meine Finger waren träge geworden, klar, aber sie hörte noch immer meine inneren Zustände in der Musik. Sie fragte nicht mehr, warum ich es nicht an der Hochschule probiert hatte. Sie bot mir Likör an, ich meinte, Resignation in ihrem Gesicht zu erkennen, ich lehnte ab. Als ich ihr ein nächstes Mal begegnete, stellte ich mich an den Gartenzaun, um ein paar Sätze mit ihr zu wechseln, später winkte ich ihr eilig von der Straße zu. Dann sah ich sie nicht mehr.

Am Ende des Studiums hatte ich dann das Gefühl, in einem Elfenbeinturm zu hocken, umgeben von Freunden des gepflegten Kontrapunkts auf der einen und Typen mit Wagnerfetisch auf der anderen Seite. Jedenfalls schienen sie in der Musik etwas anderes zu sehen als das, was sie immer für mich ausgemacht hatte, ohne dass ich sagen konnte, was es war. Ich zog für einige Monate nach Rom. Ich hatte ein Stipendium, um über einen Mann zu forschen, der in der Zeit des italienischen Faschismus komponiert hat, Luigi Dallapiccola. In seiner Musik, die er nach 1942 schrieb, hatte man Widerstand gegen den Faschismus erkannt. Mich interessierte, was er *davor* geschrieben hatte, in den dreißiger Jahren, ob sich in der Art, wie er komponierte, vielleicht Parallelen zur Entwicklung in der Gesellschaft ziehen ließen. Vielleicht suchte ich nach Anzeichen dafür, wie viel Politik, Ansichten, Leben sich in Musik niederlassen konnte, Anzeichen dafür, dass Musik nicht etwas ist, was über allem schwebt. Aber dann verfügte die Erbin, dass alles, was bislang an Briefen, Notizen, Skripten noch nicht veröffentlicht worden war, nicht eingesehen werden durfte, was mein Vorhaben enorm erschwerte. Ich brach es ab.

Stattdessen schrieb ich ein paar Jahre später über die Mutteruhr der DDR, spätes Coming-out älterer Männer, darüber, warum sich Menschen Kunst an die Wand hängen und wie das Auswahlverfahren für eine Stelle im Orchester

Bewerber zermürben kann. Ich interviewte Musiker, fragte sie, warum sie als Teenager nicht aufgehört hatten, ob sie jemals einen Plan B hatten (meistens nicht) oder was sie sonst machten, wenn nicht Musik. Das ging. Im Grunde ging es in Gesprächen mit Musikern oft um ein Konzept (nur Lieder, die im Krieg entstanden waren), eine Biografie (nur Stücke von Clara Schumann), ein Instrument (Mozarts Geige). Aber die Musik selbst mied ich wie eine unerfüllte Liebe: Ich ließ sie nicht an mich ran. Dafür fand ich gute Gründe. Die Arbeit. Die kleinen Kinder. Der Klang des E-Pianos.

Im Rückblick zerfällt jede Entscheidung in Gründe, und natürlich könnte ich behaupten, sie sei auf bestimmte Ereignisse zurückführen. Eines erlebe ich täglich. Seit einiger Zeit wohnen wir über einem Flötisten. Er spielt auf einer Bansuri, einer indischen Flöte, er spielt über Stunden. Die holzigen Vierteltöne der Flöte ziehen in dürren Linien in unsere Wohnung. Sie zersetzen meine Sätze, bevor ich sie aus meinem Kopf in den Computer tippen kann. Anders ausgedrückt: Die Flöte nervt. Aber ich kann ihr die Vierteltöne nicht nachtragen, denn wenn ich unsern Nachbarn im Treppenhaus sehe, sieht er glücklich aus.

Ein anderes Erlebnis waren die Begegnungen mit einer Person, die so viel Fleiß *und* Talent *und* Glück gehabt hatte, dass sie das Dilemma mit den einsamen Hotelzimmern kannte. Sie schien auch das zu sein, wofür das Wort *unstet* erfunden wurde: mal charmant, mal verletzend. Mal total deprimiert, dann voller Freude. Heute würde ich sagen, sie hatte vielleicht so viel Zeit mit Musik verbracht, dass sie wurde wie sie: Mal stößt sie dich weg, dann umarmt sie dich. Sie ist nie eindeutig. Und das Schmerzhafteste an ihr: Wenn ein Ton verklungen ist, holt man ihn nicht zurück. Er kommt nie wieder, wie er war.

Wenn dieser Mensch Musik machte, schien er sein Publikum in die Gegenwart zu holen, jedes Mal. Er tat das in hoher Frequenz. Die Musik schien ihn so anzufüllen, dass er noch andere Ventile brauchte als Konzerte: Worte. Er sprach über Musik und über vieles andere, manche urteilten deshalb schlecht über ihn, als dürften Musiker nichts anderes machen, nur Musik. Ich war ihm dafür dankbar. Ich fand eigentlich nicht, dass er ein extra Diplom dafür bräuchte. Nach dieser Logik würde auch jemand wie ich ein Diplom brauchen, um wieder Klavier spielen zu dürfen, und zwei Diplome, wenn ich auf einem Flügel spielen wollte. Auf *meinem* Flügel. Es muss ja nicht Liszt sein.

Der Nachbar mit seiner Bansuri, der Musiker mit seinen Ventilen: Sie waren für mich das, was ich mir unter frei vorstellte.

An einem diesigen Wintertag, ein paar Wochen vor dem ersten Lockdown, betrete ich ein Klavierfachgeschäft in Berlin. Ich eile an den schwarz lackierten Flügeln vorbei zu den *upright pianos* und setze mich ans erste, ans zweite. Sie klingen schön, laufen leicht. Ich entdecke einen Hebel unter der Tastatur, lege ihn um. Das Klavier vibriert nicht mehr. Man hört den Klang nur über Kopfhörer. Eine Stummschaltung. Wie für mich gemacht!

Vielleicht wage ich mich deshalb an den ersten Flügel, mir kann nicht viel passieren, denke ich. Ich staune über die Leichtigkeit, mit der die Taste den Druck meiner Finger auf den Hammer übersetzt und der Hammer auf die Saite. Die Schwerkraft ist mein Freund. Ich muss den Finger kaum heben, um denselben Ton nochmal anzuschlagen. Ich kann sehr leise spielen. Sehr, sehr leise. Ich kann ihn brüllen lassen. Der Flügel ist weiß, ich denke an Udo Jürgens. Ich setze mich an den nächsten, schwarz lackiert, die Klarheit seines Klangs fasziniert mich. Ein anderer kostete ein Vielfaches unserer Einbauküche. Seine Höhe: kräftig, aber kühl. Der freundliche Klavierfachmann erzählt, wie ein Instrument sich verändere, je nachdem, wer es spiele. Jeder Flügel, der neu aus der Fabrik kommt, von der Chefintoneurin geprüft, habe einen Grundcharakter, der sich weiter ausbilde, je nachdem, wer ihn regelmäßig spiele. Von da an würde das Holz in Schwingung versetzt. Manche können wunderbar mit dem einen Instrument, aber mit dem nächsten nicht, da klinge es so schlimm, dass sie bei Steinway am liebsten sofort den Klavierstimmer bestellen würden.

Als ich ein paar Tage später wiederkomme, führt mich der nette Verkäufer in einen Nebenraum. Dort steht ein waldhonigfarbenes Instrument, sie haben es kürzlich aus dem Haus eines Arztes in Berlin-Lichterfelde geholt. Nach dem Tod des Arztes ist seine Frau in ein Pflegeheim gezogen, den Flügel konnte sie nicht mitnehmen. Mehr kann der nette Klavierfachverkäufer nicht über die Familie sagen. Es ist ein S-155, S, wie für Small.

Ich klappe den Deckel auf, setze mich aber nicht. Wenn er so klänge, wie ich fand, dass er aussah? Warm? Nahbar? Was, wenn ich mich verliebte? Er kostet deutlich weniger als manche Instrumente im Raum, aber immer noch so viel, dass mein Mann mich für übergeschnappt erklären würde. Im Stehen schlage ich die Tasten an. Gut, es ist kein Konzertflügel, er muss auch nicht ein Orchester überstrahlen, er soll sich anschmiegen, begleiten, er ist für die Hausmusik gedacht. Vielleicht liegt es an seinem Baujahr, 1940, dass er so lyrisch klingt. Die Zeit war kalt, der Klang hielt dagegen. Gibt nach, gibt zurück. Umarmt.

Ich fahre nach Hause, messe unser Wohnzimmer aus und rufe die Bank an.

In der Nacht stehe ich auf der Bühne der Elbphilharmonie. Ihre Wände wie in einer Waldorfschule, keine Kanten, fett gespachtelt. Ich atme flach, finde meine Noten nicht. Schreite über die Bühne, sie ist mit Nadelfilz bezogen. Setze mich an den Flügel, er reflektiert die Scheinwerfer. Das Licht blendet. Ich sehe nichts, nur Nadelfilz, und spüre die Erwartung. Ich werde steif. Als ich aufwache, rast mein Puls.

Ich rufe einen Freund an, er ist Musiker, einer von denen, die sich aufs Wesentliche beschränken. Ich erzähle ihm von der Farbe, vom runden Bass, von den Kosten, vom fehlenden Platz in der Wohnung, von den Nachbarn, ich frage ihn, was man bei einem Flügel beachten muss, als wäre er ein Gebrauchtwagen und mein Freund ein Hobbyschrauber. Er sagt nicht viel. Er sagt, das höre sich an, als habe sich dieses Gefühl eingestellt, wenn alle anderen Fragen keine Rolle mehr spielen, das gleiche Gefühl, das man hat, wenn man einen Menschen trifft, den man mag, freundschaftlich, romantisch. When it's right, it's right, sagt er. Alternativen vergleichen zu wollen sei völlig überschätzt.

Ich muss an den Pianisten Grigory Sokolov denken, der sich die Seriennummern der Flügel notiert, damit er sich merkt, welcher zu welchem Programm passt, so dass er einen bestimmten Flügel für einen bestimmten Abend anfordern konnte. Aber das ist eine andere Geschichte.

Zwei Tage später unterschreibe ich den Kaufvertrag. Im März tragen zwei schwere Männer meinen S-155 ins Wohnzimmer, es ist zum Beginn des Lockdowns. Ich habe vielleicht immer noch nicht genug Fleiß und Talent, aber jetzt Glück und Zeit. Immerhin hat bislang noch kein Nachbar geklingelt.

Inzwischen spielt auch die fünfjährige Tochter auf dem Instrument. Sie baut sich ein Kuscheltierpublikum. Ihre Lehrerin sagt, wir sollten den Flügel aus der Ecke rausschieben, sie sollte sich früh daran gewöhnen, dass sie nicht versteckt in einer Höhle sitzt. Klavier spielen sei leicht, sagt die Lehrerin. Es sei nur eine Frage, wie man die Finger organisiert.

Vor dem Vorhang

Michael Weßels kennt praktisch alle Opern, aber vor der Vorstellung weiß er nie, wie der Abend verlaufen wird.

Am häufigsten hat er Mozarts *Zauberflöte* erlebt, an die fünfhundert Vorstellungen werden es in den vergangenen gut vierzig Jahren wohl gewesen sein. Weßels nennt sie die »Oper für Einsteiger«. Familien mit Kindern kommen, Senioren, aber auch viele Opern-Erstlinge. An solchen Zauberflötentagen hat er am meisten zu tun. In die *Zauberflöte* kommen viele zu spät, rein in den Saal kann er sie nur zu bestimmten Zeiten lassen. Raus geht es immer. Aufs Klo, wegen plötzlicher Unruhe, Redebedürfnis, Übelkeit, und irgendwie scheint die Musik auch aphrodisierend zu wirken. Wenn Weßels bei seinem letzten Rundgang durch das Opernhaus Leute beim Sex aufstörte, dann war es nach der *Zauberflöte*.

Seit 1988 zeigt Michael Weßels in der Deutschen Oper den Zuschauern, wo ihre Plätze liegen, er ist Platzanweiser. Weßels bevorzugt für seine Arbeit den Begriff Logenschließer, wobei die Deutsche Oper keine Logen in den Zuschauerrängen hat. Logen im Theater waren einmal für Publikum gebaut worden, das separiert von den anderen sitzen wollte, für Kaiser und Königinnen zum Beispiel. Da schloss ihnen der Logenschließer die Tür auf, sie schwebten über dem Volk, sie saßen mit freiem Blick auf die Bühne. Aber das Opernhaus an der Bismarckstraße in Berlin wurde 1961 eröffnet, da gab es in Deutschland weder Kaiser noch Königinnen mehr. Das Auto war der neue Held, je schneller, desto gewünschter, der Fortschritt liebte Geschwindigkeit. Heute, ein halbes Jahrhundert später, stinkt der Verkehr auf der Bismarckstraße vor der Oper weiterhin, selbst wenn man die Fortschrittlichkeit einer Stadt inzwischen eher an der Breite ihrer Fahrradwege misst. Damals hatte der Architekt Fritz Bornemann eine Fassade aus Waschkiesplatten geplant. Kein Stuck, keine Säulen, keine Engel, kein Gold. Waschkies. Von dem werden die Autofahrer nicht abgelenkt, wenn sie vorbeibrausen. Anders als andere Opernhäuser hat die Deutsche Oper auch keine weite Treppe, die an der Straße ansetzt und hinauf in den Tempel für die Musik führt. Es gibt kaum eine Schwelle, die man überschreiten muss, um ins Haus zu kommen. Die Deutsche Oper hat einen gläsernen Eingang, als gäbe es keine Grenze zwischen Kunst und Leben. Michael Weßels sagt: »Diese Stadt ist verrückt, das schwappt auch in die Oper.«

Vorstellung für Vorstellung schwappt das Leben durch die Glastüren ins Opernhaus, mit allem, was die Menschen mit sich bringen, Liebe, Stress, Streit, Wut, Freude, Babys. Auch der Tod ist mehrmals da gewesen, im Publikum, am Büffet – und im Orchestergraben.

Es war der Abend des 20. April 2001. Sie hatten die Oper *Aida* von Verdi im Programm, in der sich ein Mann zwischen seiner Liebe zur äthiopischen Prinzessin und seiner Treue zum ägyptischen Pharao entscheiden muss, zwischen Tod und Leben also. In der Szene, in der sich der Mann und die Prinzessin am Nil treffen, polterte es im Orchestergraben. Weßels hörte, wie sie nach einem Arzt riefen. Dann sagten sie ihm, dass der Dirigent zusammengebrochen war, Giuseppe Sinopoli, der nach einem Streit mit dem Intendanten nach Jahren wieder in der Deutschen Oper dirigierte. Sanitäter rannten zu Sinopoli, massierten seine Brust. Michael Weßels erinnert sich, wie sie ihn aus dem Opernhaus trugen. Die Besucher blickten ihm bestürzt hinterher. Sie sagten ihnen, dass der Maestro ins Krankenhaus gefahren würde. Giuseppe Sinopoli, damals Chefdirigent der Sächsischen Staatskapelle, erlitt in der Deutschen Oper einen Herzinfarkt, mit nur 54 Jahren. Sie schickten das Publikum nach Hause. Sie sagten nicht, dass er schon tot war. »Man kann die Menschen nicht mit so einem Schock nach Hause gehen lassen«, sagt Michael Weßels.

Er erzählt von diesem dramatischen Abend an einem schneeflockenhellen Sonntagnachmittag im November, bevor er seinen Dienst antritt. So sagt er es auch, Dienst, es ist ein Dienst, für die Kunst, aber auch für die Gesellschaft. Er hat sich für das Treffen die Kantine der Opernmitarbeiter ausgesucht, aus zwei Gründen: Man kann da was essen. Und der Weg ist kurz zu seinem Dienstplatz. Wie alle Menschen, die für die Musik arbeiten, weiß er, was alles in eine Minute passen kann. Bei Musikern sind es Töne. Bei ihm präzise Handgriffe und präzise Informationen.

Die Kantine liegt hinter dem Opernrestaurant, getrennt von einem schweren Vorhang. Man erkennt sie daran, dass anders als im Restaurant die Tische nicht eingedeckt sind, auf der Bühne glänzt es immer mehr als dahinter. Dafür kostet auch alles weniger als die Hälfte von dem, was die Operngäste bezahlen. Vor Michael Weßels steht eine Tasse Kräutertee und der Nachtisch, Pudding im Glas. Sein Mann ist mitgekommen, damit sie wenigstens am Sonntag etwas Zeit zusammen haben. Sein Mann hat mit der Oper wenig am Hut, er ist Bauingenieur. Wenn Michael Weßels frei hat, arbeitet er. Er schaut ihn lächelnd an und sagt, bei allem, was der Michael in den fast vierzig Jahren an der Oper erlebt habe, könnte er einen Roman schreiben. Es gebe praktisch nichts, was ihm nicht untergekommen ist.

Vielleicht doch, eine Sache fällt Michael Weßels ein. Wenn sich Klimaaktivisten in der Oper festkleben würden, mit den Händen am Rand des Orchestergrabens, das wäre ja was, was würden sie den Gästen sagen, verehrte Damen und Herren, die heutige Vorstellung verzögert sich auf unbestimmte Zeit, wir kriegen die Menschen nicht von der Bühne. Dann würden alle, die für die Oper arbeiten, hinter den Kulissen warten, wo es nach Staub und Puder riecht, die Choristinnen und Choristen, Solistinnen und Solisten, Musikerinnen und Musiker im Orchestergraben, die Maskenbildnerinnen, Inspizienten, Beleuchterinnen, Bühnenhandwerker. Ja, und auch die jungen Menschen, die die Garderobe des Publikums in Empfang nehmen, und die an den Bars und er mit den anderen Platzanweiserinnen und Platzanweisern: Sie alle würden warten, bis sie herausgefunden hätten, wie man den Kleber löst und das Drama endlich auf der Bühne beginnen kann.

Aber man soll das nicht aufschreiben, er will niemanden auf solche Ideen bringen, denn ausschließen würde er das nicht, es gab ja schon andere Proteste im Haus. Zum Beispiel als im Moment, als der Dirigent den Orchestergraben betrat, Leute im Parkett aufsprangen und sich die Kleider von den Körpern rissen. Sie kletterten nackt über die Stuhlreihen, über Schultern und Frisuren, bis sie die erste Reihe erreicht hatten, und so was riefen wie: »Freies Studium, freie TU!«

Es ist 15:40 Uhr, Michael Weßels steht auf, bringt das Geschirr weg. Nichts an seinen Bewegungen ist zu viel, wie auch an seiner gesamten Erscheinung nichts zu viel ist: Er ist drahtig, nicht mager. Er trägt das Haar kurz, nicht abrasiert. Er setzt einen Punkt hinter einem Satz, wenn er zu Ende ist, und dann ist der Satz auch zu Ende. Weßels hat zwar viel zu erzählen, aber er mag kein Gerede. In zwanzig Minuten beginnt der Dienst, da wird er an seinem Platz am ersten Rang links stehen. Ab 16 Uhr kommen mehr als tausend Menschen ins Haus, wenn sie in den Saal gehen und zur Pause wieder rauskommen, muss er für alle da sein. Da darf kein Satz zu viel sein, keine Bewegung ins Leere gehen.

An diesem Tag zeigen sie *Tristan und Isolde* von Richard Wagner. Die Handlung fasst Michael Weßels so zusammen: »Erst wollen sie nicht, dann können sie nicht, dann sterben sie, und das fünf Stunden lang.«

Dazu muss man wissen, dass er Richard Wagners Musik mag. Aber diese Vorstellung ist sein fünfzigster *Tristan*, und nicht alle Inszenierungen fand er in Gänze überzeugend.

In die Oper ging er schon, bevor er für sie arbeitete. Sooft er konnte, kaufte er sich Tickets im zweiten Rang. Ursprünglich hatte Michael Weßels Altenpfleger gelernt. Als ihm ein Freund von der Stelle in der Deutschen Oper erzählte, bewarb er sich dort. Heute ist Michael Weßels der dienstälteste Logenschließer der Stadt. Das Wort vermittelt die Haltung, wie er dem Publikum begegnen will, mit Achtung, aber auch mit Selbstachtung, Michael Weßels nennt die Opernbesucher »meine Gäste«. Das Wort vermittelt auch Tradition.

Michael Weßels hat in einer Zeit an der Oper angefangen, als seine Gäste auf der Straße standen und ihre Gesichter an die Glastüren drückten. Vor der Abendkasse bildeten sie lange Schlangen, um Tickets abzuholen oder überhaupt welche zu ergattern. Damals hatten die meisten Gäste ihre Karten noch im Abo, sechs Wochen vor der Vorstellung wurden sie ausgedruckt und im Kartenhäuschen aufbewahrt, von oben bis unten waren die Häuschen mit Tickets vollgestopft. Heute gibt es solche Schlangen, wenn man für seine Kinder einen Schwimmkurs buchen will. Vor der Oper stehen die Leute nicht mehr an. Das liegt daran, dass sich die meisten ihre Karten zuhause ausdrucken, aber die Wahrheit ist auch, dass es weniger Abonnenten gibt. Weßels Gäste geben schon lange keine Pelzmäntel mehr an der Garderobe ab, und manche würden inzwischen am liebsten alles mit in den Saal nehmen, Computer, Klappfahrräder, Rollkoffer, Döner mit scharf und Zwiebeln. Wenn sich das Leben draußen verändert, verändert sich auch das Leben vor dem Vorhang.

Manche kämen in den Saal und würden sich auf den Platz setzen, der ihnen gefällt. Wenn er sie darauf hinweist, dass der Platz schon besetzt sei, sagen sie ihm: »Ich war zuerst da!« Viele wüssten nicht mehr, was es heißt, in die Oper zu gehen, dann erklärt er es ihnen. Man isst nicht, trinkt nicht, fotografiert nicht, nicht sich selbst und auch nicht die auf der Bühne. Nicht alle sehen das ein. Aber die Emotionen waren immer schon groß, das hat sich weder auf noch vor der Bühne verändert.

Es muss in seinem ersten Jahr an der Deutschen Oper gewesen sein. Michael Weßels hatte die Türen geschlossen und saß auf seinem Platz im menschenleeren Foyer. Ein Paar, Mann und Frau, tauchte auf dem hellen Teppich vor ihm auf. Sie standen da in einer Wolke aus Stress, Streit und Parfüm. Die Garderobe war schon voll gewesen, deshalb hatten sie ihre Mäntel noch an. Aus dem Saal drang dumpf die Ouvertüre. Weßels sagte ihnen, dass sie nicht reinkämen, jedenfalls nicht sofort. Der Mann brüllte Weßels an, ein Arschloch nannte er ihn. Weßels bedankte sich und sagte, dass er ihm die Augen geöffnet habe, das mit dem Arschloch sei ihm so noch nicht klar gewesen. Noch heute freut er sich über seine Ruhe und den verblüfften Ausdruck des Mannes. Zum Logenschließer gehört Freundlichkeit, aber auch Autorität.

Michael Weßels hat Verständnis. Er sagt: »In der Oper lädt man sich auf und lädt sich ab.«

Es gab Abende, an denen die Mütter ihre Babys in Kinderwägen bei Weßels und seiner Kollegin abstellten. Als die Babys schrien und es ihnen nicht gelang, sie zu beruhigen, holten sie die Mütter aus dem Saal beziehungsweise wollten sie holen, aber die Mütter zischten: Hat das nicht noch Zeit, wir sind im Finale! Es gab Abende, an denen der Dirigent aus verschiedenen Gründen nicht aufgetaucht war. Abende, an denen der Dirigent dem Tenor auf der Bühne das Dacapo, die Wiederholung seiner Arie, verweigerte. Der Tenor wollte singen, aber der Dirigent kreuzte die Arme vor der Brust wie ein trotziger Fünfjähriger. Dann sang der Tenor allein, ohne Orchesterbegleitung. Und es gab Abende, an denen der Tenor seine Arie unterbrach, weil ihm das Tempo des Dirigenten nicht zusagte, was dazu führte, dass Dirigent und Tenor einander anbrüllten. Sie mussten unterbrechen und den damaligen Intendanten zum Schlichten dazuholen. Auch ein Drama, das aber vom Komponisten nicht so vorgesehen war. Die Oper war *La Gioconda*.

Im *Tristan* gibt es keine Da-capo-Arien. Die Musik fließt als Strom dahin. Die Handlung spielt sich vor allem im Innern ab. Es muss schwer sein, Bilder dafür zu finden. In diesem ersten Akt sieht man auf der Bühne einen gewaltigen Tristan in Anzug. Er sitzt auf einem Sofa und starrt vor sich hin. Anstelle eines Sofatischs steht ein Sarg vor ihm. Von rechts nach links läuft eine Nackte in schönen Proportionen an ihm vorbei. Sie singt nicht, sie ist nicht die Isolde. Die Isolde trägt hier ihr Haar feuerrot und eine grüne Strickjacke. Grün ist die Farbe von Irland, und Isolde ist Irin. Tristan hat ihren Mann umgebracht und bringt sie jetzt zu seinem König nach England. Der Regisseur hat in der Inszenierung auf ein Schiff verzichtet, dafür schwankt eine Lampe in der Größe eines Weber-Grills über der Bühne. Manchmal senkt sie sich hinunter auf Tristans Brusthöhe und leuchtet den Bühnenboden an. Man will sich fragen, warum, aber die Musik hat einen schon hineingezogen in ihren Strom, aus dem es kein Entkommen geben wird. Sie baut Sehnsucht auf und verspricht, sie zu stillen. Es bleibt ein Versprechen.

»Wir sind den Neurosen der Regisseure ausgeliefert«, hat Michael Weßels vor der Vorstellung gesagt. In den Worten einer Frau im Publikum: Die Inszenierung sei nicht doll, aber die Musik schön. Es ist ihr sechster *Tristan*. Die Vorstellung jedenfalls ist ausverkauft.

An diesem Abend sitzt Michael Weßels beim Parkett links. Nur drei Mal musste er während der neunzig Minuten, die der erste Akt dauert, an die Tür. Zwei wollten zum Husten raus. Einer kam fünfundzwanzig Minuten zu spät. Einer von 1.800 Menschen, die an diesem Tag in der Deutschen Oper Berlin *Tristan und Isolde* anschauen. Das Wagner-Publikum sei das pünktlichste, sagt Weßels, so wie die klassischen Ballettabende das weiblichste Publikum haben. Viele kommen selbst im Tütü, jede will die Prinzessin sein, sagt Weßels. Und nochmal anders sei das Publikum vom modernen Ballett. Beim modernen Ballett kommt es vor, dass die Vorstellung längst begonnen hat, und dann tauchen sie auf und wundern sich, dass man nicht auf sie gewartet habe.

Nach dem Ende des ersten Akts öffnet Michael Weßels die Türen, für die er eingeteilt ist, und eilt zu einem Schränkchen neben der Herrentoilette. Er schließt es auf und holt Programmhefte heraus. Er stapelt sie Kante auf Kante aufeinander. Sechs Euro das Heft, fünfzig Cent der Besetzungszettel. Vierzig Programme hat er bisher verkauft, ein guter Schnitt. Mit akkuraten Bewegungen versorgt Weßels Münzen und Scheine. Akkurat antwortet er den Gästen, die ihn umringen. Die Damentoilette? Dort entlang bitte. Die Bar? Es gibt noch eine zweite einen Stock höher. Das Vorstellungsende? Voraussichtlich gegen 22:15 Uhr. Er trägt eine Krawatte in der Farbe der Sessel im Zuschauerraum, eine Farbe wie eine aufgeschnittene Limette. Der Intendant will das so.

Weßels wird der letzte seiner Kollegen sein, der nach der Vorstellung die Oper verlässt. Er wird kontrollieren, ob noch Menschen in der Sofalandschaft hängengeblieben sind, es sei so gemütlich, hört er dann. Trotzdem weist er sie darauf hin, dass nach dieser Möglichkeit, die Oper zu verlassen, die nächste am frühen Morgen sei, wenn der Putztrupp kommt. Es gab auch Abende, da bekam er Menschen nicht von der Toilette runter. Sie waren während des letzten Akts der *Zauberflöte* aus dem Saal ins Foyer gestolpert und schlossen sich zu zweit auf der Herrentoilette ein. Kurz vor dem Ende der Oper teilte er ihnen mit, dass nun Schluss sei. Sie ließen sich nicht beirren. Weßels sagt: »Oper macht starke Gefühle.«

Sie macht auch starke Gefühle im Hinblick darauf, ob das nun grandios oder grausig inszeniert oder musiziert war.

Da ruft der eine Buh und der Nebenmann Bravo, und es kam schon vor, dass der eine dem anderen deshalb eine Ohrfeige verpasste, im zweiten Rang war das, vielleicht schlug der andere dann auch mit der Faust zurück, Michael Weßels' Kollegen schien es ratsam, die Polizei hinzuzuziehen. Man versöhnte sich dann bei einem Getränk an der Bar, aber als das Gespräch wieder auf die Inszenierung kam, entflammte der Streit aufs Neue.

Wagner macht auch starke Gefühle, aber bei Wagner-Opern gibt es selten solche Vorfälle. »Mein Wagner-Publikum ist sehr diszipliniert«, sagt Weßels. Vielleicht liegt das daran, dass Wagners Musik den Gefühlen Zeit gibt. Sie lebt sie aus. Sie saugt sie auf. Außerdem ist Disziplin die Voraussetzung für den Besuch einer Wagner-Oper, allein die Dauer verlangt einige. Man muss fünf Stunden still sitzen wollen.

In der Pause sprechen die Menschen gedämpft miteinander, auf der Treppe, in den Foyers, vor den Bars. Sie bestellen mit gedämpfter Stimme ihre Kanapees, mit gedämpfter Stimme kassieren die jungen Menschen hinter der Bar. In dieser gedämpften Sauna-Atmosphäre sitzt eine Dame mit schlohweißem Pferdeschwanz an einem Tisch und leuchtet vor sich hin. Sie kommt aus Weimar. Seitdem sie in Rente ist, geht sie oft in die Oper, am liebsten Wagner. Vor einer Woche hatte sie sich schonmal diesen *Tristan* in Berlin angeschaut, die Inszenierung störe sie nicht weiter, sagt sie, interessant aber finde sie, dass sich Tristan und Isolde den Liebestrank wie Junkies als Schuss setzen. Der wievielte *Tristan* es für sie ist, kann sie nicht mehr sagen. Sie schaue sich alles an, was erreichbar sei, auch in der »Provinz«. Dann fiebert sie mit den Tenören mit, ob sie es bis zum Ende schaffen. Wagner live, das sei ihre Freude im Alter. Sie sagt: »Meine Orgasmen hole ich mir in der Oper.«

Wer jetzt denkt, die Opernbesucherin aus Weimar übertreibt, der hat vermutlich noch nicht den zweiten Akt der Oper *Tristan und Isolde* gehört. Die Musik ist ein sehr langes Vorspiel zu einem Höhepunkt, der nicht kommt. Technisch gesprochen will der berühmte Tristanakkord, der Keim dieser Musik, harmonisch gleichzeitig in verschiedene Richtungen, wobei Wagner sich über fünf Stunden für keine entscheidet. Man kann den Akkord mit den Noten beschreiben, mit denen er zuerst auftaucht, F-H-Dis-Gis. Oder man hört ihn als Schmerz darüber, dass Erfüllung in der Liebe wohl nicht zu erreichen ist, jedenfalls nicht in diesem Leben. Damit man als Zuschauer dabei auch wirklich nicht versäumt, an die Verknüpfung von Liebe und Tod zu denken, gräbt auf der Bühne ein nackter Mann ein Loch, wobei ihn die stumme Nackte aus dem ersten Akt beobachtet.

In der zweiten Pause sitzt der Wagner-Verein, der am Nachmittag mit einem Bus vor die Oper gerollt war, an einer langen Tafel und unterhält sich gedämpft. Michael Weßels steht von Gästen umringt neben dem Schrank mit den Programmheften. Das Wagner-Publikum ist ein treues Publikum, viele sieht er immer wieder. Wo ist deine Frau?, fragen sie, wenn sie seine Kollegin nicht entdecken. Sie ist oft mit ihm für dieselben Zuschauerreihen zuständig. Sie nennen sie »seine Frau« und ihn »ihren Mann«, weil sie schon seit vielen Jahren den Dienst miteinander verbringen. Sie teilen ja auch viele Stunden während vieler Vorstellungen. Der Dezember ist der vorstellungsreichste Monat, bis zu drei Stücke am Tag, nur am Heiligen Abend und an einem anderen Abend Anfang Dezember ist die Oper zu.

Michael Weßels hat Dienst, wenn andere feiern. An Silvester, Ostern, Pfingsten, Feiertagen, an den Wochenenden. »Ich werde schon lange nicht mehr zu Partys eingeladen«, sagt er. Aber das weiß man, wenn man für die Musik arbeitet.

Im dritten Akt stirbt Tristan. Am Ende singt Isolde ihren Part, der als »Liebestod« berühmt wurde. Ihr Text beginnt mit den Worten »mild und leise«, er endet auf »höchste Lust!«, und Wagner schenkt der Musik zwei B-Dur-Akkorde. Dann ist auch Isolde entschwunden.

Eine Stunde später verschwindet auch Michael Weßels in die Nacht.

II.

»Es gibt kein Richtig oder Falsch in der Interpretation. Was es gibt, ist die einzig richtige Entscheidung im jeweiligen Moment.«
　　　　　　　　Vladimir Jurowski

»Ich will nicht nur der Mann sein, der die Tasten drückt«

Einmal erzählt Igor Levit von einer Begegnung mit einer Eule. Es war vor sechs, sieben Jahren, in einem Zoo. Er weiß nicht mehr, wo der Zoo war, aber er erinnert sich sehr genau daran, wie ihn die Eule ansah. Sie fixierte ihn.

»Schau, so.«

Igor Levits Augen sind groß und braun. Meistens wandert sein Blick unruhig hin und her, zwischen dem Display seines Handys und den Menschen, die ihn umgeben. Jetzt hält er den Blick.

»Der absolute Fokus«, sagt er.

Pause.

»Dann flog sie los«, sagt er.

Die Eule war weg, und der Moment war verstrichen.

Levit hat einen Ring aus Platin geschenkt bekommen. Er trägt ihn an der rechten Hand. Bevor er Klavier spielt, steckt er den Ring in seine Hosentasche, er würde sonst auf den Tasten klappern. Außen auf dem Ring: ein Eulenkopf. Innen: ein pinkfarbenes Herz und Worte von Beethoven. »Von Herzen zu Herzen«. Es ist das verkürzte Motto von Beethovens *Missa solemnis*. Zu Herzen zu gehen: Das sei der wichtigste Auftrag, sagt Levit. Das Tragische ist: Musik ist flüchtig. Sobald der Pianist die Finger von den Tasten nimmt, ist sie weg. Wie soll er danach noch den Weg zu den Herzen finden?

Nach mehr als einem Jahr, in dem ich ihn begleitet habe, stelle ich fest, dass es genau darum geht: um einen Künstler, der sich nicht damit abfinden mag, dass so wenig von seinem Werk bleibt, wenn die Musik verklungen ist.

Igor Levit, 1987 in Gorki, Russland, geboren, seit vielen Jahren deutscher Staatsbürger, seit 2016 Berliner (eine Vorstellung seiner Person, die er zu dem Zeitpunkt, als dieser Text entsteht, hassen dürfte, denn er glaubt, dass Herkunft und Nationalität keine Rückschlüsse auf einen Menschen erlauben), ist derzeit einer der gefragtesten Pianisten der Welt. Manche sagen, er sei der beste.

Tatsächlich holt er die Menschen im Konzertsaal in die Gegenwart. Es ist dann, als übertrage er seine Konzentration auf das Publikum. Wenn er in Berlin, Potsdam, Leipzig, München, Wien, London, Paris, New York zwischen zwei Stücken in seiner Versenkung verharrt, dann klatschen die Zuhörer nicht, wie es manche gern tun, um anzuzeigen, dass sie das Werk kennen und wissen, dass es vorbei ist. Sie schauen nicht verstohlen aufs Handy, sie blättern nicht in den Programmheften. Viele bleiben am Ende minutenlang sitzen, bis sie sich wieder aus ihrem Innern hervorgekramt haben. Dann stehen sie auf, um Igor Levit zu applaudieren, der sich, bleich und nach diesem Klavierabend wie um Jahre gealtert, verbeugt.

Die *New York Times* urteilte einmal, er erreiche mit jedem Auftritt neue Höhen. Der französische *Figaro* schien nach Levits erstem Soloabend in Paris überwältigt von seiner »funkelnden Gewalt« und »extremen Konzentration«. Und als er bei den Salzburger Festspielen auftrat, hob ihn der Kritiker der *Salzburger Nachrichten* in den Himmel, indem er Bachs Kantate *Was Gott tut, ist wohlgetan* zitierte: »Was Levit tut, ist wohlgetan.«

Er könnte in den Spiegel schauen und denken: Was will ich mehr? Er könnte sagen: Was gerade draußen in der Welt passiert, interessiert mich nicht, ich hab keine Zeit, ich bin Pianist, ich muss üben.

Igor Levit sagt: »Ich will nicht nur der Mann sein, der die Tasten drückt.«

Im September 2018 zum Beispiel saß Levit mit dem CDU-Politiker und langjährigen Bundestagspräsidenten Norbert Lammert auf einem Podium in Potsdam und diskutierte über Kulturpolitik. In einem Interview mit der *taz* sagte er, er würde lieber das Klavierspielen aufgeben als sein politisches Engagement. Er stellte sich vor einem Konzert in der Kölner Philharmonie vors Publikum, das Orchester im Rücken, und sagte, eine Gesellschaft, die sich nicht gegen den Gedanken stelle, dass es Menschen zweiter Klasse gebe, lasse zu, vergiftet, entgeistigt, entmenschlicht zu werden.

Manche sehen in Igor Levit deshalb den neuen politischen Künstler überhaupt. Eine Art Günter Grass der Musik. Einen Grönemeyer der Hochkultur. Es ist, als erfülle er eine Sehnsucht nach einem Menschen, den die Musik heiligt und dessen Wort deshalb Geltung hat.

Wenn man ihn über ein Jahr immer wieder trifft, lernt man einen Musiker kennen, der wie auf tausend Volt auf der Suche nach einer Möglichkeit ist, auf der Welt etwas zu bewirken. Nur: Wie schafft man das, wenn man bloß Klavier spielt? Ein Schriftsteller kann politische Essays schreiben oder Romane in die Themen der Zeit betten und so Debatten auslösen. Ein Popsänger kann eine Platte mit brisanten Texten aufnehmen und auf großen Konzerten gegen die Armut ansingen. Schon immer hat Kunst versucht, gesellschaftliche Positionen zu beziehen – wenn ein Renaissance-Künstler die Kirche kritisieren wollte, malte er den Heiligen schmutzige Füße.

Igor Levits Kunst aber hat keine Bilder und keine Worte. Man kann in ihr hören, was man will: Sehnsucht, Verzweiflung, Freude, Wut, Liebe, Tod. Musik ohne Text kann Kontemplation und Ansporn sein, Licht und Schatten. Die Musik selbst, zumal klassische, erscheint selten als politisch, und niemals ist sie eindeutig. Die meisten Komponisten, deren Werke Igor Levit spielt, sind lange tot. Sie lebten in einer anderen Zeit. Was sollen Bach, Beethoven, Liszt in der heutigen Gesellschaft bewegen? Wie soll man überhaupt etwas bewegen mit einer Kunst, die zu hören ist und trotzdem stumm bleiben muss?

Nach einem Konzert im Januar 2017, an einem Abend in London, bekam Igor Levit einen Anruf. Er wurde in eine Hotelbar gebeten. Es sei wichtig.

In der Bar wartete der Präsident der amerikanischen Irving S. Gilmore Foundation, einer gemeinnützigen Stiftung.

Der Mann eröffnete dem damals neunundzwanzigjährigen Levit, dass er für seine pianistische Kraft und als »zutiefst nachdenklicher Künstler« mit dem Gilmore Artist Award geehrt werde. Dieser alle vier Jahre verliehene Preis ist hochangesehen und hochungewöhnlich. Es gibt keinen Wettbewerb, bei dem Pianisten gegeneinander antreten, keine Ausschreibung, die dazu auffordert, Aufnahmen einzureichen. Eine Jury beobachtet verschiedene Musikerinnen und Musiker über mehrere Jahre, ohne dass diese davon wissen. Dann fällt sie eine Entscheidung. Der Preis ist mit 300.000 Dollar dotiert.

Igor Levit sagt: »Meine erste Reaktion war: Ich spende das Geld. Alles. Ich brauche es nicht.«

Aber das Geld darf nicht gespendet werden, es muss in den musikalischen Kreislauf zurückfließen, so steht es in der Satzung. Der amerikanische Pianist Kirill Gerstein beauftragte vom Preisgeld Komponisten mit Werken für Klavier solo. Die Argentinierin Ingrid Fliter richtete in Italien ein Aufnahmestudio ein. Und Igor Levit?

Er sagt: »Ich muss mir was überlegen, das mir entspricht.«

Er sagt: »Ich will eine Rolle spielen. Ich will auch, dass jeder Mensch weiß, dass er oder sie etwas bewirken kann.«

Das Überlegen wird dauern.

Natürlich ist auch klassische Musik in Wahrheit nicht unpolitisch. Ohne die Marseillaise kann man sich die Französische Revolution nicht vorstellen, und Dmitri Schostakowitschs *Leningrader Sinfonie*, uraufgeführt während der Belagerung Leningrads durch die deutsche Wehrmacht, bei der mehr als eine Millionen Menschen verhungert sind, wurde weltweit zur Melodie des Antifaschismus. Die Liste der Diktatoren, die sich der Musik bedienten, ist lang, das berühmteste Beispiel ist Hitler, der Wagner zu seiner Selbstinszenierung nutzte. Andere Komponisten wurden von den Nazis als »entartet« gebrandmarkt, aber die Nazis hatten diese Methode nicht exklusiv. Bei Stalin wurde missliebige Musik mit dem Argument verboten, sie sei »formalistisch«. Die Musik kann sich gegen solche Zuschreibungen nicht wehren. Überhaupt lässt sich ein und dieselbe Musik auf unterschiedliche Art und Weise aufladen. Da ist etwa die Symphonische Dichtung *Les Préludes* von Franz Liszt, geschrieben nach Gedichten des Franzosen Alphonse de Lamartine. Aus ihr lösten die Nationalsozialisten 1941 ein Thema heraus und nutzten es als Erkennungsfanfare der Wehrmachtsmeldungen, für Erfolgsnachrichten aus einem Vernichtungskrieg. Der Philosoph Ernst Bloch nannte die Musik eine »Hure, die mit jedem Text geht«.

Nach den Erfahrungen der Nazi-Zeit hatte sich die klassische Musik vorübergehend entpolitisiert. Politik war verdächtig geworden, lieber widmete man sich der puren Ästhetik. Dann kamen die sechziger Jahre. Der Italiener Luigi Nono führte seine Komposition *Die erleuchtete Fabrik* in Werkshallen auf, und der Deutsche Hans Werner Henze komponierte ein Oratorium für den kubanischen Revolutionär Che Guevara. Ende der neunziger Jahre gründete Daniel Barenboim das West-Eastern Divan Orchestra mit Musikern aus Israel und den palästinensischen Gebieten. Heute werden nicht viele klassische Künstler als politisch engagiert wahrgenommen. Umso mehr wird es Igor Levit. Manchmal scheint es so, als wolle er die Stille um seine Kollegen kompensieren, indem er sich besonders häufig einmischt.

An einem Abend im September 2018 sitzt Levit allein in einer umfunktionierten Kirche in Berlin-Kreuzberg am Flügel und drückt zum Warmwerden ein paar Tasten. Der Galerist Johann König zeigt in dem ehemaligen Kirchenschiff die Arbeiten seiner Künstler, ausnahmsweise darf an diesem Dienstagabend ein Musiker den Raum bespielen. Wo früher der Altar stand, haben sie einen Flügel hingerollt. Darüber hängt, wie schwebend, eine Bahnhofsuhr. Das Album, das Igor Levit an diesem Abend vorstellen will, heißt *Life*. Darauf Musik, die nur selten im Konzertsaal zu hören ist. Bach-Bearbeitungen von Busoni und Brahms, Wagner-Transkriptionen von Liszt, Schumanns *Geistervariationen*, *A Mensch* des amerikanischen Komponisten Frederic Rzewski, das *Peace Piece* des Jazzmusikers Bill Evans.

Der Vorraum zum Kirchenschiff füllt sich mit Menschen mit Weißweingläsern. Freunde von Igor Levit sind da, Kulturkritiker, aber auch Leute, die eher selten zu solchen Veranstaltungen gehen: Politikjournalisten. Auch die damalige Fraktionsvorsitzende der Grünen im Bundestag taucht auf, im weißen Blazer. Levits Presseagentin, eine schlanke, hoch aufgeschossene Frau, wetzt hinein ins Kirchenschiff und sagt zu Levit: »Katrin Göring-Eckardt ist gekommen!«

Spätestens an dieser Stelle muss man kurz vom Klavier wegtreten und sich einen anderen Igor Levit anschauen, einen Menschen, der @igorpianist heißt.

@igorpianist ist eine Person auf Twitter, eine Person nicht der Musik, sondern der Worte. Wie der Pianist Igor Levit im Konzertsaal hat @igorpianist auf Twitter Erfolg. Im September 2018, als die Arbeit an diesem Artikel beginnt, hat er 13.900 Follower. Ein Jahr später werden es 23.500 sein. Im September 2022, kurz bevor er seinen Account löschen wird, sogar knapp 180.000.

Genau genommen gibt es nicht nur einen @igorpianist. Es gibt den höflichen @igorpianist, der »Guten Morgen« wünscht. Es gibt den künstlerisch-verspielten @igorpianist, der Videoschnipsel postet, die zeigen, wie er ein paar Takte Schubert spielt (»The most wonderful first eight bars ever«). Oder Bach. Oder Chilly Gonzales.

Es gibt den @igorpianist, der in einem Video zur Europawahl aufruft. Den, der schreibt, Marine Le Pen sei gerade an ihm vorbeigelaufen, er habe »das Böse gesehen. Das Auge Saurons. Es lebt«. Den, der twittert: »Ernst gemeinte Frage: Warum muss es eigentlich überhaupt Milliardäre geben? Warum? Wozu? Für wen?«

Es gibt den harmlosen @igorpianist, der über seine Abneigung gegen Zwiebelmettwurst informiert, und es gibt den leicht erregbaren, der einen AfD-Politiker als »Arschloch« beschimpft, was ihm einen Shitstorm einbringt. Igor Levit sagt: »Ich bin extralinks. Ich lehne mich extra aus dem Fenster.« Seine Mutter, erzählt er, mache sich Sorgen um ihn.

Er sage ihr dann: »Ich bin kein Politiker, kein Journalist. Ich bin kein Feind. Ich bin Musiker.« Wer erkenne ihn schon auf der Straße?

@igorpianist ist ein Mensch mit vielen Gesichtern und wechselnden Stimmungen, aber meist mit einer politischen Agenda. Einer, der im Vergleich zu dem Menschen auf der Bühne hochnervös wirkt, der auf den ersten Blick wenig mit Bach und Beethoven zu tun hat und viel mit der Zeit, in der wir heute leben. Er ist, als wolle er nicht hinter der Musik verschwinden. Von jener fokussierten Eule im Zoo scheint er maximal weit entfernt.

Seine Presseagentin, die auch seine Beraterin ist, hört von anderen Musikern und von Journalisten oft, sie möge ihrem Schützling bitte ausrichten, er solle nicht mehr so viel Zeug twittern. Das nerve. Sie antwortet dann, sie werde das nicht tun. »Ich bin nicht seine Gouvernante.« Trotzdem hat sie Igor Levit schon einmal gefragt, was geschehe, wenn man ihm sein Handy wegnähme. Wahrscheinlich würde es ihm Ruhe geben, wird er später dazu sagen, aber nur für kurze Zeit. Er sagt, ohne Handy wäre er allein.

Als Igor Levit acht Jahre alt war, im Dezember 1995, stieg er mit seinen Eltern und seiner Schwester in seinem Geburtsort Gorki, heute Nischni Nowgorod, vierhundert Kilometer östlich von Moskau, in ein Flugzeug. Der Vater Bauingenieur, die Mutter Pianistin. Sie zogen als jüdische Kontingentflüchtlinge nach Dortmund, wenig später nach Hannover. Igor Levit sagt, er erinnere sich nicht an die Zeit in Russland. Es ist, als würde seine Erinnerung erst mit der Landung des Flugzeugs einsetzen, mit dem Radarturm in Dortmund, der sich drehte, mit dem Autobahntunnel. Dafür erinnert er sich genau daran, dass er von der Grundschule nach Hause kam und seinen Eltern verkündete, bald wolle er besser Deutsch sprechen als seine Klassenkameraden. Er mochte die Sprache, und er war schlau und ehrgeizig. Außerdem wurde er ein wenig dick. Neben der Schule bekam er Klavierunterricht. Als Igor dreizehn Jahre alt war, empfahl ihn sein Lehrer an das neu gegründete Institut zur Früh-Förderung musikalisch Hochbegabter an der Hochschule für Musik und Theater Hannover.

Das klingt nach einem geradlinigen Weg, so als hätte es gar nicht anders kommen können, als dass dieser begabte Junge einmal zu einem der gefragtesten Pianisten würde. Aber der Weg des Nachwuchskünstlers Igor war auch ein Kampf. Seine Lehrer erklärten ihm, wie das Klavier klingen könnte: hier wie eine Oboe, da wie eine Klarinette, dort wie ein Orchester. Er war siebzehn, da wurde es ihm zu viel. »Quatsch!«, wehrte er sich: »Ich spiele Klavier, nicht Klarinette.«

Ihm fehlte etwas. Die Komponisten, mit denen er sich beschäftigte, jeden Tag, stundenlang, hatten ihre Werke im 18., im 19. Jahrhundert geschrieben, für Fürsten und Fürstinnen, für Könige und Königinnen, für die Kirche. Was hatten sie mit ihm zu tun? Heute sagt er: »Ich war an einem Punkt, an dem ich alles hingeschmissen hätte.«

Dann fand er in der Bibliothek der Hochschule ein paar Noten. *The People United Will Never Be Defeated*, Variationen von Frederic Rzewski auf das chilenische Kampflied der Linken. Musik, die mit der Gegenwart in Verbindung stand, mit der Welt von heute, mit dem, was ihn, Igor Levit, beschäftigte. Er traf auf Lajos Rovatkay, einen Nachbarn der Familie, der Cembalo und Orgel an der Musikhochschule unterrichtete, ein Mann mit schnellem Geist und einem Wissen für drei Leben. Levit sagt: »Rzewski und Rovatkay haben meine Neugierde auf Musik, auf Literatur wiedererweckt.«

Andere junge Pianisten gaben Klavierabende. Igor Levit las Zeitungen, redete mit seinem Lehrer, verlor innerhalb von zwei Jahren durch Cardiotraining dreißig Kilo und erarbeitete sich immer mehr Stücke.

2010 – gegen Ende des Studiums, Igor Levit war dreiundzwanzig Jahre alt, war er mit anderen jungen Musikern aus Deutschland in China eingeladen und spielte Mozart und Beethoven auf einem verstimmten Klavier. Im Publikum saß zufällig die deutsche Musikkritikerin Eleonore Büning. Sie hatte das Symphonieorchester des Bayerischen Rundfunks auf seiner China-Tour begleitet und wollte eigentlich längst wieder abgereist sein. Da aber auf Island der Vulkan Eyjafjallajökull ausgebrochen war, kam der Flugverkehr für mehrere Tage zum Erliegen. Büning saß fest – und hörte sich die Konzerte der jungen Talente an. Danach schrieb sie in der *Frankfurter Allgemeinen Sonntagszeitung*: »Igor Levit hat das Zeug dazu, einer der großen Pianisten dieses Jahrhunderts zu werden. Besser gesagt, er ist es schon.«

Eine solche Aussage kann für einen jungen Musiker zum Problem werden. Andere Kritiker schreiben dann manchmal bewusst das Gegenteil. Wieder andere ignorieren den vermeintlich neuen Superstar. Und den jungen Menschen selbst kann ein solches Lob in die Bewegungsunfähigkeit manövrieren, aus zwei Gründen. Er wird satt. Oder er hat Angst, das Niveau nicht halten zu können. Igor Levit aber legte danach sein Konzertexamen mit der höchsten Punktzahl ab, die es an seiner Hochschule je gab.

Folgerichtig wäre es nun gewesen, eine erste Platte aufzunehmen, doch die Vertreter der Labels taten sich schwer mit ihm. Dieses politische Interesse, das sie in Gesprächen mit ihm feststellten, wie wollen wir den denn verkaufen, habe es in der Branche geheißen, so erzählt es Anselm Cybinski, der damals beim Musikunternehmen Sony als Executive Producer arbeitete. Auch die Frage »Ist er denn fotogen?« habe immer mitgeschwungen, selbst wenn sie nicht ausgesprochen wurde.

Igor Levit war damals »ein Nobody«, wie er selbst sagt. Aber einer, der eine genaue Vorstellung davon hatte, welche Musik er spielen wollte: komplexe Werke und Musik, die die Agenten der Plattenlabels zweitrangig fanden. Werke für menschliche Stimme, die für Klavier bearbeitet wurden. Levit sagt auch: »Ich hab viel geredet. Ich glaub, ich hab die genervt.«

In manchen erwachsenen Menschen erkennt man leicht das Kind von früher. Klassische Musiker gehören eher selten zu diesen Leuten. Viele wirken, als seien sie schon in Bundfaltenhosen geboren worden. Bei Igor Levit aber hat man das Gefühl, ihm noch immer den anarchischen Jungen anzumerken, der das Bücherregal ausräumt und ununterbrochen

Fragen stellt, so dass man als Eltern erschöpft die Augen schließt, sobald das Kind endlich irgendwo eingeschlafen ist.

Es gibt ein paar Menschen, die nicht genervt sind von diesem jungen quirligen Pianisten, die ihn verstehen. Der damalige Sony-Mann Cybinski ist einer von ihnen. Levit sagt heute über ihn: »Ich weiß nicht, wie oft der mit dem Kopf gegen die Wand gerannt ist, damit die in eins meiner Konzerte kommen.« »Die« sind Cybinskis Kollegen bei Sony. Im Mai 2012 sitzen sie endlich in einem Konzert von Igor Levit.

In der Pause geben sie Levit die Hand und versprechen, ihn unter Vertrag zu nehmen. 2013 erscheint die erste CD, unter anderem mit Beethovens Opus 111, einem Werk, dem Thomas Mann in seinem *Doktor Faustus* viele Seiten gewidmet hat. Über kaum eine andere Sonate wurde so viel philosophiert. Es ist Beethovens letzte. Igor Levit ist sechsundzwanzig, es ist sein Debüt. Eine Unverfrorenheit, mit Beethovens Spätwerk anzufangen.

Anselm Cybinski versteht Levit aus der Ferne, der Künstler Hannes Malte Mahler aus der Nähe. Mahler sei der »inspirierendste und inspirierteste, der schönste Mensch« gewesen, dem er »jemals begegnen durfte«, sagt Levit. Mahler, knapp zwanzig Jahre älter, ist für den jungen Levit wie eine Kompassnadel. Er begleitet ihn zu wichtigen Konzerten, er bindet ihm die Fliege, als Levit noch Fliege trägt, er findet die richtigen Worte, als seine Freundin ihn verlässt.

Das Publikum staunt über die Zartheit und die gleichzeitige Wucht im Spiel dieses im Jahr 2013 noch immer fast unbekannten Pianisten. Levit nimmt zwei weitere Alben auf, gibt immer mehr Konzerte. Sein Weg scheint jetzt klar vor ihm zu liegen.

Drei Jahre später aber, im Juli 2016, passiert etwas Entscheidendes in Levits Leben: Sein Freund Hannes Malte Mahler stirbt bei einem Fahrradunfall.
Wenn jemand stirbt, der einem nahesteht, wird einem bewusst, dass man nur eine begrenzte Zeit hat, um der Mensch zu werden, der man sein will.
Im November 2016 gewinnt Donald Trump die amerikanischen Präsidentschaftswahlen. Kurz darauf tritt Levit in Brüssel auf. Bevor er sich an den Flügel setzt, stellt er sich vors Publikum und sagt: »The time of staying in my comfort zone is over.« Die Zeit, in seiner persönlichen Komfortzone zu verharren, sei vorbei.
Im März 2017 übergibt die britische Premierministerin Theresa May den Antrag zum Austritt Großbritanniens aus der Europäischen Union dem EU-Ratspräsidenten Donald Tusk. Levit steckt sich einen Europa-Pin ans Revers, als er bei den BBC Proms in London auftritt, eine Veranstaltung, bei der Politik ausdrücklich unerwünscht ist. Er darf nichts sagen. Dafür spielt er mit zitternden Händen als Zugabe: die Europahymne.
Im April 2018 gibt Levit – wie Daniel Barenboim und der Dirigent Christian Thielemann – seinen Echo zurück, nachdem zwei Rapper, die frauenverachtende, rassistische Zeilen texten, mit dem Preis ausgezeichnet worden waren. Ein gutes halbes Jahr später sitzt er bei einer Diskussion über

Kunst und Politik in Wien auf dem Podium. Er wird gefragt, ob er sich als russischer oder deutscher Pianist fühle – eine Frage, die er nicht ausstehen kann. Er antwortet: »Als jüdischer Pianist.«

Er sagt: »Weißt du, wie die reagiert haben? So.« Er macht ein erschrockenes Gesicht.

Er erzählt von einem Mann in der Schlange beim CD-Signieren in der Berliner Philharmonie. Der Mann sagte: »Den Bach haben Sie toll gespielt, dabei haben Sie keine kulturelle Herkunft dafür.« Er erzählt auch von dem Anwalt, der ihm bei einem Dinner inmitten »lauter kultivierter Menschen« sagte: »Toll, dass Sie als Kind nach Deutschland gekommen sind. Aber Sie wissen schon, dass Menschen wie Sie in diesem Land nicht vorgesehen waren?« Es war, als zöge der Satz ihm seine Haut vom Körper, so formuliert es Levit.

Igor Levit, der Russe. Igor Levit, der Jude.

Diese Zuschreibungen verletzen ihn, auch wenn er behauptet, er wisse nicht mal, wie man Chanukka buchstabiere. Aber sie schüchtern ihn nicht ein, nicht mehr. Man hat eher den Eindruck, sie spornen ihn an.

Igor Levit hat bei den Grünen anrufen lassen: Es möge bitte niemand mitsingen. Zum ersten Mal wird ein klassischer Musiker einen Parteitag eröffnen. Die Grünen haben Levit dazu eingeladen.

Jetzt sitzt Levit, auf dem Weg dorthin, im ICE. Am Abend zuvor ist er in Wien aufgetreten, Schostakowitschs 24 Präludien und Fugen im Konzerthaus, drei Stunden. »Muskelkater-Armageddon in den Unterarmen«, so nennt er den Zustand nach solchen Abenden. In den nächsten Tagen Konzerte in München und Dresden. Heilige Hallen. An diesem Nachmittag aber: sein Auftritt in einem akustisch schauerlichen Messebau in Leipzig. Diesmal ist nicht die Politik das Beiwerk zu einem seiner Konzerte, diesmal ist sein Konzert, ist er selbst das Beiwerk.

Der Auftritt scheint ihn mehr zu beschäftigen als Konzerte in berühmten Sälen mit hinreißender Akustik. Ihm ist bewusst, dass sich die Grünen seine Prominenz zunutze machen, dass es bis zur Vereinnahmung ein kurzer Weg ist. Auch deshalb hat Levit sich Gedanken gemacht. Er will nicht nur der Konzertklimperer sein, der die Delegierten mit einem erhabenen Gefühl dem Parteitagsprogramm überlässt. Er will vor seinem Auftritt auch etwas sagen.

Levit hat sich für Beethoven entschieden. Beethoven, der die Musik demokratisierte. Für seine Sinfonien brauchte man große Konzerthäuser – Säle, in die die Bürger strömten. Eine Kunst, die nicht für eine Elite geschaffen war, sondern für die Masse.

Jetzt, im ICE, greift Levit zum Handy. Tippt. Sagt: »Wisst ihr, was immer passiert, wenn ich *Ode an die Freude* schreibe? Die Rechtschreibfunktion macht aus *Ode* öde.« Er grinst. »Da muss ich echt aufpassen.«

Auf einem Parteitag gibt es viele Tagesordnungspunkte und noch mehr Redner. Wenn ein Parteitag ein Theaterstück wäre, dann eines, bei dem vom ersten bis zum letzten Akt durchgängig geredet wird.

Als Levit auf die Bühne gebeten wird, hält er sich mit bebenden Fingern an einem Streifen Papier fest. Er sagt, dass Beethovens Musik aus der *Ode an die Freude* eine Deklaration für das Menschsein gemacht habe, ihr Anspruch sei allgemein und international gültig oder gar nicht. »›Alle Menschen werden Brüder‹ ist keine romantische Verklärung, sondern ein ständiger Arbeitsauftrag an uns alle.« Applaus.

Die Klimaanlage in der zugigen Halle der Messe Leipzig rauscht, aber in keinem Moment ist es auf dem Parteitag so still wie in dem, als Igor Levit am Flügel seine musikalische Botschaft anstimmt.

Die *Ode an die Freude* beginnt mit einer innigen Notenfolge. Eigentlich schwillt der Klang an, aber Levit spielt leise weiter. Als wollte er nicht, dass die Musik Jubel auslöst. Wer mag, könnte sich die Noten als Menschen vorstellen, die sich anderen anschließen zu einem Strom, und am Ende ... ja, was? Beethoven hat im letzten Satz seiner neunten Sinfonie die menschliche Stimme eingesetzt, einen ganzen Chor. Ein Chor in einer Sinfonie: der Griff nach den Sternen. Aber Igor Levit hat jetzt keinen Chor. Er hat nur seine Tasten.

Levit schläft schlecht. Er sagt, die Debatte über die Menschen, die im Mittelmeer ertrinken, setze ihm zu. Er überlege, Twitter von seinem Handy zu entfernen. Seitdem der Innenminister Horst Seehofer die Migrationsfrage als die »Mutter aller Probleme« bezeichnet habe, fühle er sich nicht mehr als Mensch oder Musiker. Sondern als Migrant.

Wochen später wird er Twitter tatsächlich löschen. Vorübergehend.

Konzerte in Luzern, München, Düsseldorf, Antwerpen.

Pianisten, die viele Konzerte geben, spielen in einem gewissen Zeitraum oft dasselbe. Levit gibt in manchen Monaten zehn Konzerte. Und fast jedes Mal spielt er ein anderes Programm. Er sagt, es seien ja auch jedes Mal andere Orte, andere Menschen. Er sagt: »Ich kann Privatleben gerade noch buchstabieren.«

Das wenige Privatleben besteht zum Großteil aus Sport. Bloß nicht wieder pummelig werden. Gerade hat er ein Intervalltraining für sich entdeckt. Das helfe auch gegen Jetlag. Aber eigentlich dürfe keiner wissen, dass er auch mit Hanteln trainiere. Gift für Pianistengelenke.

Frühjahr 2019. Levit muss Beethoven aufnehmen. 2020 ist Beethoven-Jahr, der 250. Geburtstag. Bis März will Levit mit der Aufnahme aller 32 Sonaten fertig sein. Neun CDs, sechs Stunden Musik. Er sagt: »Das ist die Quintessenz meiner letzten fünfzehn Jahre.«

Eine CD-Aufnahme gehört zu den bedeutenden Stationen in der Biografie eines Musikers. Sie ist eine Visitenkarte. Der Musiker hält auf einem Album etwas fest, das länger Gültigkeit haben soll als ein Konzertabend.

Sie haben den Leibniz-Saal in Hannover gemietet, einen Konzertsaal in Schuhschachtel-Form. Viel Weiß, viel Holz. Unten steht der Flügel, auf dem Levit jetzt spielt, oben, in einer Kammer, hat der Tonmeister seine Geräte verkabelt. Er ist ein fröhlicher, runder Mann mit scharfen Ohren, der auf seinem winzigen Bildschirm sieht, wie Levit am Flügel sitzt. Der Tonmeister spricht durch ein Mikrofon, als wäre er Gott und würde aus dem Himmel zu den Menschen da unten auf der Erde reden, zu seiner Schöpfung.

Tonmeister sind enorm wichtig für Musikaufnahmen, ähnlich wie Cutter beim Film, und dieser heißt Andreas Neubronner und gehört zu den Könnern, er ist begehrt bei den großen Pianisten.

Neubronner ruft: »Komm mal rauf. Wir hören es uns an.«

Levit drückt die Tür auf und lässt sich neben dem Mann auf einen Sessel fallen. Er trinkt Wasser aus einer großen Flasche.

»Kennst du Intervallfasten?«, sagt Levit. Man isst tage- oder stundenweise nichts. »Ich mache Intervallfasten«, sagt Levit. »Auf solche Ideen kommt man, wenn man eine Passage spielt, die ein Vierjähriger besser könnte.«

Griff zum Handy.

Levit: »Wie hat das Meister Friedrich gespielt?« Aus den Handylautsprechern scheppern ein paar Takte von Friedrich Gulda. Dann Alfred Brendel. Noch ein anderer Beethoven-Meister, Artur Schnabel. Dann startet Neubronner den Mitschnitt auf seinem Computer. Das, was Levit gerade gespielt hat.

Levit: »Ich will, dass hier die Sonne aufgeht.«

Neubronner: »Hier bist du zu breit. Danach kannste mehr machen.«

Levit: »Das. Ist. Kein. Piano.«

Neubronner: »Vom Tempo her: zu langsam.«
Levit legt seinen Kopf auf die Schulter des Tonmeisters.
Neubronner: »Das ist gut. Gut!«
Levit: »Vom Grundgefühl ist das ganz gut. Oder?«

Was haben sie miteinander zu tun – Igor Levit, @igorpianist und Beethoven?

Igor Levit wechselt im Gespräch in Hochgeschwindigkeit zwischen Themen und emotionalen Zuständen. Er kann sehr witzig sein und charmant und im nächsten Moment sehr ernst und abweisend.

@igorpianist rast in seinen Tweets vom amerikanischen Präsidenten Donald Trump zum amerikanischen Schriftsteller James Baldwin, zu den Klimaaktivisten von *Fridays for Future*, zur Idee, er könnte Intendant der Bayreuther Festspiele werden, zu Freunden, die er vermisst, zu George Eliots Roman *Middlemarch*, zu Diskussionen über den rauen Ton auf Twitter und dazu, dass er sich vor seinem fingerverknotenden Programm bei den Salzburger Festspielen Mozartkugeln nicht verkneifen kann.

Und Beethoven? Rast auch, zwischen Impulsivität und Disziplin. Opus 111, die Arietta: Der ganze Satz ist ein einziger Ausnahmezustand. Mittendrin spaziert Beethoven durch emotionale Welten wie jemand, der in milder Altersweisheit auf sein Leben zurückblickt. Dann auf einmal: absolute Hochstimmung.

Levit spielt Beethoven leiser, zärtlicher als andere. Dann wieder irrwitzig schnell und laut. Irgendwie passt Beethoven zu Levit, zur Disziplin, die hundert Konzerte im Jahr und ein CD-Großprojekt abverlangen, und zur Impulsivität, mit der er mehrere tausend Tweets im Jahr schreibt, von denen er sich dann manchmal wieder distanziert. Levit und Beethoven, das ist Raserei. Und zugleich: Suche nach Ruhe. Der schwerhörige Beethoven litt unter quälenden Ohrgeräuschen und einer Überempfindlichkeit für Schall. Levit sagt: »Wenn ich Beethoven spiele, falle ich in mich zurück.«

@igorpianist hat zwei Wochen ausgehalten, jetzt twittert er wieder.

Levit hat eine Idee, wie er das Geld der Gilmore Foundation für ein musikalisches Projekt ausgeben kann – und gleichzeitig für eine politische Sache. Die Idee ist noch unausgereift.

Er ist darauf gekommen, als er über den G20-Gipfel 2017 in Hamburg nachdachte. Der G20-Gipfel ist ein Ereignis, das Menschen unterschiedlicher politischer Überzeugung mit unterschiedlichen Dingen in Verbindung bringen. Die einen denken an randalierende Autonome auf der Elbchaussee. Die anderen daran, dass sich die Staats- und Regierungschefs in der Elbphilharmonie verbarrikadierten.

Levit gehört zu den Menschen, die an Letzteres denken. Gespielt wurde Beethovens Neunte – schon wieder Beethoven –, der vierte Satz beinhaltet jene *Ode an die Freude*, die Levit beim Grünen-Parteitag spielte, es ist die Europahymne. In der Elbphilharmonie waren Donald Trump, der russische Präsident Wladimir Putin, der chinesische Staatschef Xi Jinping und der saudi-arabische Staatsminister Ibrahim al-

Assaf unter den Zuhörern. »Menschen, die Demokratie gerade mal buchstabieren können!«, sagt Levit. »Pervers. Totaler Missbrauch, eigentlich.«

Levit überlegt nun, mit dem Geld der Gilmore Foundation ein neues Kunstwerk in Auftrag zu geben, das so etwas sein soll wie Beethovens Neunte, aber verankert in der heutigen Zeit, geschaffen von heutigen Künstlern. Ein Werk, das Wort und Musik verbindet. Etwas Großes. Aber wie genau soll das funktionieren?

Verabredung mit Levit in einer Hotelbar in Heidelberg. Die Presseagentin hat darum gebeten, das Thema Gilmore nicht anzusprechen. »Er bekommt Panik in den Augen.« Es sei gerade zu viel für zehn Finger.

Konzertpianisten sind oft in Hotelbars. In dieser liegt ein schwerer Lilienduft über weiß gedeckten Tischen. Igor Levit sagt: »Ich bin total übersäuert.« Er löffelt Kartoffelbrei und versucht den Barpianisten auszublenden, wie er sagt. Einmal, das war in London, war er so genervt vom Spiel eines Barpianisten, dass er ihn gebeten hat, ihm das Klavier zu überlassen, zur Freude der Gäste, zum Ärger des Hotelchefs. Levit bekam ein Jahr Hausverbot.

Im Kopf die Bitte, nicht den Gilmore Award anzusprechen.

Nach fünf Minuten kommt ein rotblonder Mann um die Ecke. Levit muss ihn spontan dazugebeten haben. Es ist der neue Präsident der Gilmore Foundation, der Nachfolger des Mannes, der Levit vor zweieinhalb Jahren ankündigte, er werde der nächste Preisträger.

Der Präsident hat einen Gedanken zu Levits Überlegungen, mit seinem Preis Grenzen zu sprengen. Er nennt es »Freedom«-Projekt. Sie haben offenbar schon darüber gesprochen. Wie wäre es, wenn Levit, als Heute-Mensch, eine Heute-Technik nutzte? Twitter?

Igor Levit schiebt ein Stück Käse in den Mund. Schluckt. Lächelt.

Konkreter wird es nicht an dem Abend.

Vor einem Konzert in Wiesbaden spricht Igor Levit sein Publikum an. Es ist eine schwierige Situation. Wenn Levit Beethoven spielt, dann hört er Aufruhr und Liebe, er hört Musik über das Menschsein, Beethoven, das ist für ihn »die menschlichste Musik überhaupt«. Sie erzähle »von uns und über uns«.

Aber was, wenn die Menschen, die da vor ihm sitzen, nur schöne Klänge, Formen und Rhythmen hören wollen und nicht den politischen Appell eines Pianisten?

Levit also steht in Wiesbaden auf der Bühne und sagt, er bewundere die Demonstranten in Hongkong, die kritischen Journalisten in der Türkei, die Kapitänin Carola Rackete und die Klimaaktivistin Greta Thunberg. Ihnen sei zu verdanken, dass »nach Jahren des gefühlten politischen Stillstandes und einer um sich greifenden Ohnmacht Hoffnung wiederkehrt.« »Wir dürfen nicht schweigen!«, ruft er.

Und das Publikum? Manche schauen nur. Andere klatschen. Eine Frau ruft: »Aufhören! Es reicht!«

Levit reicht es noch lange nicht. Er wurde zum Professor für Musik berufen. Wenn man ihn fragt, was für ein Professor er sein will, dann antwortet er: »Ich will streng sein. Meine Leute sollen lesen.« Was sollen sie lesen? Von Levit kann man nicht nur ein Buch erwarten. »Über den Klimawandel. Tolstoi. James Baldwin. Kommt darauf an, wer mir gegenübersitzt. Vier Wochen haben sie Zeit, und dann reden wir darüber.«

Vielleicht kann das eine Aufgabe sein, die Rolle, die Bedeutung, nach der er sucht, das Bleibende? Eine neue Generation von Musikern auszubilden? Er sagt: »Ich möchte, dass meine Studenten am Ende des Studiums rausgehen mit dem Gefühl, wichtig zu sein. Wichtig für die Welt. Ich möchte ihnen dabei helfen, ihre eigene Rolle in der Welt zu finden und zu leben.«

Igor Levit zieht um. Es ist nicht klar, ob die Transporteure den Flügel über den Baum bekommen, der zwischen der Wohnung und dem Innenhof steht. Levit ist vor drei Jahren hier eingezogen, seitdem ist der Baum gewachsen.

Der Flügel, der gleich am Kran hängen wird, zwanzig Meter über dem Asphalt, ist ein D-274, ein Konzertflügel, fünfhundert Kilo schwer, 2,74 Meter lang und 1,57 Meter breit, das größte Modell, das die Firma Steinway & Sons herstellt. Der Flügel muss raus, weil Levit raus muss aus seiner Wohnung in Berlin-Mitte. Es liegt nicht an den Nachbarn. Levit erzählt, der von oben habe neulich geklingelt. Levit hatte gerade geübt und fürchtete, der Mann wolle sich beschweren. Aber der Nachbar sagte nur, wie schön er die Musik fand. Levit wurde gekündigt wegen Eigenbedarfs. Er sagt: »Immobilienkapitalismus.«

Es ist zehn Uhr am Vormittag, er sinkt auf den übrig gebliebenen Liegestuhl. Seine Presseagentin streicht ihm über den Kopf. Sie ist da, um ihn am Umzugstag nicht sich selbst zu überlassen. Levit ist seit halb fünf auf den Beinen. Er sagt, es gebe drei Dinge, über die er gerade nicht reden mag: »Beethoven. Arbeit. Alice Schwarzer.«

Schwarzer hatte sich gegenüber einer Muslimin eine Beleidigung geleistet. Sie hat versucht, sie anzufassen. Als die Frau abwehrte, sagte Schwarzer, sie habe gedacht, nur Männer dürften sie nicht berühren. Darüber hat @igorpianist dann getwittert. Diese Tweets hat er später gelöscht. Er hatte sich im Ton vergriffen.

Manchmal bekommt er das Gefühl, dass die Sachen, die er auf Twitter schreibt, nicht für die Ewigkeit gemacht sind.

Drei kräftige Männer wuchten den Flügel durch die Glastür nach draußen. Der Kranführer auf der Straße senkt den Haken herab. Ein Transporteur klemmt den Flügel an. Ein Ruck. Als der Flügel in der Luft hängt, sitzt Igor Levit schon auf dem Fahrrad, auf dem Weg in seine neue Wohnung. Vielleicht ist das am Ende ein Bild, das nach einem Jahr mit ihm bleibt, das Bild vom Schweben zwischen den Welten. Er würde sagen, dass diese Welten nicht voneinander getrennt sind.

Stillstand

Joana Mallwitz sagt: »Mahler lockt dich in eine wunderschöne, sehnsuchtsvolle Sphäre. Du lässt dich darauf ein. Du öffnest dich. Und dann kommt er fies von der Seite und sticht zu.« Die Musik von Mahler passt in eine Zeit, in der die Welt aus den Fugen geraten ist. Gustav Mahler, gestorben 1911 in Wien, unglücklich verheiratet, hat unter anderem zehn Sinfonien komponiert, die letzte blieb unvollendet. In die Noten schrieb er, wie seine Musik vorzutragen sei, »sehr zurückhaltend« etwa, »wie eine Volksweise«, »stürmisch bewegt«. Die Angaben aus der Partitur seiner 1. Sinfonie lesen sich wie Kapitelüberschriften zu den vergangenen Monaten der Joana Mallwitz, da steht zum Beispiel, fett gedruckt:

Wie ein Naturlaut

Am 16. März 2020 wird in Deutschland das Virus das Leben stilllegen, werden Schulen, Kitas und Geschäfte geschlossen, Konzerte abgesagt werden, und Joana Mallwitz wird den Satz sagen, sie fühle sich ihrer Daseinsberechtigung beraubt: eine Dirigentin ohne Orchester und ohne Publikum.

Eine stumme Musikerin. Zwei Tage zuvor fühlt es sich in der fensterlosen Münchner Oper noch an wie draußen auf dem Marienplatz, über den die Menschen in Trauben spazieren: als wäre nichts.

Es ist der 14. März, ein hellblauer Samstagvormittag, ein Tag mit ersten Knospen an den Sträuchern, und Joana Mallwitz probt mit dem Bayerischen Staatsorchester auf der Bühne der Münchner Oper Schubert und Mahler. Sie nennt es »ein absolutes Glücksprogramm«. Sie schlägt die kleine Partitur mit der *Unvollendeten Sinfonie* von Franz Schubert auf. Die Sinfonie beginnt in Finsternis, tief in den Streichern. Wie eine schlechte Nachricht. Dann schickt eine Oboe einen Lichtschein hinein. Das Horn scheint wie ein Leuchtturm aus der Ferne im Nebel auf, ein Hoffnungsstrahl. Die Streicher treten ihn aus. Dann zieht wieder ein einsamer Ton hinüber in eine andere Welt, in einen hellen Tanz in G-Dur. »Totale Idylle, zu unwirklich, wie ein Traum«, sagt Joana Mallwitz. Das Gesicht der Dirigentin, ihre Bewegungen zeigen einen Zustand der Glückseligkeit, einer Verliebtheit, vielleicht. Dann verdunkelt sich ihr Ausdruck. Der Körper stellt um auf Angriff, die Schultern klappen vor, das Gesicht: Attacke. Sie will nicht, dass man zu früh merkt, dass dieses Glück gleich abreißt, aber sie muss ja einen Moment früher dort sein, wo sie die Musiker haben will: in einer Finsternis, die wie aus dem Jenseits herüberweht. Wenn Joana Mallwitz dirigiert, kann man die Musik sehen. Es ist, als wollte sie noch einmal tief Luft holen, fürs Publikum, für die Musiker. Für ihre Arbeit der vergangenen Monate.

Ein letzter Auftritt vor der Stille. Das ist der Plan, an dem halten sie fest. Er gibt auch Halt. Die WHO hat das Coronavirus wenige Tag zuvor zur Pandemie erklärt. Der Bundesgesundheitsminister Jens Spahn hat empfohlen, Versammlungen mit mehr als 1000 Menschen bis zum 19. April abzusagen. Zunächst. In den Zuschauerraum der Bayerischen Staatsoper passen 2101 Menschen, das Konzert am 16. März wäre bis zum letzten Platz ausverkauft gewesen. Jetzt wollen sie es vor leeren Rängen spielen. Es soll dann aber gefilmt und live im Internet gestreamt werden. Wenigstens das.

Sie ruft: »Ja!« Lässt die Arme sinken. Aus.

Sie sagt: »Aber.«

Es kann Musiker frustrieren, wenn sie spielen und eintauchen in die Zustände, die die Musik ihnen gibt, und die Dirigentin unterbricht immer wieder. Hier ein Tempo schneller, da ein Akzent anders. Sie sagt: »Hier muss das Sforzato eine Unbedingtheit haben. Das Fortepiano muss wie ein Beben klingen.«

Über Wochen hinweg hat sich Joana Mallwitz über die Noten gebeugt, hat analysiert, Tabellen mit Zahlen geschrieben, um zu sehen, wie der Komponist den Satz strukturiert hat. Joana Mallwitz hat über Akzente gegrübelt, von der Musik geträumt. Alles, was sie dem Orchester sagt, soll einen Grund haben. Ein Klarinettist: »Jetzt waren Sie es, die bremsen.« Mallwitz: »Ich? Ich bremse?« Der Klarinettist nickt: »Ja.« Mallwitz: »Ich bessere mich.« Sie lacht. Die Sonne geht auf.

Die Zeit, in der Dirigenten ihre Vorstellung dem Orchester aufdrücken, neigt sich dem Ende zu. Musiker schätzen jene, die in Dialog treten, die auf das eingehen, was sie ihnen anbieten. Die das nicht nur können, sondern es auch wollen. Ein Oboist legt vor Publikum spontan mehr Innigkeit in sein Solo, er spielt vielleicht gedehnter als in den Proben, und der Dirigent oder die Dirigentin nimmt den Impuls auf, gibt ihn ans Orchester weiter. So bleibt in der Aufführung Raum, die Musik in die Gegenwart zu holen. Teodor Currentzis soll zu jenen gehören, die Musikerinnen auch zuhören wollen. Andris Nelsons zum Beispiel. Mariss Jansons, der im Dezember 2019 starb. Und Joana Mallwitz.

Nach der Probenpause Mahler. Sie lässt die Sinfonie durchspielen, ohne Unterbrechung, zum ersten Mal. Wie fühlt sich Mahler an mit dem Orchester, das, wie sie sagt, so beweglich sei, so schnell auf ihre Zeichen anspreche? In den vergangenen Jahren ist das Orchester vom Dirigenten Kirill Petrenko geprägt worden. Jetzt leitet Petrenko die Berliner Philharmoniker, und Joana Mallwitz darf mit dem Bayerischen Staatsorchester Mahlers 1. Sinfonie spielen, leuchtende Musik mit einigen Untiefen, aber teilweise sehr glücklich, für Mahlers Verhältnisse. *Der Titan*, so lautete mal der Beiname dieser Sinfonie. Das Bayerische Staatsorchester hatte Mahlers *Erste* lange nicht aufgeführt, als Joana Mallwitz eingeladen wurde, mit ihm aufzutreten – die Sinfonie war frei. Als sie das Programm zusammenstellten, wollte Igor Levit, der Pianist, Liszt spielen. Mallwitz suchte dann Schubert dazu aus, seine *Unvollendete*. Sie ist das Werk, das Joana Mallwitz als Vierzehnjährige mit Bleistift in ordentlicher Schrift einen Satz in die Partitur schreiben ließ: »Dies ist meine erste eigene Partitur und hoffentlich auch das erste Werk, das ich später als Dirigentin dirigieren werde.«

Schubert. Liszt. Mahler. Diese Stücke, dieses Orchester, dieser Pianist. Mallwitz und Levit sind befreundet, seit sie zusammen das Institut zur Früh-Förderung musikalisch Hochbegabter der Hochschule für Musik in Hannover besucht haben. Aber gemeinsame Auftritte gibt es wenige. Ihre Vorfreude auf das Konzert am 16. März ist riesig.

Sie schließt die Augen. Fünfzig Minuten Musik, ohne in die Partitur zu sehen. Alles fliegt, sie fliegt, das Orchester fliegt. Vor einigen Jahren noch hat Joana Mallwitz zur Vorbereitung auf eine Wagner-Oper Liegestütze gemacht, weil sie Sorge hatte, ihr Körper könne aufgeben beim Marathon, den Komponisten wie Wagner und Mahler einem Dirigenten abverlangen. Mittlerweile weiß sie, dass die Musik sie trägt. Bei Mahler ist es die Stille, aus der ein Lied wächst, ein Jubel. Immer wieder führt Mahler durch eine Wolke ins Paradies, für einen Moment. Dann reißt er einen zurück. Letzte Kämpfe. »Höchste Kraft«, hat Mahler am Schluss in die Partitur geschrieben. Joana Mallwitz sagt: »Am Ende bist du einfach nur fertig.«

Vorwärts drängend

Für eine Dirigentin oder einen Dirigenten ist eine Mahler-Sinfonie ein Meilenstein. Kaum ein anderer Komponist verlangt ein so großes Orchester wie Gustav Mahler, Vollbesetzung der Bläser, der Streicher, da ist alles dabei, von Harfe bis Kuhglocken. Kaum ein anderer Komponist hat in Sinfonien Welten entstehen lassen wie er. Ein Dirigent, der mit einem Orchester Mahler aufführen darf, ist entweder Chef dieses Orchesters. Und wenn er nicht dessen Chef ist, dann ist er sehr berühmt. Mahler war einer der Ersten, die das Orchester wie ein Instrument gedacht haben, das der Dirigent spielt wie ein Pianist sein Klavier. Mozart ist nicht unbedingt Dirigentenmusik. Mahler schon. »Hundert Leute können eine solche Sinfonie nicht ohne Pilot spielen«, sagt Joana Mallwitz. »Dafür braucht man dann eben doch das Dirigentenhandwerk.«

Joana Mallwitz, zu dem Zeitpunkt dreiunddreißig Jahre alt, ist außerhalb der Musikwelt nicht berühmt. Aber sie ist auf dem Weg dorthin. 2018 wurde sie Generalmusikdirektorin am Staatstheater Nürnberg. Ein Jahr später wählte die Zeitschrift *Opernwelt* sie zur »Dirigentin des Jahres«, in den Jahren davor waren es Christian Thielemann, Kirill Petrenko und John Eliot Gardiner. Kritiker schrieben, bei Joana Mallwitz stimme »nun wirklich alles«, sie schaffe es, »große Geschichten aus der Musik herauszuarbeiten«, eine »Ausnahmedirigentin«. Bei den Salzburger Festspielen im Juli sollte sie das vielleicht bekannteste und berüchtigtste europäische Orchester dirigieren: die Wiener Philharmoniker. Das kann in einem Dirigenten ungefähr das auslösen, was es in einem Fußballtrainer auslöst, wenn er das Angebot bekommt, Real Madrid zu übernehmen. Als der Intendant der Salzburger Festspiele, Markus Hinterhäuser, sie anrief, so erzählt es Joana Mallwitz, antwortete sie sofort mit »Ja«.

Und wartete dann auf den Schock. Sie sagt: »Eine große Ehre, aber der Schock blieb aus. Ich trau mir das zu.«

Im Dezember haben wir uns das erste Mal getroffen. Damals sah es so aus, als würden im Jahr 2020 gleich zwei Meilensteine im Leben der Dirigentin Joana Mallwitz stehen: die Wiener Philharmoniker auf dem bedeutendsten Festival für klassische Musik. Und Mahlers 1. Sinfonie mit dem Bayerischen Staatsorchester im März. Es ist anders gekommen.

Mit vollen Segeln

Wenn man Joana Mallwitz mit einer Farbe beschreiben wollte, dann wäre es Blau. Ein frisches, reines Blau, wie die Farbe ihrer Augen. Der Solo-Oboist ihres Nürnberger Orchesters sagt, in dreißig Jahren im Dienst habe er noch keinen solch »klaren Charakter« auf dem Dirigentenpult erlebt wie Joana Mallwitz. Eine Hornistin spricht von einer Konzentration, die von ihr ausgehe, die das gesamte Orchester »high« mache. Ein Musiker eines anderen Orchesters vom »Glück«, sie in einer Probe erlebt zu haben. Alle entscheiden sich für das Wort »Klarheit«, sollen sie beschreiben, wie Mallwitz dirigiert. Man kann dabei den Eindruck bekommen, andere Dirigenten duckten sich bei heiklen Stellen gern weg. Bei ihr sei das nicht so. Auf sie könne man sich verlassen. Joana Mallwitz sagt: »Wenn man vertraut, überträgt sich das auf das Orchester. Das zu erreichen ist die Qualität des Dirigenten.«

Wenn Mallwitz spricht, gibt es kein Wort zu viel. Sie ist witzig und pointiert. Die feingliedrigen Hände in Bewegung. Sie spricht, wie sie geht, zielgerichtet und schnörkellos. In einer Geschwindigkeit, dass man neben ihr schneller atmet. Das heißt nicht, dass sie Unruhe verbreiten würde. Sie hat die Gedanken nur eben schon alle gedacht und fertig, aber Sprache ist anders als Musik: Die Worte können ja nicht gleichzeitig raus, nur nacheinander.

Sie will, dass man versteht, wie das funktioniert mit dem Dirigieren, wie sie versucht, dahinterzukommen, was in der Musik passiert sein muss, damit ein wiederkehrendes Motiv klingt, wie es klingen soll. Sie sucht nach einer Geschichte, die die Musik erzählt. War da Verzweiflung? Hoffnungslosigkeit? Gab es eine Läuterung? Sie sagt: »Ich kann dir leicht beibringen, wie man einen Takt schlägt. Dann machst du ein intensives Gesicht und Bambambam. Aber damit du den Klang kriegst, den du willst – das hat nicht so viel mit deinen Armen zu tun.«

»Ungekünstelt« ist das Wort, das Martin Brauß einfällt, wenn er über sie spricht. Schon als sie in seine Dirigierklasse in Hannover kam, sie muss vierzehn gewesen sein, fiel ihm ihre »ehrliche Leidenschaft« und »leidenschaftliche Ehrlichkeit« auf. Deshalb hatte er ihr eigentlich nicht zugetraut, sagt er, dass sie es in diesem Betrieb aushalten würde, in dem es Neid und Geltungstrieb gebe wie überall, wenn es um Positionen an der Spitze geht. Mit dem Bild der alten Dirigenten-Diven hat sie nichts mehr zu tun. Daniel Barenboim soll mal zu seinem Kollegen Simon Rattle gesagt haben: »Wenn du so nett bist, erreichst du nie etwas.« Von Sergiu Celibidache stammt die Aussage: »Ein Dirigent ist ein verkappter Diktator, der sich glücklicherweise mit Musik begnügt.« Joana Mallwitz sagt: »Man muss beim Dirigieren zu einem gewissen Grad sich selbst aufgeben. Wenn man das Ego weglässt, ist es eigentlich ganz einfach.« Jedenfalls kann man feststellen: Joana Mallwitz gehört nicht zu den Menschen, die so viel Aufmerksamkeit brauchen, dass die Luft aus einem Zimmer entweicht, sobald sie es betreten. Im Gegenteil. Sie wartet, bis man fertig ist mit den Fragen, dann stellt sie selbst welche. Danach zum Beispiel, wie man das organisiert mit Kindern und dem Schreiben. Ob man das Gefühl habe, der Job rücke durch eigene Kinder in den Hintergrund. Das Thema beschäftigt sie. In ihrem Beruf gibt es noch nicht so viele Mütter.

Kräftig bewegt, doch nicht zu schnell. Wild.

Ende Januar 2020 ist »Corona« noch ein Wort aus den Nachrichten über China. In Frankfurt kann man lernen, wie eine Dirigentin einen Opernabend zu retten vermag. In der Garderobe schlüpft Joana Mallwitz in einen schwarzen, eleganten Overall. Sie pudert übers Gesicht, schminkt die Lippen rot, prüft das Spiegelbild. Das Haar trägt sie in einem kurzen Bob, die Strähnen fliegen beim Dirigieren von selbst wieder aus dem Gesicht zurück. Sie lächelt ihrem Spiegelbild kurz zu. Passt. Noch eine Dreiviertelstunde bis zum Auftritt. Joana Mallwitz wird eine unbekannte Oper dirigieren, *Pénélope* vom französischen Komponisten Gabriel Fauré. Es geht um Penelope, die nach zwanzig Jahren Abwesenheit ihres Mannes Odysseus nicht bereit ist, einen anderen zu heiraten. Ein eher inneres Drama. Schwer zu inszenieren. Mallwitz hatte das Projekt drei Jahre zuvor zugesagt. Sie reizte das unbekannte Stück, sie reizte die Rückkehr zum Frankfurter Orchester. Damals wusste niemand, dass sie zu dem Zeitpunkt der Premiere Anfragen haben würde, die sie auf große Bühnen stellen. Aber das sagt Joana Mallwitz nicht. Sie sagt, sie freue sich auf den Abend. Die Musik habe einige Fallen, sie sei sehr subtil, wenige Effekte, die das Publikum aus den Sesseln reißen. Sie ruft den Inspizienten, überreicht ihm die Partitur. Er trägt sie auf das Pult in den Orchestergraben. Sie sagt: »Jetzt kann ich nichts mehr lernen.« Es gebe nur noch Plan A. Fliehen geht nicht.

In der nächsten halben Stunde will sie in der Garderobe sitzen und atmen. Oder im Kreis gehen. Sie will sich vorstellen, wie der erste Takt klingen soll. Manche Musiker brauchen bis zum Moment vor dem Auftritt auf der Bühne Menschen um sich herum. Und wenn niemand da ist, dann eben Kontakt zu Menschen auf Social Media. Joana Mallwitz nicht, sie hat damals nicht mal einen Instagram-Account. Sie braucht Stille. Der Orchesterwart öffnet ihr die Tür. Sie betritt, zack, zack, den Orchestergraben. Dreht sich zum Publikum, Daumenballen an die Stirn zur Begrüßung wie vor einer Yoga-Übung. Sie dreht sich zum Orchester, toi, toi, toi. Sie spannt an, einatmen. Und los!

In der Musik ist Bewegung. Aber auf der Bühne: zwei Stunden Statik wie in einer Vorabend-Seifenoper. Am Ende treffen Odysseus und Penelope nach zwanzig Jahren irre machender Sehnsucht aufeinander. Man könnte erwarten, Odysseus umarme Penelope, er küsse sie, er falle auf die Knie, irgendwas. Aber in dem Moment passiert auf der Bühne: nichts. Zwei antike Statuen. Das Leben kommt aus dem Orchestergraben. Dort hört man Überwältigung, Hingabe, Liebe. Joana Mallwitz hat den Abend davor bewahrt, als gähnend langweilig in Erinnerung zu bleiben. Bevor sie beim Applaus auf die Bühne gebeten wird, tauscht sie im Orchestergraben ihre flachen Ballerinas gegen schwarze Lackpumps. Verbeugung, Herz nach oben. Man hat den Eindruck, für sie gebe es keinen größeren Moment, als genau jetzt an diesem Ort zu sein.

Sehr einfach und schlicht wie eine Volksweise

Im Auto. Zum ersten Auftritt in einer Fernsehtalkrunde, Kölner Treff, WDR-Studio in Köln-Bocklemünd. Anspannung ablegen. Ein Spiel zum Ablenken? Ihre Presseagentin findet das eine gute Idee.

Wie wäre es damit: »Ruinieren Sie einen Romantitel mit nur einem Buchstaben!«

Joana Mallwitz reagiert nicht. Sie sieht aus dem Fenster. Der Himmel über Köln hängt tief, eine graue Suppe.

»Der Tor in Venedig.«

Sie sagt nichts. Hört zu, vielleicht.

»Schuld und Sahne.« Hm, hm.
»Frust. Der Tragödie zweiter Teil.«
Ein Lächeln, immerhin.

Man liegt nicht falsch, wenn man meint, Joana Mallwitz hat gern Kontrolle. Dirigenten brauchen Kontrolle. Schon allein über die ganzen Noten. In Hotelzimmern schließt Joana Mallwitz die Partituren im Safe ein. Sie hat auch gern Kontrolle darüber, wie ihr Haar liegt. Im Fernsehstudio probiert die Maskenbildnerin »was Modernes« mit dem Bob der Dirigentin aus. Mallwitz sagt nichts, aber die Raumtemperatur sinkt. Eine Viertelstunde später steht Joana Mallwitz mit feuchtem Haar, Föhn und Rundbürste in ihrer Garderobe vor dem Waschbecken und versucht, wieder wie sie selbst auszusehen. Es ist ohnehin an diesem Tag vieles gar nicht ihre Welt, schon allein die ganze Zeit, die so eine Fernsehgeschichte raubt und die sie nicht hat. Ihr ehemaliger Lehrer Martin Brauß erzählt, dass Joana Mallwitz wenig schlafe, wie alle, die »wirklich im Bann der Musik« stünden. Sie lese eigentlich jede freie Minute in Partituren, gerade nachts, wenn nichts sie ablenken kann. »Sie ist grundseriös«, sagt er. Joana Mallwitz ist daran gewöhnt, im Mittelpunkt zu stehen, zwischen dem Orchester vorne und dem Publikum im Rücken. Aber dort geht es um Musik. Hier soll es um sie gehen. Das strengt sie an. Sie fragt in der Garderobe: »Ist das so interessant, was ich erzähle?«

Als die Fernsehkameras um den Stuhlkreis rollen, stellt die Moderatorin die Gäste vor. Sandra Maischberger hat einen Film produziert, der vom »Ehrenmord« an einer Frau erzählt. Jan Bülow ist gerade als Udo Lindenberg im Kino zu sehen. Gianni Jovanovic wuchs in einer Roma-Familie auf, engagiert sich heute gegen Homophobie und Rassismus und ist Großvater mit zweiundvierzig Jahren. Alle haben etwas zu verkaufen: ein Buch, einen Film, ein Engagement. Joana Mallwitz soll über sich sprechen. Sie ist in Hildesheim geboren, ihre Eltern sind Lehrer, keine Musiker. Sie, das hochbegabte Mädchen, das mit dreizehn an die Hochschule für Musik und Theater Hannover kam und dort endlich nach dem gefragt wurde, was ihr im Kopf herumging: »Was hältst du von diesem Akkord, und wo soll der hinführen?« Man kennt von ihr die Geschichte, wie sie bei einer Aufführung der *Madame Butterfly* einsprang, sie war Anfang zwanzig und rannte durch Heidelberg, weil sie ein schwarzes Shirt für den Orchestergraben brauchte. Sie zog es links herum an und wäre auch so auf die Bühne gegangen, wenn sie nicht kurz davor jemand darauf aufmerksam gemacht hätte.

Frage der Moderatorin: »Wie ehrgeizig sind Sie, auf einer Skala von eins bis zehn?«

Antwort: Man kriege jedes Mal Muffensausen, vor jeder Probe, es sei jedes Mal eine Herausforderung. Also sage sie: zehn. Was die Karriereplanung betreffe, würde sie sagen: »Da war ich naiv.«

Zwischenfrage der Moderatorin an Gianni Jovanovic: »Bist du eigentlich Opernliebhaber?«

Antwort: »Ich bin gerne Opa, ja.«

Heiterkeit, gelöste Stimmung. Gute Bedingung für die Frage, die Joana Mallwitz hasst. Sie soll mal gesagt haben: »Ich bin keine Frau, ich bin Musikerin.« Ihre Presseagentin hat erzählt, sie sage alle Anfragen zum Thema »Frauen und Dirigieren« ab.

Die Moderatorin fragt: »Dirigieren Frauen anders?«

Antwort: »Nein. Jeder einzelne Mensch dirigiert vollkommen anders.«

Wenn ihre Antwort in einer Partitur stünde, hätte der Komponist *attacca* darüber geschrieben, so schnell schießt sie aus ihr heraus.

Später am Abend kommt an der Hotelbar der Schauspieler Jan Bülow auf Joana Mallwitz zu. Er hatte in der Talkshow erzählt, dass er gern Gitarre spiele und für den Udo-Lindenberg-Film Schlagzeug gelernt habe. Er klang stolz. Bülow hat ein junges Gesicht, groß gewachsen, riesige Füße. Er bewegt sich weder auf Instagram noch auf Twitter. Das verbindet ihn mit Mallwitz.

Er sagt: »Kann denn keiner mehr einen Moment für sich behalten?«

Er sieht Joana Mallwitz an wie eine Fee aus dem Zaubergarten. Er spricht nicht viel von sich. Er stellt ihr hundert Fragen. Zum Beispiel nach dem »absoluten Gehör«. Mallwitz erzählt, wie einmal ein As-Dur nach Gis-Dur geklungen habe, die Hände sausen durch die Luft, der Bob fliegt, das muss unter Musikern eine herrliche Geschichte sein. Dazu muss man wissen, dass auf dem Klavier der Ton Gis und der Ton As auf derselben Taste liegen.

Bülow hebt die Hände: »Ich komm nicht mehr mit.«

Sie muss laut lachen, ja klar, okay.

Die Welt ist weit und leicht an jenem Abend.

Stürmisch bewegt

Vielleicht kann man sich den Zustand einer Dirigentin (oder eines Dirigenten) kurz vor einem Auftritt vorstellen wie eine Geburt in den Presswehen. Die harte Arbeit ist überstanden, der Körper entwickelt Riesenkräfte, es wird nicht mehr lange dauern, dann übernehmen die Endorphine. Nur noch Glück. Wenn nichts dazwischenkommt.

Anruf von Joana Mallwitz am Morgen des 16. März, einem Montag.

Die Sonne wirft lange Schatten auf den Platz vor der Münchner Oper. Keiner da, nur die Skulptur von Max I. Joseph. Es habe einen Verdachtsfall gegeben, sagt Mallwitz am Telefon. Einer der Orchestermusiker könnte sich mit dem Coronavirus infiziert haben.

»Es ist abgesagt. Die Generalprobe, das Konzert. Abgesagt.«

Jetzt dürfen sie nicht einmal für das Streaming auftreten. Die Arbeit der vergangenen Monate: vergeblich. Die Musik, die sich in ihr angestaut hat, findet kein Ventil. Schluchzen. Am Vorabend war sie aus Nürnberg ins Hotel gekommen. In der Nacht saß sie wieder über den Partituren.

»Können wir spazieren gehen? Wo geht man in München spazieren?«

Sie war mehrmals in der Stadt, aber viel mehr als den Weg zwischen Hotel und Konzertsaal hat sie nicht gesehen. Jetzt muss sie irgendwo hin mit sich. Eine Stunde später steht Joana Mallwitz neben ihrem Mann am Eingang zum Hofgarten. Es ist warm. Simon Bode trägt Lederhandschuhe, als Tenor ist er daran gewöhnt, um andere Menschen einen Bogen zu machen, jede Erkältung kann seine Stimme angreifen. Igor Levit, der Pianist, stößt dazu. Er wäre Solist beim Konzert gewesen, außerdem ist er mit Mallwitz und Bode befreundet. Am frühen Morgen hat er das Hotel verlassen, Unruhe, es war wohl noch kalt, er sieht aus, als würde er zum Skifahren aufbrechen.

Joana Mallwitz sagt: »Es ist niemand gestorben.«
Dunkler knöchellanger Mantel, Licht im Haar.
Sie sagt: »Mir passiert nichts.«
Tränen fließen über die Wangen. Irgendwo muss sie hin, die Musik, die Energie. Sie wischt die Tränen weg.
Sie sagt: »Es ist nur ein Konzert.«
Betretene Gesichter. Auch Igor Levit kann nicht mehr auftreten, jedenfalls nicht vor Publikum. Aber er hat vier Tage zuvor begonnen, jeden Abend um 19 Uhr in seinem Wohnzimmer für seine Twitter-Follower zu spielen, und selbst an diesem Unglücksmontag darf er am Mittag in der Oper am Flügel sitzen, sie zeichnen für den Internetstream auf der Seite des Nationaltheaters am Abend auf. Beethovens Diabelli-Variationen mit Solo-Piano statt Schubert, Liszt und Mahler mit Orchester. Mallwitz geht ein paar Schritte, bleibt stehen, schaut zu Levit, der mit ihrem Mann spricht und gestikuliert.

»Ich beneide ihn. Ich beneide ihn wirklich. Er hat einen Kanal.«

An Twitter denkt sie nicht. Sie meint das Klavier. Große Schritte durch den Englischen Garten. Surfer balancieren auf der Eisbachwelle. Vögel zwitschern. Knospen sind aufgebrochen. Die Sonne scheint.

Sie sagt: »Als würde das Wetter uns eine Nase drehen, schau doch, das Leben ist schön.«

Es ist wie bei Gustav Mahler. Er quält dich. Und dann stehst du in einer Wolke und ahnst das Paradies.

Sie sagt: »Man kann diese Schönheit nur wahrnehmen, weil man weiß, wie sie auch wehtun kann.«

Nicht eilen

Die Wochen danach. Die Bundesregierung ruft Deutsche zum freiwilligen Erntedienst auf. Der Papst hält die Ostermesse im fast leeren Petersdom. Der Ölpreis sinkt auf Rekordtief: Er wird negativ. Die Deutsche Orchestervereinigung sammelt Spenden, die sie an freiberufliche Musiker vergeben will. Im besten Fall wären das bis zu fünfhundert Euro, die sie pro Antrag auszahlen können. Anträge treffen minütlich per E-Mail ein. Bayerns Ministerpräsident Markus Söder spricht von Fußball und Fußpflege, von Kunst spricht er nicht. Bis Ende August sollen Großveranstaltungen verboten bleiben. Was Großveranstaltungen sind, definieren die Länder. Nikolaus Bachler, der Intendant der Bayerischen Staatsoper, sagt in einer Videobotschaft: »Ein Künstler, der nicht auftreten darf, ist kein Künstler.«

Anruf bei Joana Mallwitz in Nürnberg Anfang April. Es gab ein Treffen vom Ballettdirektor, dem Schauspieldirektor und der Generalmusikdirektorin im Nürnberger Staatstheater. Sie überlegten, unter welchen Umständen sie das Theater für Publikum öffnen könnten. Praktisch alle Abonnenten zählen zur Risikogruppe. Sie sind ratlos auseinandergegangen.

Joana Mallwitz sagt: »Was sind wir ohne Auftritt, ohne Musik, ohne Publikum?« Nachdem sie als »Dirigentin des Jahres« ausgezeichnet worden war, bedankte sie sich bei ihrem Orchester und sagte: »Was wäre ich ohne Sie?« Jetzt sei das bewiesen. »Ich bin ohne Orchester stumm.«

Sie ist viel zuhause. Sie liest. Sie geht spazieren. Auch ihr Mann ist zuhause. Sein erster Auftritt in Paris wurde abgesagt, die Tour durch Belgien – mittendrin abgesagt. Wann Musiker wieder auftreten dürfen, weiß niemand. Die Geschwindigkeit in Mallwitz' Sprachduktus lässt nach. Sie erzählt, sie seien traurig, wenn sie daran dächten, mit welcher Musik und welchen Kolleginnen und Kollegen sie diesen oder jenen Tag eigentlich verbracht hätten. Sie mache sich Sorgen um Freunde und um Kinder, die jetzt nicht lernen dürfen und die vielleicht Gewalt ausgesetzt seien.

Einatmen. Ausatmen.

Sie selbst wolle sich nicht beschweren, ihr und ihrem Mann ginge es gut. Sie sei fest angestellt, existenzielle Not gebe es keine. Sie habe jetzt Zeit, Dinge zu tun, die sie sonst nicht täte.

Tempo vorwärts

Der 18. April ist ein Samstag. Im Staatstheater Nürnberg dürfen bis zu vierzehn Musiker gleichzeitig auf die Bühne, mit einem Abstand von mindestens 1,5 Metern. Deshalb zerlegen sie Beethovens 7. Sinfonie in kurze Abschnitte. Im Abstand von jeweils einer Stunde kommen zwischen 9:30 und 19:30 Uhr: die Hornisten. Die Flötistin. Acht Holzbläser. Streichergruppen. Dazwischen wird umgebaut, desinfiziert, werden Abstände gemessen. Das sieht man auf einem Video, zu dem eine Mitarbeiterin des Staatstheaters einen Link geschickt hat. In der Mitte, vor den Instrumentengruppen, steht der Flügel, an dem Joana Mallwitz selbst die Stellen auffüllen wird, die sonst das Orchester spielt, das Tutti. Es soll die dreißigminütige Corona-Version eines Formats werden, das sonst an einem ganzen Abend Publikum und Orchester zusammenbringt. Joana Mallwitz hat das Format entwickelt. Sie nennt es »Expeditionskonzert«. Die Idee: Die Dirigentin stellt mit dem Orchester Teile einer Sinfonie vor, danach hört das Publikum das gesamte Werk. Eigentlich. Jetzt darf niemand kommen, auch das Orchester darf nicht in normaler Besetzung spielen. Dafür zeichnen vier Kameras des Bayerischen Rundfunks zeitversetzt die Teile auf. Im Schnitt sollen sie wieder zusammengefügt werden. Wenn es funktioniert und der Bayerische Rundfunk den Film zeigt, würden sie noch eine Sinfonie zerlegen. Und noch eine. So lange, bis das Publikum wieder ins Konzert kommen darf.

Langsam steigern

Das Oktoberfest wurde abgesagt. Die Salzburger Festspiele finden statt, aber reduziert – weniger Publikum, weniger Konzerte. Kurz nach Pfingsten wieder ein Anruf vom Intendanten Hinterhäuser. Die mit den Wiener Philharmonikern geplante *Zauberflöte* wird es nicht geben, da sind zu viele Menschen auf der Bühne. Dafür spielen sie eine andere Mozart-Oper mit dem berühmten Orchester: *Così fan tutte*. Zusammen mit dem Regisseur kürzt Joana Mallwitz in nächtelangen Telefonaten die Oper auf eine Fassung, die keine Pause braucht, denn Pausen würden zu viele Menschen zusammenbringen.

»Es kommt nicht darauf an, Erwartungen zu erfüllen«, sagt sie am Telefon. »Man muss das jetzt einfach machen.«

Sie spricht schnell, sie freut sich, aber in den vergangenen Wochen hat sie gelernt, sich zu bremsen. »Wenn einer der Musiker sich mit Corona ansteckt, kann noch alles abgesagt werden.« Wenn sie an die nächste Spielzeit in ihrem Theater, dem Staatstheater Nürnberg denkt, spricht sie von Barockopern. Die brauchen ein kleineres Orchester als eine Mahler-Sinfonie. Mahler wird sie wegen der großen Orchesterbesetzung in den kommenden Monaten nicht aufführen können. Sie blättert in der Partitur der 1. Sinfonie. Diese Melodie, dieser Jubel. Diese Abgründe. Selbst durchs Telefon kann man spüren, wie die Musik in ihr anschwillt, wie sie rauswill. Sie summt. Hier ein paar Takte, da ein paar Takte.

Am Ende der Sinfonie hat Gustav Mahler einen Satz in die Partitur geschrieben, eine »Anmerkung für den Dirigenten«.

Da steht: »Die Fermaten am Taktstrich bedeuten hier eine ›Luftpause‹ und keinen ›Halt‹.«

Eine Fermate ist ein Ruhezeichen, wie ein Innehalten. Sie überlässt es dem Interpreten, wie lange die Pause gehalten werden soll. Joana Mallwitz liest diesen Satz jetzt anders. »Weißt du, was Fermate auf Italienisch heißt?«, fragt sie.

Was?

»Corona.«

Machine for Contacting the Dead

Manchmal lernt man durch die Beschäftigung mit Musik fürs Leben ganz praktische Dinge, zum Beispiel wie man zeitsparend und trotz Krämpfen in der rechten Hand tausende Briefe unterschreibt. Zu dieser Erfahrung kam ich, als ich um das Ende meines Studiums herum zwei Jahre lang für ein Ensemble für zeitgenössische Musik gearbeitet hatte. Damals war ich unter anderem dafür zuständig, regelmäßig Briefe an den gesamten Adressverteiler des Ensembles und an alle Mitglieder des Landtags aufzusetzen, einzutüten und zuzukleben, damit sie wissen, dass es dieses Ensemble gibt, womit es sich beschäftigt und dass es durchaus sinnvoll wäre, es weiterhin mit öffentlichen Geldern zu unterstützen.

Es waren sehr viele Briefe, ich meine, die Anzahl lag in einem hohen vierstelligen Bereich, vielleicht in einem fünfstelligen. Damals war mir noch nicht bekannt, dass man eine Unterschrift auch scannen und ins Dokument einfügen kann, also unterschieb ich jedes einzelne Blatt selbst. Aber auch wenn ich es gewusst hätte, wäre es mir wahrscheinlich überzeugender vorgekommen, unter jeden Brief den Namen per Hand zu schreiben.

Aber es ging um das Ensemble und die Musik, die es weiterhin aufführen wollte, und deshalb lernte ich, wie bremsend drei »i« im Namen sein können, aber wie man sie dennoch in einen Schwung bekommt, ohne viel Zeit für abgesetzte Pünktchen zu verlieren.

Und ich lernte, dass man sich Etappenziele setzen muss.

Bei mir waren die Etappen bestimmte Namen. Bis heute erinnere ich aus diesen Briefaktionen die Namen zweier Herren, sie kamen kurz hintereinander in meiner Adressliste, Herr Bodo Champignon MdL und ein Herr Baguette, erst C, dann B. Hatte ich die nach mehreren Stunden erreicht, war das Ende der Briefaktion absehbar, denn ich habe aus mir nicht mehr nachvollziehbaren Gründen immer im Alphabet hinten angefangen, die Briefe zu falten, einzutüten und zuzukleben. Nach mehreren Stunden freute ich mich über die Namen der Herren Champignon und Baguette wie ein Grundschulkind über einen Fritzchen-Witz. Und es war Zeit fürs Mittagessen.

Damals war ich am Ende meines Musikwissenschaftsstudiums. Wir beschäftigten uns in den meisten Seminaren mit der Musik von Menschen, die lange schon tot waren und über die schon viel geschrieben worden war. Ich saß Tage, Wochen, Monate in Bibliotheken, las Partituren und Bücher und machte mir einen Sport daraus, möglichst viele Fußnoten in meine Hausarbeiten zu setzen, um zu beweisen, dass mir all die Gedanken, die andere vor mir zum gewählten Thema hatten, bekannt waren. Ich kann nicht behaupten, dass mir diese Art von Beschäftigung mit Musik keinen Spaß gemacht hatte, aber ich saß so oft in mit Büchern vollgestellten Räumen herum, dass sich kurz vor meinen Abschlussprüfungen an der Universität das Gefühl einstellte, dass das, was ich tat, sehr viel mit Buchstaben und sehr wenig mit dem Leben um mich herum zu tun hatte. Der Job bei dem Ensemble für zeitgenössische Musik schien mir deshalb ein Weg zu sein, mein Bedürfnis nach mehr Leben mit der Musik zu verbinden. Zum Beispiel, indem ich ein paar Leute zusammentrommelte, die mit mir zusammen Briefe falteten.

Die Musiker, die in diesem Ensemble spielten, kamen aus Australien, Neuseeland, Kanada, Amerika, Holland, Großbritannien. Sie hatten ihr Leben nach der Musik ausgerichtet und waren nach Deutschland gezogen, weil sie hier die größten Chancen hatten, von ihrem Beruf zu leben. Für Menschen, die sich der zeitgenössischen Musik widmen wollen, war und ist Deutschland mit seiner Musiksubventionierung praktisch die einzige Chance, bislang.

In Deutschland gibt es derzeit 178 freie Ensembles, die sich auf Gegenwartsmusik spezialisiert haben. Frei, das bedeutet, dass sie – anders als Mitglieder der 129 aus öffentlichen Geldern finanzierten Orchester – kein festes Gehalt monatlich auf ihr Konto bekommen, sondern pro Probe und Auftritt honoriert werden. Ein überwiegender Teil aller Gegenwartsmusik wird von solchen freien Ensembles aufgeführt. Das heißt: Ihr Einkommen hängt davon ab, wie oft sie von Veranstaltern eingeladen werden und wie viel Publikum diese Musik hören will. Musikerinnen und Musiker brauchen ohnehin eine große Opferbereitschaft, als Kinder und Jugendliche schon, wenn sie üben, während andere Kinder Fußball spielen, am Handy daddeln oder tagträumen, und als Erwachsene müssen sie immer dann arbeiten, wenn der Rest der Welt frei hat, zum Essen eingeladen ist oder die Kinder ins Bett bringt.

Es ist nur eine Vermutung, aber ich denke, die Hingabe, die zeitgenössische Musik verlangt, ist schon allein wegen dieser Art von Musik sogar noch ein bisschen größer.

Die Musiker »meines« Ensembles versammelten sich in Räumen ohne Fenster und probten für mich schwer durchschaubare Takte wieder und immer wieder, nachdem sie zuvor einzeln viel Zeit darauf verwendet hatten, neue Spieltechniken zu lernen, die die Komponisten und Komponistinnen verlangten. Sie bastelten Sicherheitsnadeln auf den Steg ihrer Streichinstrumente. Oder spielten auf den Klappen der Klarinette, so dass nur leises Klappern zu hören war, aber kein geblasener Ton. Oder trainierten ihr Gehör auf Mikrointervalle. Oder ließen beim Spielen der Blechblasinstrumente die Zunge flattern.

Sie wurden für ihr Üben nicht mit Melodien eines Mozart, Mendelssohn, Mahler belohnt, die sie im Ensemble einen Moment lang aufstrahlen ließen. Sie wurden auch nicht mit himmlischen Harmonien im Zusammenspiel belohnt und auch nicht mit der an Liebe grenzenden Begeisterung von Fans, bei der man nicht genau sagen kann, wie viel davon dem ausführenden Musiker gilt oder dem längst verstorbenen Mozart, Mendelssohn, Mahler.

Die Musiker »meines« Ensembles hatten endlose Takte lang schmerzhaft spitze Sachen auf der Piccoloflöte zu spielen oder blubberten eine gefühlte Ewigkeit in den Tiefen der Kontrabassklarinette vor sich hin. Sie brauchen nicht nur Hingabe, sondern auch Ausdauer und einen besonders ausgeprägten Spieltrieb.

Mit einem solchen Spieltrieb war meiner Ansicht nach besonders der Schlagzeuger »meines« Ensembles gesegnet. Er hatte eine ganze Halle allein für seine Instrumente. Er lagerte darin nicht nur Marimbaphone, Vibraphone, Glocken, Becken, Gongs, Bleche, Trommeln, Bongos in verschiedenen Größen. In Regalreihen stapelte er allerhand große, kleine, skurrile Gegenstände, die er von Reisen mitgebracht hatte, alle möglichen Dinge, die er vielleicht mal einsetzen könnte für ein Stück Musik, das noch geschrieben werden würde. Alles konnte für ihn zur Musik werden. Auch ein Aquarium ohne Fische, aber mit verschiedenen Flüssigkeiten gefüllt. Sogar Alu-Kapseln für Kaffeemaschinen wurden ihm zum Schlagwerk. Anstatt sie wegzuwerfen, führte er sie einer neuen Nutzung zu, musikalisches Upcycling.

Für fast jeden Musiker, jede Musikerin bestimmt der Beruf das Leben, aber nicht jeder oder jede ist bereit, für die Extrawünsche und Ideen der heutigen Komponisten noch mehr Aufwand zu betreiben. Die Flötistin Ana de la Vega zum Beispiel ist für die Musik von Australien nach Europa, nach Paris, gezogen, hat Freunde und Eltern zurückgelassen, dafür ist sie mittlerweile international erfolgreich als Solistin. Sie hat also viel reingegeben, um Profi-Musikerin sein zu können, aber kürzlich hat sie in einem Interview eingeräumt, sie lasse deshalb die zeitgenössische Musik aus, weil sie schlicht keine Zeit habe, ihr halbes Leben damit zu verbringen, die dafür erforderlichen Techniken zu lernen.

Anderen, wie dem Schlagzeuger mit der Fabrikhalle voller Instrumente, schien genau dieser Aufwand entgegenzukommen. Ich liege sicher nicht falsch, wenn ich behaupte, dass die Musiker des Ensembles, für das ich Briefe faltete, dafür brannten, was sie taten. Sie waren absolute Spitzenmusiker, und das hörte man auch in den Konzerten.

Damals war ich auch dafür zuständig, vor einem Konzert die Musikkritiker aller Zeitungen und Radioredaktionen der Region anzurufen, ob sie Interesse hätten zu kommen. Immer wieder musste ich anrufen, bis mal jemand ranging. War das der Fall, sagte ich sofort ein paar plastische Sätze ins Telefon, mit denen ich versuchte, zu erklären, warum es quasi lebensnotwendig sei, dass sie dieses Konzert besuchten. Hin und wieder sagte jemand zu. Und kam dann auch.

Zur Erinnerung: Ich hatte nur Musikwissenschaften studiert. Ich wusste, dass Herr Ryom die Werke von Vivaldi sortiert hatte, Herr Deutsch die von Schubert und Herr van Hoboken die Haydns. Ich hatte einen Anflug von Ahnung, womit sich Neuromusikologie beschäftigt, ich wusste, dass man ab dem 11. Jahrhundert quadratische Notenköpfe schrieb und dass Theodor W. Adorno nach den Verbrechen der Nationalsozialisten der Dreiklangsharmonik misstraute und über die Neue Musik schrieb, sie hinterfrage sich selbst, dürfe weder konventionell schön noch agitativ sein. Und ich hatte mir gemerkt, dass Adorno Strawinsky aus verschiedenen Gründen gar nicht mochte. Solche Sachen. Aber ich wusste nicht, was es bedeutete, »Öffentlichkeitsarbeit« zu machen.

Dennoch traute man mir zu, dass ich Wege finden würde, Menschen davon in Kenntnis zu setzen, dass es diese Konzerte mit zeitgenössischer Musik gab, und sie davon zu überzeugen, auch ins Konzert zu kommen. Ich schrieb Newsletter, pflegte Adressdatenbanken, bastelte Flyer am PC, ließ sie drucken und verteilte sie in der Stadt, in Bars, Clubs, an der Uni und ich meine, sogar in Friseurgeschäften. Meinen Freunden versprach ich jedes Mal eine völlig neue Erfahrung, wenn sie in eines unserer Konzerte kämen. Ich versicherte ihnen, sie bräuchten kein Spezialwissen dafür, das sei keine wissenschaftliche Veranstaltung, obwohl die Programmhefte genau das vermuten ließen. Das Einzige, was sie bräuchten, sei die Bereitschaft, sich auf das Konzert einzulassen. Ich versprach ihnen, sie kämen mit verändertem Hörvermögen wieder heraus. Wenn dann einer oder eine tatsächlich gekommen war, gab sie oder er mir hinterher oft recht.

Damals las ich auch die Texte, die Musikwissenschaftler mit Spezialisierung »zeitgenössische Musik« verfasst hatten. Über den Komponisten Iannis Xenakis, dessen Namen ich zuvor noch nie gehört hatte (trotz Studiums), erfuhr ich in einem dieser Texte, dass ihm ein Auge gefehlt hatte. Xenakis hatte in Griechenland erst gegen Nazis und dann im Bürgerkrieg gekämpft. Ich hätte gern gewusst, ob oder wie das seine Musik geprägt hatte, ob er gerade wegen dieser Erfahrung oder trotzdem komponiert hatte. Das wurde aber nicht weiter ausgeführt. Stattdessen las ich über seine Kompositionsweise. Ich las von Stochastik, Mengenlehre, Zahlentheorie, Markovschen Ketten und Ähnlichem. Danach verspürte ich keinen Drang, mich dieser Musik auszusetzen. Wenn die Musik so trocken wäre, wie ich es vermutete, hätte ich schließlich im Konzert nicht einfach aufstehen und gehen können, ohne die Musiker und die anderen Menschen im Saal abzulenken, zu stören, zu verunsichern, zu verärgern. Und das wollte ich auf keinen Fall.

Ich setzte mich also in den Saal, bereit, mich der Länge des Stücks zu ergeben. Dann begann mein Ensemble. Die Musik von Iannis Xenakis ließ Körper in den Raum wachsen. Sie wucherte sogar in den Raum hinein. Sie überspülte mich. Sie war alles, nur nicht spröde. Sie war emotional, ohne in irgendwelche Ähnlichkeiten mit Musik von Brahms, Wagner, Liszt oder Mahler zu verfallen. Sie hatte auch nichts zu tun mit den Zuständen, die manche Komponisten heute meinen, wenn sie »emotionale« Musik schreiben, indem sie einen einzigen Zustand auf drei bis fünf radiotaugliche Minuten aufdehnen. Ich hatte im Konzert mit Xenakis' Musik alles vergessen, was ich jemals über Stochastik gewusst haben mag. Ich habe heute leider auch vergessen, welches Stück von Xenakis ich damals gehört hatte. Aber an die Wucht dieser Musik erinnere ich mich.

Seitdem vermeide ich es, vor dem Konzert im Programmheft zu lesen.

Der Kopf ist daran gewöhnt, wenn es irgendwie anders oder unvertraut wird, erstmal aufs Handy zu schauen. Und weil das Handy im Konzertsaal verpönt ist, schauen viele ins Programmheft. Ganz darauf verzichten will ich nicht, obwohl ich inzwischen gelernt habe, wie ich meinen Kopf beschäftige, sollte mich die Musik nicht kriegen, beziehungsweise die, die sie spielen. Aber ich lege vorsichtshalber das Programmheft auf dem Boden unter den Sitz. Wenn Menschen während des Konzerts im Programmheft blättern, kann das den Menschen auf der Bühne das Gefühl geben, manche im Publikum nicht zu erreichen, wenn diese offenbar lieber lesen als zuhören. Es kann verunsichern. Aber wenn ich das Programmheft weglege, dann geht es dabei nicht nur um Rücksicht auf die Musiker auf der Bühne. Es geht um mich, also ums Publikum. Ich versuche, mir etwas zuzutrauen, mir und dem Komponisten. Das gilt für jedes Konzert, und ganz besonders gilt das für zeitgenössische Musik. Auch das ist etwas, was ich damals neben einer ergonomischen Unterschrift bei der Arbeit für das Ensemble fürs Leben gelernt habe. Ich versuche, auf das zu vertrauen, was ich höre.

Nach zwei Jahren kündigte ich die Stelle. Trotz aller Zeitgenossenschaft wollte sich die Erkenntnis nicht einstellen, wie diese Musik mit meinem Leben verbunden war, und auch nicht, warum sie mich braucht. Mit anderen Worten, ich wollte noch mehr Gegenwart in meinem Leben und hatte mich deshalb an der Deutschen Journalistenschule in München beworben. Vielleicht hatte ich auch einfach nur zu viele Briefe gefaltet.

Um zur Aufnahmeprüfung an der Deutschen Journalistenschule eingeladen zu werden, mussten wir eine Reportage schreiben, wahlweise über einen Menschen, der nachts arbeitet, oder über eine Autobahnkapelle. Was die dritte Wahlmöglichkeit war, weiß ich nicht mehr genau, wahrscheinlich ging es darum, einen Bewährungshelfer dabei zu begleiten, wie er einen Ex-Gefangenen in die Gesellschaft zurückführt, aber das kommt mir rückblickend zu ähnlich zu meiner Situation vor. Damals suchte ich ja auch einen Weg raus aus dem Elfenbeinturm.

Ich entschied mich dafür, mit dem Nachtwächter durch den Kölner Zoo zu laufen. Wir verabredeten uns in der Dämmerung und lauschten gemeinsam in die Dunkelheit. Manche Tiere gaben Geräusche von sich. Am lautesten waren unsere eigenen Schritte. Mehr war nicht passiert.

Zu meiner Überraschung wurde ich nach diesem Text zur Aufnahmeprüfung eingeladen und bestand sie sogar. Danach nahm die Gegenwart sofort so viel Platz ein, dass ich mich zwar irgendwann wieder viel mit Musik, aber fünfzehn Jahre praktisch nicht mehr mit zeitgenössischer Musik beschäftigt hatte.

Sie drängt sich auch nicht unbedingt auf. Man findet sie, wenn man sie sucht, das schon. In den Programmen von

Spezialfestivals und an den Rändern des Tages im Radio, zum Beispiel, selten vor 22 Uhr. Noch seltener wird sie in den großen, bekannten Häusern gespielt. Zahlen darüber, welche Komponisten im Musiktheater am häufigsten aufgeführt werden, trägt der Deutsche Bühnenverein jährlich zusammen, allerdings ist eine Statistik darüber, was im Konzert gespielt wird, noch im Aufbau. Zahlen gibt es zum Musiktheater. Auf Platz eins der Stücke, die in Deutschland, Österreich und der Schweiz auf die Opernbühne gebracht werden, stand 2020/21 *Die Zauberflöte* von Mozart (mit 111 Aufführungen). Auf Platz zwei folgte Rossinis *Barbier von Sevilla* (68 Aufführungen). Platz drei teilten sich *Die Fledermaus* von Johann Strauß und *Cats* von Andrew Lloyd Webber (je mit 67 Aufführungen). Nur in den ersten beiden Jahrhunderten nach ihrer Entstehung, im 17. und 18. Jahrhundert, waren Opern so aktuell wie heute etwa manche Popmusik, das Publikum wollte immer neue Werke, immer neue Arien hören. Heute wird das Bedürfnis nach Neuem vielleicht durch Ideen von Regisseuren gestillt.

Was haben Mozart, Rossini und Strauß gemeinsam? Die Musik ist toll, klar. Und sie sind siebzig oder mehr Jahre tot. Das wiederum hat einen ganz praktischen Aspekt. Es kann manchmal ganz einfach billiger sein, auf die Musik von Menschen zurückzugreifen, die seit siebzig Jahren oder mehr im Grab liegen. Dann erlischt das Urheberrecht an Notenmaterial, zumindest in Deutschland und einigen anderen europäischen Ländern. Erst danach kann die Musik wieder verwendet, veröffentlicht oder weiterentwickelt werden, ohne dass Erben oder Verlage einwilligen müssen oder man ihnen Geld dafür bezahlen muss.

In manchen Definitionen zeitgenössischer Musik spielt auch die Jahreszahl ihrer Entstehung eine Rolle. Dabei ist sie kein Anhaltspunkt dafür, wie geschmeidig den Zuhörenden die Musik in die Ohren rinnt. Arnold Schönberg ist (beim Schreiben dieses Textes) einundsiebzig Jahre tot, und die meisten, die von sich sagen, sie liebten die »klassische Musik«, weiten vor Schreck die Augen, wenn sie allein den Namen hören, Schönberg. Wahrscheinlich haben sie sich noch nie dem Zauber seiner *Verklärten Nacht* ausgesetzt. Er soll aber einmal über sein Violinkonzert Op. 36 gesagt haben, er freue sich, der Welt ein weiteres unspielbares Werk zur Verfügung zu stellen.

Manchmal wird der Begriff zeitgenössische Musik mit Blick auf die Konzertsaal-Musik verwendet, die nach 1945 geschrieben wurde. In Nazi-Deutschland war alles, was – abgesehen vielleicht von der Musik Wagners – verästelter, vielschichtiger klang, zu komplex. Alles, was von Menschen mit jüdischer Abstammung geschrieben wurde, verbannten oder zerstörten sie, die Urheber selbst belegten sie mit Berufsverboten, sperrten sie ein, trieben sie ins Exil. Sie ermordeten sie. Nach Kriegsende war das Bedürfnis der Komponisten groß, sich radikal von allem abzuwenden, was die Nazis gemacht hatten, auch mit der Musik: Im Nationalsozialismus war sie als Inszenierung von Macht eingesetzt worden – und als Rauschmittel, mit dem vermeintliche Erfolgsmeldungen aus einem Vernichtungskrieg gereicht wurden.

Nach 1945 wollte sich kein deutscher Avantgarde-Künstler an Musik berauschen. Wer schrieb noch in auch entferntesten harmonischen Zusammenhängen? Wie anders war das in Großbritannien, zum Beispiel, da konnte man auch an die spätromantische Tradition anknüpfen und weiterschwelgen.

Wer kann also schon sagen, was einen bei »zeitgenössischer Musik« erwartet? Der Begriff umarmt vieles.

Heute ist das, was die Komponisten an »Kunstmusik« schreiben, so individuell wie die Bildende Kunst der Gegenwart – jede:r Künstler:in hat seinen:ihren eigenen Ausdruck, es gibt praktisch nichts, was nicht geht. Sofern es keinen Pop-Beat hat.

Trotzdem scheint die Schwelle höher zu sein, in ein Konzert mit Gegenwartsmusik zu gehen als in eine Ausstellung mit aktueller Kunst. Kann es daran liegen, dass man, anders als an Bildern und Skulpturen, an Musik nicht einfach vorbeigehen kann, wenn sie einem nichts sagt oder sie nervt? Der Musik setzt man sich aus oder, im negativen Fall: Man muss sie aussitzen. Man investiert im Konzertsaal etwas, das über den Eintrittspreis hinausgeht: Aufmerksamkeit. Zeit.

Vor kurzem habe ich einem Gespräch zwischen Vladimir Jurowski, dem Chefdirigenten des Rundfunk-Sinfonieorchesters Berlin, und einer Dame aus dem Publikum beigewohnt, die seit mehr als einem halben Jahrhundert Abonnentin des Orchesters ist. Sie ist Mitte siebzig, er fünfzig Jahre alt. Sie hat das Orchester wachsen, sich verändern sehen, während das Land, die Stadt sich veränderte. Sie hat Musikerinnen Mütter werden sehen, eine Zeitlang waren sie weg, dann kamen sie wieder. Sie hat Musiker grau werden und junge Kolleginnen dazukommen sehen. Das Orchester sei wie eine Familie, sagt sie.

Sie sagte auch, dass »klassische Stücke« bei einem Sinfonieorchester das Fundament sein müssten. Experimente mit Neuem seien vielleicht für junge Leute wichtig, aber die meisten gingen doch ins Konzert, weil sie, wie die Abonnentin sagte, »die Musik schön finden, nicht weil sie nicht wissen, wohin sie mit ihrem Geld sollen«.

Er, der Dirigent, sagte, da ein Rundfunkorchester einen Teil seines Etats aus öffentlichen Geldern bekomme, sei es ganz klar seine Aufgabe, auch unangepasste, unbequeme, unbekannte Musik zu spielen. Anders als ein privat finanziertes Orchester riskierten die Rundfunkorchester viel weniger. Und zusammen mit dem Orchester probiere er auch neue Konzertformate aus, hebe regelmäßig Uraufführungen ins Programm. »Alles, was wir machen müssen, ist, in den Sendesaal zu gehen, das Konzert aufzunehmen und im Radio zu senden«, sagte der Dirigent. Aber um einen Saal mit Publikum zu füllen, seien sie vom Geschmack des Publikums abhängiger. Da müsse man »schon darauf achten, dass das Publikum mit den neuen Stücken mitgeht und uns nicht davonläuft«. Beziehungsweise (und an dieser Stelle verlassen wir das Beispiel des Rundfunk-Sinfonieorchester Berlins): dass das Publikum überhaupt kommt und nicht zuhause geblieben ist, wenn es zuvor das Programmheft gelesen hatte. Auf den Programmen steht dann eher Haydn statt Henze, man hört öfter Mozart, Mendelssohn und Mahler als Poppe, Gubaidulina und Saunders.

Wenn sie überhaupt in den großen Sälen stattfindet, gibt es »zeitgenössische Musik« im Sandwich: Zwei bekanntere Werke umrahmen ein unbekanntes. Auch wenn man den Belag nicht mag, satt wird man von den Brötchenhälften.

Solche Programme sind nach der Logik gestaltet, dass man sich mit der Geduld, mit der man das unbekannte Werk über sich hat ergehen lassen, das Schönste am Schluss erst verdient. Man darf sich freuen, weil man sich darauf verlassen kann, was noch kommt: Egal, welche Turbulenzen auch das letzte Stück des Abends durchlaufen hat, das Ende schenkt Auflösung. Auch wenn diese Auflösung in Moll leise verebbt oder wie Beethoven in seiner 5. Symphonie vollkommen unmissverständlich klarmacht, jetzt sei wirklich Schluss.

Schluss, Schluss, Schluss.

Schluss. Schluss! Schluss!!!

Hauptsache, der Abend endet tonal. Danach noch eine fluffige Zugabe, und das Publikum schwebt in die Nacht davon.

An einem Sonntagnachmittag im September wird die Neue Musik in der Berliner Philharmonie nicht im Sandwich serviert. Es ist ein Konzert im Rahmen des Musikfests Berlin, finanziert aus Mitteln des Bundes, und kann sich die volle Dröhnung leisten. Die Musiker:innen nennen sich Ensemblekollektiv Berlin, weil es sich aus Mitgliedern anderer Ensembles für Neue Musik zusammensetzt. Spezialisten der Spezialisten. Sie spielen ausschließlich Musik, die nach 1945 geschrieben worden ist. Die Komponistinnen heißen Clara Iannotta und Liza Lim. Der Komponist, dessen Musik in der Mitte gespielt wird, ist – juhu! – Iannis Xenakis. Das war der mit den sehr sinnlichen Klangskulpturen. Aber nach der Logik der Sandwichprogrammatik, wie ich sie verstehe, müsste sein Werk entweder das schwächste oder unangenehmste sein, denn anschließend wird man mit der Pause und dann mit der Musik der Australierin Liza Lim belohnt. Ihren Namen hatte ich immerhin mal gehört, aber ich könnte jetzt keine Melodie von ihr singen.

In der Stunde bevor das Konzert beginnt, sieht alles aus wie immer. Die Einlasser öffnen die Glastüren, womöglich lächeln sie hinter ihren FFP2-Masken sogar, die ersten Besucher, dunkel gekleidet, flanieren rein. Vor dem Eingang steht auch wieder die kleine Frau mit dem entschlossenen Gesichtsausdruck. Ich habe sie schon oft gesehen. An diesem Tag trägt sie eine übergroße rote Regenjacke, obwohl die Septembersonne gutmütig über den betonierten Platz leuchtet, und in der Hand hält sie einen Zettel, der darauf hinweist, dass ihr eine Freikarte willkommen wäre. Sie steht praktisch immer vor einer der Berliner Opern oder der Philharmonie, gleich, ob berühmte Solisten mit oder ohne Orchester auftreten oder ob Musik von Komponisten gespielt wird, die noch nicht schon siebzig oder mehr Jahre tot sind.

Der Kammermusiksaal ist immerhin vielleicht zu siebzig Prozent besetzt, und das unter dem Eindruck der Pandemie, seit der noch immer viele Besucher fernbleiben. Wenn beim Konzertpublikum sonst oft vom »Silbersee« gesprochen wird, wegen der Besucher mit weißem Haar, ist dieses eher ein Publikum, das kleidungsmäßig genauso gut auf der Biennale in Venedig oder vielleicht in den Straßen in Berlin-Mitte während des Gallery Weekends zu sehen wäre: viel Schwarz in ausgefallenen Schnitten, hier und da ein knalliger Akzent: eine Handtasche violett, eine große Halskette grün. Der Dirigent trägt zum schwarzen Anzug sein Haar in dunklem Rot, das passt gut, aber er hat eben rotes Haar.

Es sind sogar ein paar Kinder im Grundschulalter dabei, unter anderem meine Tochter, die höchst aufmerksam neben mir sitzt. Ich hatte ihr gesagt, dieses Konzert sei ganz anders als zum Beispiel der Klavierabend mit Beethoven-Sonaten, zu dem ich sie mal mitgenommen hatte. Sie ist sieben. Für sie ist praktisch alles neue Musik. Auch Beethovens *Waldsteinsonate*.

Am Eingang reicht man uns ein Programmheft. Weil wir viel zu früh im Konzertsaal sitzen, blättere ich darin eine Weile herum. Dann will es meine Tochter haben. Sie hat gerade lesen gelernt und liebt Buchstaben in jeglicher Zusammenstellung. Sie blättert auch eine Weile darin herum. Dann gibt sie es mir zurück. Sie will nichts verpassen, was um sie herum passiert.

Das erste Stück klingt wie eine Geschichte von einem Geisterschiff. Es stammt von der jüngsten Komponistin des Programms, Clara Iannotta, 1983 in Rom geboren. Sie lässt die Geiger am Anfang mit ihren Bögen nur über den Steg streichen, weit weg vom Korpus, in dem sonst der Ton schwingen würde. Auch die Schlagwerker streichen mit Bögen über ihre Instrumente, über Becken, den Gong. Die Flötisten blasen über das Mundstück hinweg statt hinein. Auch bei ihnen nur Hauchen, Wispern, kein Tönen. Dann legen sie die Flöten weg und nehmen so etwas wie winzige Kaffeemühlen in die Hände, an denen sie herumdrehen. Die Kaffeemühlen knurren leise. Sie knurren eine Weile, weshalb ich dann doch das Programmheft nehme und erfahre, dass diese kleinen Instrumente »Waldteufel« genannt werden. Ich sehe sofort kleine Gestalten mit spitzen Hörnern vor mir, die geschäftig im Unterholz wühlen.

Ich lege das Heft wieder weg und bemerke den Posaunisten, den ich an seinem Instrument erkenne, das neben ihm auf dem Boden steht. Er reibt mit dem Finger über ein mit Wasser zur Hälfte gefülltes Weinglas. Zwischendrin kommt eine Bö auf, aber mir entgeht, wo sie entsteht.

Das Wispern, Hauchen, Schnarren von Clara Iannotta trägt den Titel *a stir among the stars, a making way*. Ein *Rühren* kann ich bestätigen, Sterne nicht, aber durch den Titel höre ich die Musik anders. Weniger Geisterschiff, mehr Weltall.

Auf die Musik von Xenakis freue ich mich. Wahrscheinlich ist sein Name auch ein Grund, warum ich mir dieses Konzert ausgesucht hatte. Unbewusst zieht den Menschen immer das an, was er zu kennen glaubt.

Der Anfang des Stücks könnte auch zur Begleitung einer Horrorfilm-Szene entstanden sein, bei der man vermutet, gleich passiert was Schlimmes: Schatten hetzen aneinander vorbei. Allerdings entsteht keinerlei Chaos, keiner schubst den anderen um. Es sind rhythmisch sehr sortierte Schatten, beunruhigend, aber nicht unruhig. Dazwischen schreit immer wieder die Klarinette, roh, schrill. Es muss der Klarinettistin viel Kraft abverlangen. Auf ihrer Stirn tritt eine Ader hervor, der Druck, den sie braucht, um diese Klänge hinzukriegen, weitet ihre Augen.

Im Programmheft steht etwas von Sichtbeton, klaren Linien und futuristischen Gebäuden und von der Arbeit des Komponisten und Architekten Xenakis für den Architekten Le Corbusier. Das Stück heißt *Jalons*, französisch für *Meilensteine*.

Als die Musiker absetzen, jubeln die Menschen im Saal.

Was könnte jetzt kommen? Schubert? Wie wäre es jetzt wohl mit einer seiner Melodien? Als würde man sie zum allerersten Mal hören? Wäre sie wie eine Blüte, die sich gerade öffnet?

Während in der Pause ein paar schwarz gekleidete Menschen mit FFP2-Masken auf der Bühne Notenständer und Stühle umstellen, frage ich die Tochter, ob sie eine solche Musik erwartet hätte. Sie sagt, sie habe etwas anderes als sonst erwartet. Sie wirkt zufrieden.

Bei dem Beethoven-Abend hatte sie auch erstaunlich ausdauernd zugehört, aber am Ende der vierten und letzten Klaviersonate im Programm begonnen, auf ihrem Sitz herumzurutschen. Die Musik versprach, gleich ist es zu Ende, gleich, aber sie bäumte sich dann nochmal auf, und nochmal. Und nochmal. Lange Minuten später erst legte der Pianist die Hände in den Schoß und stand auf.

Jetzt will das Kind in der Pause am liebsten im Saal sitzen bleiben statt in der Philharmonie herumzulaufen.

Liza Lims Stück, das dann folgt, heißt *Machine for Contacting the Dead*, frei übersetzt etwa *Maschine, um mit den Toten in Verbindung zu treten*. Allein dieser Titel! Fantasie *on fire*. Später lese ich im Programmheft nach – was sich lohnt. Ich erfahre etwas von konfuzianischer Tradition und Särgen von einundzwanzig jungen Frauen, die einem Grafen ins Grab mitgegeben wurden, zusammen mit Musikinstrumenten. Für ein Konzert im Jenseits. Diese Fantasie von Jenseits-Instrumenten habe Liza Lim Lust gemacht, sich damit zu beschäftigen. Das kann ich gut nachvollziehen.

In der Musik höre ich alles Mögliche. Die Bassklarinette als geisterhaftes Nebelhorn. Die Piccoloflöte als Folterinstrument. Cello-Soli aus dem Himmel (oder der Hölle), jedenfalls so intensiv, als ginge es dem Cellisten ums Überleben. Es sind Klänge, Klangmischungen, Klangfarben, die ich noch nie gehört habe, und es gibt zum Teil ordentlich Krach.

Das Konzert bleibt noch ein paar Tage in meinem System. Es sind keine Melodien oder Rhythmen. Es ist eher das

Gefühl, als hätte man heftig geträumt, und dieser Traum bliebe nun eine Weile wie ein Schatten über einem hängen.

Und es bleibt ein Bild, das eigentlich kein Bild ist, sondern Teil eines Konzerts, eine Momentaufnahme: Fünf Männer und eine Frau operieren auf der Bühne an einem großen Ding herum. Es ist natürlich kein toter Elefant. Es ist ein Flügel. Er steht mitten im Orchester, verdeckt von anderen Musikern, die vor ihm sitzen. Den Deckel hat man ganz abmontiert. Ein Musiker trommelt mit Schlegeln im Flügelkorpus herum. Die anderen fünf haben Saiten um seine Saiten gezogen und ziehen an beiden Enden wie fünf grimmige Operateure, die eine Wunde vernähen.

Könnte Musik der Gegenwart in ein Bild gefasst werden, es wäre vielleicht dieses: Das Klavier ist in kritischem Zustand und mit ihm Musik von Menschen, die Jahrzehnte lang schon tot sind.

In den folgenden Tagen schichtet sich der Alltag über die Erinnerung an das Konzert, wie der Tag die Erinnerung an den Traum verwischt. Ich denke nicht mehr daran.

Dann hat die Tochter eine Klavierunterrichtsstunde.

Ihre Lehrerin lässt sie seit dreißig Minuten an vier Takten arbeiten, in einer Sonatine eines Komponisten namens Carl Reinecke, die klingt, als habe er die Essenz einer Beethoven-Sonate auf einer Seite zusammengefasst, aber spielbar. Erstaunlich, dass Reinecke so wenig bekannt ist heute. Vermutet wird, er sei bescheiden und zurückhaltend gewesen und habe sich daher nicht dazu geeignet, als Virtuose herumgereicht und gefeiert zu werden.

Das hier sei *staccato*, sagt die Klavierlehrerin, dann komme *legato*, das Mädchen solle bitte auch so spielen, wie der Komponist das aufgeschrieben habe. Ja, jetzt stimme es, aber nochmal, der Fingersatz. Und jetzt nochmal, das sei nicht *piano*, sondern *mezzopiano*. Ich denke, was ich noch nie gedacht hatte: Carl Reinecke wird schon nicht anrufen und sich beschweren. Ich beobachte das Gesicht meiner Tochter. Aber sie sieht entspannt aus, und am Ende scheint die Lehrerin einigermaßen zufrieden. Ich beneide das Kind um seine Frustrationstoleranz.

Nachdem die Lehrerin gegangen ist, setzt sich das Mädchen nochmal ans Instrument. Sie drückt mit der einen flachen Hand so viele Tasten auf einmal herunter, wie sie unter ihre Hand passen. Dann hämmert sie mit der flachen Hand auf der Tastatur herum. Sie steht auf, greift mit der anderen Hand in den Korpus hinein und bremst den Klang auf den Saiten wieder aus. Sie wiederholt das mehrmals. Es ist laut. Ich frage, ob sie sauer sei.

Nein, sagt sie, wieso, sie mache »neue Musik«.

Auf beiden Saiten

Im Neonlicht erscheint die Maschinerie, die aus einem Geiger einen Popstar macht: Stahlgerüst, LED-Leinwand, Lichtanlage, Lautsprecher, Nebelwerfer. Ein Bühnenarbeiter hängt an zwei Seilen, fünf Meter über den Stuhlreihen, dort, wo am Abend David Garrett, meistgeliebter, meistgehasster Geiger unserer Zeit, über dem Publikum schweben soll.

6400 Menschen werden um 20 Uhr auf den Stühlen der Messehalle Erfurt sitzen. Noch drei Stunden, Zeit für den Soundcheck. Helfer haben die vierzig Orchestermusiker verkabelt, die zwei Gitarristen, den Schlagzeuger. Die Hauptperson fehlt. Sie wird den ganzen Nachmittag nicht auftauchen. Am vorletzten Tag seiner Tournee sieht es so aus, als habe David Garrett keine Lust mehr, David Garrett zu sein.

Garrett, der Star mit Geige: Das ist er für die einen. Ein Rebell, der die klassische Musik aus dem Elfenbeinturm des Bürgertums befreit. Der Kinder der PlayStation-Generation den Satz sagen lässt: »Ich will Geige lernen!« Der Hunderttausende in Konzerthallen zieht: Menschen, die sonst nur Shakira hören oder Michael Bublé. Popmusik.

Die anderen sehen in David Garrett einen Überläufer, der sein Talent an den Massengeschmack verschwendet. Einst trauten sie ihm eine Zukunft als Jahrhundertmusiker zu. Ein neuer Yehudi Menuhin hätte er werden können, ein Geigengott im Himmel der Hochkultur. Diejenigen, die das Schöngeistige verteidigen, haben keine schönen Worte mehr für ihn. Musikkritiker schreiben, Garrett produziere »Softpornopopklassikjunkfood«.

Wenn sie überhaupt noch über ihn schreiben. David Garrett gehört inzwischen zum Personal von Bunte, Bild und Gala. Dort ist er: »der schönste Geiger der Welt«. Dort geht es um die Frage, ob die Geige Romanzen mit ebenso schönen Frauen verhindere, wie viele Tattoos er sich hat stechen lassen, auf welchem Körperteil die Fledermaus prangt.

Man kann David Garretts Geschichte als Abstieg lesen oder als Aufstieg, je nach Blickwinkel. Es ist die Partitur eines Verkaufserfolgs, die es hier zu verstehen gilt, die sorgfältig komponierte Verwandlung eines Menschen in ein Produkt.

Am Tag zuvor war Konzertpause in Erfurt. Die Musiker hatten einen Abend frei. Es gab eine kleine Party. Auch Garrett schaute vorbei. Seitdem hat ihn keiner gesehen.

»David kommt immer zu spät«, sagt einer seiner Gitarristen.

»Er ist total durch«, sagt einer seiner Fahrer.

»Manchmal braucht er Zeit für sich«, sagt eine seiner Presseagentinnen.

Sie tippt minutenlang in ihren Blackberry, dann kommt eine SMS vom Tourmanager: David müsse alle Termine am Nachmittag absagen, auch den Soundcheck. Warum, schreibt der Tourmanager nicht.

Routinierter Ärger bei der Entourage. Kommt öfter vor. Garrett nimmt sich immer mal wieder eine Auszeit von den Erwartungen, die andere an ihn stellen. Managerinnen, Stylisten, Tontechniker, Promoterinnen, Veranstalter, Musikproduzenten: Sie alle verdienen an diesem Abend mit, an David Garrett. Und in spätestens drei Stunden muss dieser Mann mit der Geige, dem Symbol für Disziplin und Ehrgeiz, wieder funktionieren. Dann müssen Mensch und Marke wieder zusammenfinden.

Vor Erfurt war Garrett in Köln, Berlin, Frankfurt, München, in Innsbruck, Mannheim und Stuttgart. *Rock Anthems* heißt das aktuelle Programm. Die besten Hits aus dreieinhalb Jahrhunderten, dazu: Feuerfontänen, Tanzeinlagen, Lightshow. Guns N' Roses. Muzio Clementi. Michael Jackson. Ludwig van Beethoven. Coldplay. Justin Timberlake. Geige mit Schlagzeug, Klassik mit Pop. Zwei Stunden lang.

Der Eintritt kostet zwischen 45 und 120 Euro. Vor allem Frauen kaufen die Karten. Mütter strömen mit Großmüttern zu Garretts Auftritten, Grüppchen von Freundinnen in Parfümwolken. Fans wie die siebenundzwanzigjährige Andrea aus Neuruppin, die beim Konzert in Berlin in der zweiten Reihe sitzt. Sie hat sich ein Herz auf den Fuß tätowieren lassen, in der Mitte David Garretts Initialen. In Reihe sechs die zierliche Miriam, der Mund so grellrot wie die Lackstiefel, neben ihr der Sohn, ein blonder Fünfjähriger. Das lange Haar trägt er am Hinterkopf zusammengeknotet, wie David Garrett. Die Jeans hat er in kleine Stiefel mit offenem Schaft gesteckt, wie David Garrett.

Mitte Oktober 2012 erschien Garretts Album *Music*, sofort erreichte es Platz vier der deutschen Charts. Drei Wochen und ein paar Fernsehauftritte später liegt Music auf Platz zwei und hat sich mehr als 100.000-mal verkauft: Goldstatus. Nur Robbie Williams läuft besser.

Man könnte also erwarten, dass Garrett sich aufmerksamkeitssatt und zufrieden gibt, als er in einem Salon des Berliner Westin Grand Hotels im Viertelstundentakt die Journalisten zum Gespräch empfängt. Die Füße in den offenen Stiefeln hat er auf ein Tischchen gelegt. Die Sonne malt goldene Muster auf die Zimmerwand.

Garrett sieht aus, wie er immer aussieht, wie das Bild des Geigenrebells es vorsieht, die Marke des Mannes, der sich nicht um die Konventionen des Kulturbetriebs schert. Aber dann sagt er auf einmal diesen Satz, im fiebrigen Ton des verletzten Künstlers: »Ich will, dass die Leute wissen, dass ich supergut Geige spielen kann.«

Jens, Stylist in Strickpulli, beschwichtigt seinen Chef so zärtlich, wie es seine verrauchte Stimme zulässt: »Aber David, das weiß ich doch auch so.«

Garrett nimmt die Stiefel vom Tisch, lehnt sich vor und stützt die Ellbogen auf den Knien ab. Er starrt einem angriffslustig ins Gesicht. Itzhak Perlman, der berühmte Geigenvirtuose, rede mit Hochachtung von ihm, sagt er. »Er ist ein großer Fan und Bewunderer von mir. Das ist das größte Lob, das man als Geiger bekommen kann.« Garrett will anscheinend klarmachen: Nicht der Schüler bewundert den Meister, sondern der Meister bewundert ihn, seinen Schüler.

Offenbar kommt es bei der Anerkennung nicht so sehr auf das Ausmaß an. Sondern darauf, wer sie einem schenkt. Das ist Garretts Problem, das er noch nicht mal in einem Viertelstunden-Interview verbergen kann, vielleicht auch nicht verbergen will: Er wird von den Falschen geliebt. Oder andersherum: Die Liebe der vielen kann den Liebesentzug der wenigen nicht wettmachen.

David Garrett erzählt seine Biografie als eine Geschichte der Befreiung. Er ist an diesem Tag im Oktober von Berlin nach Hamburg unterwegs, im Terminkalender stehen elf Talkshows in zehn Tagen und ein Fotoshooting für einen Schmuckhersteller, der mit Garretts Gesicht werben will. Auf der Fahrt: Zeit für ein Gespräch im ICE, Treffen am Bahnsteig. Garrett kommt aus dem Hotel, obwohl er eine Wohnung in Berlin besitzt, auch in New York hat er eine. Der blonde Haarknoten sitzt perfekt, der Dreitagebart ist gepflegt, es ist nicht kalt, aber Garrett trägt einen schwarzen Pelzmantel, glänzend und knöchellang.

Er reicht die Hand zur Begrüßung. Feingliedrige Finger, eine Geigerhand. Garrett trägt zwei schwere Ringe, der eine ist der mit dem großen Totenkopf, den man auf jedem Bild sieht, das es von Garrett und seiner Geige gibt. Aus der Bunten weiß man, dass der »maskuline Schmuck« circa 289 Euro kostet.

Neben Garrett steht eine energische, zierliche Frau Ende vierzig. »Ich bin die Elke«, sagt sie. Die Elke will, dass man sie duzt. »Wir duzen uns alle.« Elke ist die wichtigste Person in

David Garretts Entourage. Sie ist seine TV-Promoterin. Sie achtet aber auch darauf, dass er seinen Zug nicht verpasst, sich ab und zu ausruht und regelmäßig ein warmes Essen bekommt. Elke erzählt, ihr dreizehnjähriger Sohn sage immer: »Mama, ich glaube, der David braucht dich viel mehr als ich.« Jetzt sorgt sie dafür, dass David im Bordrestaurant Königsberger Klopse bekommt, damit er sich darauf konzentrieren kann, sein Leben zu erzählen.

Eigentlich habe sein Vater selbst Geiger werden wollen, Solist, sagt Garrett. Er hatte jedoch zu spät angefangen, erst mit zwölf oder dreizehn. Es reichte nicht für eine Musikerlaufbahn. Der Vater wurde Jurist und gab die Bürde seines Traums an seine Söhne ab. Erst sollte Davids älterer Bruder Geige lernen. Aber der versteckte sich daheim in Aachen unter dem Bett, wenn der Vater zum Üben ins Zimmer kam. Also bekam David die Geige. Da war er vier Jahre alt. »Ich hatte wohl eine härtere Konstitution als mein Bruder«, sagt Garrett. »Ich weiß nicht, warum ich nicht geweint habe, wenn mir mein Vater mit dem Bogen auf den Kopf gehauen hat.«

Die Eltern nahmen David aus der Schule und ließen ihn von Privatlehrern unterrichten. Mit neun bekam er die erste Gage, 500 Mark, das erste Konzert mit großem Orchester gab er mit zehn. Für die Konzerte kauften ihm die Eltern grüne und gelbe Anzüge und weiße aus Moiréseide. Sie bestimmten, er solle nicht Bongartz heißen wie der Rest der Familie, sondern den Mädchennamen seiner amerikanischen Mutter tragen, Garrett. Damit kann man auch im Ausland berühmt werden. »Sie waren richtige *stage parents*«, sagt Garrett. Eltern, die ihr Kind unbedingt auf der Bühne sehen wollen. »Das kann man gut finden oder auch nicht. Wahrscheinlich eher Zweites.«

Eine CD, die er mit dreizehn aufnahm, zeigt Garrett mit seiner Geige unterm Kinn, die damals braunen Haare zur braven Bubenfrisur gelegt. Ihm gegenüber steht Claudio Abbado, der berühmte Maestro. Er hebt die Hände wie ein Magier, der einen Zauberspruch sagt.

Zu diesem Zeitpunkt erfüllt David Garrett alle Voraussetzungen für einen künftigen Klassikstar. Er tritt mit den richtigen Musikern in den richtigen Konzertsälen auf. Spielt Bach, Mozart, Beethoven, Mendelssohn, ein mutiges Repertoire, weil er schon früh mit den Großen mithalten muss. Seine Eltern schließen einen Exklusivvertrag mit dem richtigen Label, der Deutschen Grammophon – es ist das Gütesiegel der klassischen Musik. Davids Wert steigt wie der Wert eines Bildes, das in namhaften Galerien hängt, damit namhafte Leute darüber reden.

Der Dirigent Zubin Mehta bezeichnet den zwölfjährigen David als größten Violinisten seiner Generation. Der Jahrhundertgeiger Yehudi Menuhin schwärmt von Davids wunderbarem Spiel. Und eine der damals raren weiblichen Geigen-Ikonen, die Britin Ida Haendel, opfert ihm viele Stunden, in denen sie sein Spiel anhört und ihm Tipps gibt. Noch heute erinnert sie sich daran, was sie damals, vor zwanzig Jahren, so beeindruckt hat. »Er war sehr talentiert und sehr charmant«, sagt sie. »Er konnte fast alles spielen.«

So wurde der Junge in den Augen der Erwachsenen zum Wunderkind. Es war das erste Mal, dass der Name Garrett zur Marke wurde.

In der Welt der Klassik tauchen solche Wunderkinder immer wieder auf. Die Mechanismen sind stets dieselben: Man braucht ein Kind mit Ausnahmebegabung und einen Alten, der es »Wunderkind« nennt. Für die Kinder selbst ist das Leben als Wunder vor allem anstrengend. Manche wachsen aus ihm heraus, manche brechen aus. Andere zerbrechen daran.

David Garrett litt unter dem Wunderkind-Status. »Ich habe acht Stunden am Tag geübt«, sagt er im Bordrestaurant, die Kellnerin stellt die Klöpse vor ihm ab. »Das ist kein Wunder. Das ist harte Arbeit.«

Der Anfang vom Ende der Lebensphase als Wunderkind waren die *Capricen* des Geigers und Komponisten Niccolò Paganini aus dem 19. Jahrhundert. Garrett war jetzt sechzehn Jahre alt, er hatte zwei der quälend virtuosen Stücke im Repertoire. Das Plattenlabel aber wollte alle vierundzwanzig aufnehmen.

Garrett hatte keinen Lehrer außer seinem Vater und nur zwei Monate Zeit. Der Arm schmerzte, der Nacken, der Rücken, die Bandscheiben. Die Mutter, die einst Ballerina am Stadttheater in Aachen war, sagte, sie habe auch mit Schmerzen getanzt. Die CD wurde 1997 veröffentlicht, David Garrett war siebzehn.

Er lebte ein Leben im Korsett. Üben, Konzert, Applaus, üben, Konzert, Applaus. Er hatte keine Freunde, er kannte nicht einmal andere Jugendliche. Einmal lief er von zu Hause weg, doch er wusste nicht, wohin. Er lief in die Kirche. »Ich bin nicht religiös oder so«, sagt er. »Aber die Tür zur Kirche war eben die einzige Tür, die immer offen stand.«

Garrett greift zu seinem iPhone, legt es weg, nimmt es wieder, schaut auf den kleinen Bildschirm. Er kneift die Augen zusammen. Die Fingerknöchel treten weiß hervor.

»Können wir mal 'ne Pause machen?«

Bei seinen Konzerten erzählt Garrett oft Anekdoten aus seinem Alltag, kleine Episoden, die nichts über ihn verraten. Geschichten wie die vom Supergeiger, der auf dem Schwarzmarkt in Bangkok Fälschungen seiner DVDs entdeckt und sich geschmeichelt fühlt: »If you can make it there, you can make it anywhere.« Was er rauslässt, passt zur Story.

Die Erzählungen aus seiner Jugend aber scheinen mehr zu sein als belanglose Episoden. Echte Verletzungen. Das Verhältnis zu seinem Vater sei immer noch sehr angespannt, sagt einer, der David Garrett gut kennt.

Mit achtzehn hielt es Garrett nicht mehr aus in seinem Korsett. Als er sich bei der Juilliard School bewarb, der berühmten Musikhochschule in New York, wollte er nicht bloß seiner Karriere nachträglich ein Fundament geben – er, der immer nur Privatunterricht gehabt hatte. Vor allem war New York weit weg, und die Eltern hatten Flugangst.

Für David Garrett war New York der bestmögliche Ort. Die Eltern begriffen, dass ihr Sohn ihnen entglitt, und verweigerten ihm die Unterstützung. Für das Schulgeld von 36.000 Dollar im Jahr musste er hart arbeiten, als Putzmann, Barmann, Fotomodel.

Nach dem Studium testete er seinen neuen Marktwert. Er sprach die richtigen Leute an, wie er es gelernt hatte. Ein Freund stellte ihm seine Wohnung für Hauskonzerte zur Verfügung, Garrett lud Vertreter von Plattenfirmen und Konzertveranstalter ein, spielte ihnen vor: Bach, Mozart, Beethoven, Bruch. Die Kenner nickten, und es passierte – nichts.

Nach fünf, sechs Jahren der Abwesenheit vom Klassikmarkt war sein Name kein Begriff mehr. Garrett war über 1,90 Meter groß, mit langen Beinen und einem erwachsenen Gesicht. Der Zauber des Wunderkindes war weg. Er war jetzt ein Geiger wie viele: talentiert, aber unbekannt. Die Marke war verblasst. Er brauchte eine neue.

Garrett begann mit Cross-over-Stücken zu experimentieren. In New York trat er mit Musicaldarstellern und Schauspielern auf und spielte dazu Gassenhauer auf der Geige. Damit ließ sich ganz gut Geld verdienen. Er nahm eine Violinenversion der Metallica-Ballade *Nothing Else Matters* auf und kombinierte sie mit *Habanera*, der bekanntesten Arie aus der Oper *Carmen*. Er spielte eine mit E-Gitarren unterlegte Toccata von Bach, gefolgt vom *Hummelflug* von Rimski-Korsakow.

Später spielte Garrett den *Hummelflug* in 65,26 Sekunden und ließ das Ergebnis ins *Guinness-Buch der Rekorde* eintragen. Es machte ihn eine Zeitlang zum schnellsten Geiger der Welt. Sein altes, seriöses Label, die Deutsche Grammophon, aber glaubte nicht mehr an ihn.

Hier hätte die Karriere des ehemaligen Wunderkinds enden können. Ohne Plattenvertrag, ohne Manager hätte er sich nicht lange gehalten. Inzwischen schon Mitte zwanzig, hätte er sich einen anderen Beruf suchen müssen, vielleicht wäre er irgendwie in der Musikbranche untergekommen. Reich wäre er nicht geworden.

Dass es anders kam, lag vermutlich an einem Mann, der die Idee hatte, eine neue Geschichte für David Garrett zu basteln. Eine neue Marke. So erzählt es Peter Schwenkow.

Peter Schwenkow sitzt über den Dächern von Berlin in seinem Büro. Auf der einen Seite das Dach der Philharmonie, auf der anderen das Sony Center und der Potsdamer Platz. Er trägt einen feinen grauen Anzug, eine edle Uhr, eine randlose Brille. An der Wand hängt ein Gemälde, das ihn selbst zeigt. Schwenkow verdient Geld mit Musik, Spezialgebiet: Klassik für die Masse.

Er hatte die Idee, die Berliner Philharmoniker in der Berliner Waldbühne auftreten zu lassen, das betont er gern. Er veranstaltet Konzerte für die Sopranistin Anna Netrebko und ihren Lebensgefährten Erwin Schrott, für die Tenöre Jonas Kaufmann und Rolando Villazón, für den Pianisten Lang Lang. Namen, die inzwischen auch Menschen kennen, die noch nie eine Oper oder ein Klavierkonzert gehört haben.

Peter Schwenkow ist Chef der DEAG, der Deutschen Entertainment AG, des größten Klassikkonzertveranstalters Europas. »Früher haben wir 35.000 Euro Umsatz mit klassischen Konzerten gemacht«, sagt Schwenkow. »Heute sind es 35 Millionen.« Zwar könne er das handwerkliche Vermögen der Musiker nicht beurteilen, aber wenn der Künstler bereit sei, sich einzubringen, könne er ihn weit nach vorn bringen.

Schwenkow war einer der Ersten, die begriffen haben, dass klassische Musik ein kulturelles Wunderwerk sein mag, aber eben auch ein Produkt ist, wie Schokoriegel oder Waschmittel, und ein gutes Produkt braucht heute eine gute Verpackung. Früher wollten die Leute die Sinfonien, Arien und Ouvertüren nur hören. Heute wollen sie sie anschauen können. Sie sollen gut aussehen. »Vor der Vermarktung kommt die Vermarktungsfähigkeit«, sagt Schwenkow, »und das Einverständnis, sich vermarkten zu lassen.«

Manche klassische Musiker verweigern sich diesem Prinzip, sie wollen keine Schokoriegel sein, sie wären nichts für Schwenkow. Zum Beispiel die Geigerin Julia Fischer. Sie hält sich mit Interviews und Fotostrecken zurück. »Kunst und Entertainment sind nicht dasselbe«, sagte sie einmal, sie wolle sich nicht selbst verkaufen. Oder der junge polnische Pianist Rafał Blechacz, der 2005 einen der wichtigsten Klavierwettbewerbe gewann, den Chopin-Wettbewerb in Warschau. Er entzieht sich allein dadurch, dass er lieber Philosophie studiert, als das Kinn in die Pianistenhände zu stützen und in eine Kamera zu lächeln. Oder der Geiger Frank Peter Zimmermann, der sich mit seiner Plattenfirma EMI überwarf, weil er keine schicken Fotos von sich machen lassen wollte. Er wollte einfach nur aussehen, wie er aussieht, und gut Violine spielen.

Schwenkow dagegen will nicht weniger als alles von einem Musiker: »Wir haben den 360-Grad-Ansatz, um einen

Künstler kontrolliert aufzubauen. Reisen, singen, Promotion machen.«

Wann er David Garrett zum ersten Mal getroffen hat, kann Schwenkow nicht mehr genau sagen. Es muss Anfang 2007 gewesen sein. Jedenfalls erinnert er sich an einen jungen Mann, der den Erfolg mehr wollte als alles andere. »Der brannte für seine Sache«, sagt Schwenkow. »Der wollte es seinem Vater zeigen.« Über das Einverständnis, sich vermarkten zu lassen, mussten sie nicht lange reden.

Schwenkow interessierte der »neue Sound«, den Garrett mitbrachte. Vor allem aber gefiel ihm die Geschichte, die er aus David Garretts Wunderkind-Vergangenheit herauslas: die von einem Musiker mit der Mission, die Welt, aus der er kommt, zu revolutionieren, mit seinem Cross-over. »Klassikstars brauchen Personality«, sagt Schwenkow. Aus der alten Marke »Wunderkind« wurde die neue Marke »Geigenrebell«.

Die Vermarkter von Schokoriegeln und Waschmitteln nennen so etwas einen Relaunch. David Garretts Relaunch war erfolgreich, auch, weil er die alte Geschichte nutzen konnte, um die neue zu erzählen. Die strengen Eltern, das ewige Üben, die Jugend ohne Freunde. Da kann man schon rebellisch werden.

Bis heute kündigen ihn die Moderatoren in den Fernsehshows mit der Geschichte seiner Kindheit an. Die Vergangenheit macht ihn interessant. Aber sie bleibt auch eine Bürde. Immer noch wird hochgerechnet, was für ein wundervoller klassischer Violinvirtuose aus ihm hätte werden können. Noch immer wird er an seiner Vergangenheit gemessen.

Kurz nach ihrem ersten Kontakt, damals 2007, buchte Schwenkow für David Garrett einen Flug von New York nach Berlin und hörte sich sein Repertoire genauer an. Vor allem aber sah er ihn sich genauer an: die halb geschlossenen Lider, die geschwungenen Lippen, die ebenmäßigen Züge. Schwenkow war begeistert. Er beschloss, seine Entdeckung bei einem Brunch Bekannten und Journalisten vorzuführen.

An dieser Stelle seiner Erzählung bittet Schwenkow darum, das Aufnahmegerät auszuschalten, als würde er nun ein Geheimnis verraten – wie jemand, der flüstert, um sicherzugehen, gehört zu werden.

Garrett habe also vorgespielt beim Brunch, erzählt Schwenkow, und dann habe man gesehen, wie vierzig schöne, gestandene, intelligente Frauen beinahe in Ohnmacht fielen. Da habe er gewusst: Auf David stünden nicht nur die jungen, sondern auch die reifen Frauen. Eine verlässliche Zielgruppe war gefunden und eine bewährte Verkaufsstrategie, *sex sells*. Das Image als »schönster Geiger der Welt« hat David Garrett berühmt gemacht. Es hat ihm Geld gebracht und die Abneigung all derer, die von sich sagen, es gehe ihnen um die Kunst, nicht den Kommerz.

Peter Schwenkow lächelt, wenn man ihn darauf anspricht. Dann sagt er, Garrett werde auch von großen, sehr angesehenen Orchestern eingeladen. Von Leuten, denen es um die Kunst geht. Und warum? Weil sie mit Garretts Gesicht den doppelten Eintrittspreis verlangen könnten, sagt Schwenkow.

Als Schwenkow damals David Garretts erstes Cross-over-Album veröffentlichte und die erste Tournee plante, wusste niemand, wer dieser Geiger war. Schwenkow machte das keine Angst. Er musste es nur schaffen, David Garrett vor Tourneebeginn bekannt zu machen. Zu einem erfolgreichen Relaunch gehört eine erfolgreiche Werbekampagne. Schwenkow sagt: »Die Frage war: Wie kriegt man Garrett ins Fernsehen?«

Die Antwort: mit Elke, der Frau mit der mütterlichen Fürsorge. Sie hat ein Gespür für die Gesprächstemperatur in deutschen Fernsehstudios. Über Elke heißt es, sie gehöre zu den Besten. »Wer sie an seiner Seite hat«, sagt der für David Garrett zuständige Popmanager des Musiklabels Universal, »der schafft es ins Fernsehen.«

Wer im Fernsehen auftritt, sagt Elke, »hat danach lauter Bookings von Konzertveranstaltern. Eine Sendung heißt zehn Anfragen.« Wenn vor einer Tournee ein Konzert irgendwo noch nicht ausverkauft ist, organisiert Elke einen Fernsehauftritt, und das Problem ist erledigt. Zu Elkes Kunden gehören Hape Kerkeling, Nino de Angelo, Jürgen von der Lippe, die Wildecker Herzbuben. Und David Garrett.

Elke sagt, sie könne nicht beurteilen, wie er Violine spiele, sie habe »Polka-Ohren«. Sie fand es damals schräg, dass sie sich jetzt um einen Typen mit Geige kümmern sollte. Aber als sie ihn vor etwas mehr als fünf Jahren kennenlernte, mit seinen Jeans zu Anzugjacke und T-Shirt, wusste sie: »Der Junge hat eine Geschichte zu erzählen.«

Einer Frau wie Elke wäre Garrett in seiner Wunderkindzeit nie begegnet. Einer Frau mit einem Faible für Schunkelmusik, die keine Partitur lesen kann. Jede Schlagersendung, in der er auftritt, trägt ihn weiter weg von der Anerkennung der Klassikpuristen und Geigenikonen. Trotzdem hat er sich an Elke gebunden, er begehrt nicht auf gegen die Vermarktung seiner selbst. Er ist einverstanden, dass sein Fernsehplan noch dichter gedrängt ist als sein Konzertplan.

Garrett lässt den Namen der Frau mit den Polka-Ohren sogar in seine Verträge schreiben: Er sagt Veranstaltungen und Konzerte nur zu, wenn sie auch engagiert ist. Sie und Jens, sein Stylist mit der rauchigen Stimme, der sich Zigaretten aus Visitenkarten dreht.

So kommt es, dass David Garrett, statt mit Claudio Abbado und dem Chamber Orchestra of Europe aufzutreten, Halbplayback im Fernsehen geigt: bei *TV total*, *Zimmer frei!*, *Wetten, dass..?*, *5 gegen Jauch*, Markus Lanz, *Inas Nacht*, im Sat.1 Frühstücksfernsehen, in der ZDF-Show *Volle Kanne*, bei Carmen Nebel. Zum Auftakt des Weihnachtsgeschäfts tritt er bei Florian Silbereisens *Adventsfest der 100.000 Lichter* auf: Beethoven mit Lichtgewitter und Synthesizerbass.

»Ist doch schön«, sagt Garrett, als er nach einem ausverkauften Konzert in seiner Garderobe sitzt, noch angewärmt vom Applaus. Silbereisen und Volksmusik hin oder her: »Solange du Qualität ablieferst, ist das Sendeformat egal.«

In Peter Schwenkows Entertainment-Universum wird Garrett für diese Haltung reich belohnt. 300.000 verkaufte Konzertkarten 2012, vielleicht eine halbe Million 2013. »Das ist die Dimension der Stones«, sagt Schwenkow. Ausverkaufte Messehallen, 600.000 Facebook-Kontakte, die Charts, der Klassik-Echo für den »Bestseller des Jahres«. Das ist die Währung, die in Schwenkows Welt zählt.

In der Welt, aus der Garrett kommt, kann man sich mit dieser Währung nichts kaufen. Im Gegenteil: Die Menschen, die in ihm einst den nächsten Jahrhundertgeiger sahen, zucken zusammen, sobald das Wort »Cross-over« fällt. Als habe man einer feinen Dame einen unanständigen Witz erzählt. Im 19. Jahrhundert.

Die Chefin einer traditionsreichen Berliner Konzertagentur, die Garrett als Kind nach ihren eigenen Worten als Klassikstar aufgebaut hat, sagt, sie habe mit ihm nichts mehr zu tun. Er solle erst einmal wieder Klassik lernen, fügt sie an. Genannt werden will sie nicht.

Ida Haendel, die britische Violinistin, hörte sich zwar einmal für ein Fernsehporträt über David Garrett an, was ihr einstiger Schützling jetzt so spielt. Ruft man sie heute an, will sie sich daran nicht erinnern. Der Dirigent Zubin Mehta plant mit Garrett in diesem Jahr eine CD-Aufnahme mit dem Israel Philharmonic Orchestra. Garrett sei immer noch ein sehr guter Geiger, sagt Mehta. »Aber zu seinem Pop habe ich keine Meinung.« Es sind die beiden Menschen, die David Garrett noch heute als seine wichtigsten Lehrer bezeichnet.

Tack. Tack. Tack. Das ist das lauteste Geräusch, das die Musiker hören, wenn sie David Garrett begleiten. Die Schläge des Metronoms werden ihnen über einen Knopf im Ohr eingespielt. Der Takt, der Timecode, ist alles, denn die Musik, die Videos, das Licht, die Feuersalven, die Tänzerinnen, die

Moderationen sind aufeinander abgestimmt. Der Timecode gibt jedem Rädchen der Maschine den Einsatz vor. Ein kalter Puls. Das ist das Irrwitzige an Konzerten dieses Zuschnitts: Ein Orchester spielt, aber die Musiker hören einander kaum, jeder spielt für sich. Hauptsache, das Tempo stimmt. Die Musik muss nicht leben, sie muss nur im Takt bleiben.

Diese Art zu musizieren lasse einen »verrohen«, sagt einer der Musiker aus Garretts Orchester. Aber das falle nicht weiter auf. Als sie in einer Probe einmal absetzten, sei die Musik einfach weitergelaufen. Tack. Tack. Tack. Es gibt ihren Part vom Synthesizer, zur Sicherheit. David Garrett hat kein Sicherheitsnetz. Aber auch er muss sich dem Metronom unterwerfen. Dem ewigen Timecode.

Beim Konzert in Berlin geschieht an einer Stelle etwas Unvorhergesehenes. Aus der zweiten Reihe schrillt die Stimme eines Fans in den Text, den Garrett ins Mikrofon sagt. Es ist Andrea, die Frau mit dem Herz-Tattoo auf dem Fuß. Sie juchzt vor Freude, Garrett hält inne, schaut irritiert zur Seite. »Wir kommen ja zu nichts, wenn das so weitergeht!«, sagt er, bevor er seinen Text fortsetzt. Der Zeitplan ist in Gefahr. Die Frau wird in der Pause gebeten, nicht noch einmal zu juchzen. Ansonsten erwäge der Veranstalter, sie vom Konzert auszuschließen – Begeisterung bitte nur in den vorgesehenen Applauszeiten!

Es sieht so aus, als sei von dem »Rebellen mit der Geige« nur die Geige geblieben. Die Disziplin ist wie früher: aufstehen, üben, reisen, Auftritt, Applaus, schlafen, aufstehen, üben, reisen, Konzert. Und immer auf den Timecode achten.

Dazugekommen sind die langen Haare, das Glätteisen und die Fernsehauftritte.

David Garrett ist wieder in einem Korsett gefangen, nur ist es jetzt ein selbst gewähltes. Aber was, wenn auch die Marke, die Schwenkow, Elke und sein eigener Ehrgeiz geschaffen haben, einmal verblasst? Wenn man Garrett danach fragt, sagt er, er mache das alles für die Musik – »ich bin kein Produkt«.

In fast jedem Interview kommt er wie programmiert auf sein Selbstverständnis als respektabler Violinist zu sprechen. »Viele meiner Konzerte sind rein klassisch«, sagt er dann. »Klamotten sind unwichtig. Image ist unwichtig. Mein Metier ist die Tongebung.« Es sind Sätze, über die die Interviewer hinweghuschen. Es ist der Teil, den keiner hören will.

Als ihn Markus Lanz auf seinem Fernsehstudio-Sofa nach dem Kinofilm fragt, der im nächsten Herbst rauskommen soll und in dem David Garrett die Rolle von Paganini spielt, da sagt Garrett: »Das ist ein Leben, das nah an meinem liegt.« Er würde jetzt vielleicht gerne erzählen, dass auch Paganini die größten Hits der damaligen Zeit auf der Geige spielte, dass auch er sich nicht um Konventionen scherte. Er würde gerne über Musik reden. Aber Lanz fragt ihn nach einer Szene in der Badewanne, über die in den Klatschblättern schon viel zu lesen war: »Was hattest du an, wirklich nichts?«

David Garrett will in diesem Jahr, 2013, etwas Neues versuchen. Mit Zubin Mehta will er das Violinkonzert von Johannes Brahms aufnehmen, ein hochanspruchsvolles Werk der Spätromantik. Garrett will nicht mehr nur der schöne Geiger sein, von dem die Leute sich fragen, wie er wohl nackt aussieht. Er will wieder ein guter Geiger sein, vielleicht der beste.

Aber eine etablierte Marke anders zu präsentieren ist nicht leicht. Es ist fast noch schwieriger, als eine verblasste Marke mit neuem Leben zu erfüllen. Das Publikum wird seinen David nicht hergeben wollen. Im Mai geht er wieder auf Tour. Dann wollen die Leute für ihr Geld wieder das Produkt bekommen, das sie kennen. Sie wollen Garrett so haben wie bei der letzten Tournee, wie in Erfurt.

Es ist der Höhepunkt der Show. David Garrett schwebt über die Bühne hinweg, nach links, nach rechts. Dann fliegt er in die Halle hinein, fliegt nah am Betonhimmel, fünf Meter über den Köpfen des Publikums, die Füße mit den offenen Stiefeln gekreuzt, die Violine unters Kinn geklemmt. Die Scheinwerfer baden ihn in Licht.

David Garrett spielt *Smells Like Teen Spirit*, den Song, der die Band Nirvana weltberühmt machte, die Rebellenhymne einer Generation. Hunderttausendmal gehört. Kurt Cobains schmutzige, kräftige Stimme läuft im Kopf mit.

I feel stupid and contagious
Here we are now, entertain us

Bei David Garrett aber gibt es keinen Text, keinen Schmutz. Nur diesen Geigenton: wie sauber poliertes Silber. Ein Bühnentechniker steuert den schwebenden Garrett durch den Saal, bei Timecode 00:44 senkt er ihn ab, bei 01:18

zieht er ihn wieder hoch, bei 01:44 lenkt er ihn in Richtung Publikum.

Für einen Moment zeichnen sich im hellen Licht die Seile ab, in denen Garrett festhängt.

Klassischer Krimi

Als der ICE 279 an einem Dienstagnachmittag Mitte Juni 2016 im Bahnhof Mannheim einfährt, verlässt die Amerikanerin Anthea Kreston für etwa vierzig Sekunden ihren Sitzplatz und begeht damit einen schlimmen Fehler.

Sie schiebt ihren Geigenkasten in die Gepäckablage oberhalb der Sitze und schaut sich um: Der Großraumwagen ist gut besetzt. Meistens sitzt sie auf Reisen mit ihren Kollegen zusammen, diesmal haben sie nicht reserviert. Sie sind am frühen Vormittag in Berlin eingestiegen und haben sich auf vier Waggons verteilt. Um Anthea Kreston herum döst einer der Mitreisenden, ein anderer tippt auf seinem iPad. Mit dem älteren Herrn gegenüber hatte sie schon ein paar Worte auf Deutsch getauscht, wer fährt wohin und warum. Sie kennen sich also eigentlich schon ein wenig, findet Anthea. Er trägt einen Sweater und eine Stoffhose. Kreston schätzt ihn auf Mitte sechzig.

Ein paar hundert Kilometer weiter fängt Kreston den Blick des älteren Herrn wieder auf, der am gegenüberliegenden Fenster sitzt. Sie versteht ihn als stille Übereinkunft: Er wird auf den Geigenkasten achten, während sie kurz weg ist. Dabei rechnet sie nicht damit, überhaupt einen Aufpasser zu brauchen. Der Geigenkasten ist abgenutzt, unscheinbar, und er gehört so eng zu ihr, dass sie sich nicht vorstellen kann, er könnte plötzlich verschwinden.

Die Geige in dem Kasten ist einer der wenigen Gegenstände, die Kreston aus ihrem alten in ihr neues Leben mitgenommen hat, vom Leben einer Geigerin aus der Weite Amerikas hinein ins intime, komplizierte Beziehungsgeflecht eines berühmten deutschen Streichquartetts, des Artemis Quartetts. Nachdem sich der Bratschist Friedemann Weigle 2015 das Leben genommen hatte, suchte das Quartett eine Möglichkeit, die Lücke zu schließen. Der zweite Geiger Gregor Sigl übernahm die Bratsche, und für Sigl wurde nun eine Nachfolge gesucht. Der oder die Neue sollte gut Deutsch sprechen können und in Berlin wohnen. So hatten sie sich das vorgestellt.

Nach einem halben Jahr Suche und 156 Kandidaten und Kandidatinnen fiel die Wahl auf eine sehr große, sehr schlanke, braungelockte Amerikanerin, die mit zwei kleinen Töchtern und ihrem Mann in Corvallis, Oregon, an der Pazifikküste der USA lebte und deren einzige Worte auf Deutsch »Guten Tag« waren. Wenn Kreston heute davon erzählt, meint man, eine Fee hätte ihren Zauberstab geschwenkt und mit einem Harfenglissando und Glitzersternchen eine Familie aus einer winzigen Stadt in Oregon – inmitten des amerikanischen Hauptanbaugebiets für Haselnüsse – umgetopft in eine Altbauwohnung an einer stark befahrenen Straße in Berlin-Charlottenburg.

Vor einem halben Jahr sind sie umgezogen, und Kreston lässt immer noch Pausen großen Erstaunens, wenn sie in breitem Amerikanisch erzählt, wie sie dem Quartett Ende Januar auf ihrer Geige vorspielte. Sie, ihr Mann und die beiden Töchter hatten danach drei Wochen Zeit, das Haus und zwei Autos zu verkaufen und ihre Kleider in Koffer ein- und in Berlin wieder auszupacken. Sie habe immer davon geträumt, Teil eines so bedeutenden Quartetts zu sein, bei dem man in die Knie gehe vor den tausend Schattierungen eines Gefühls, die sie in der Musik ausloten. Aber Kreston hat für ausgeschlossen gehalten, dass er sich je erfüllen könnte: sie, eine amerikanische Frau, die in einem Blog über ihr Leben plaudert, überlaut lacht und nicht in der Lage ist, ihren quäkigen Akzent loszuwerden, als Teil eines Kollektivs, das in seiner Ernsthaftigkeit und Verschlossenheit gegenüber der Öffentlichkeit kaum europäischer sein könnte. Ein Wunder! Ein Lebenstraum! Und jetzt macht ausgerechnet sie, die Neue, die Amerikanerin, den banalen, aber schweren Fehler, im ICE ihren Platz ohne die Geige zu verlassen.

Als Kreston zu ihrem Platz zurückkommt, wirft sie einen routinierten Blick in die Gepäckablage – kurze Kontaktaufnahme mit der Geige, ihrem klingenden, hölzernen Körperteil, aber da ist nichts. Sie sieht noch einmal hin: nichts. Sie schiebt die Koffer beiseite, Kreston ist sehr groß, es fällt ihr leicht, in der Gepäckablage zu kramen – immer noch nichts. Das Herz pocht von innen gegen die Rippen, der Atem geht schneller. Sie schaut unter dem Sitz nach, blickt in die Gesichter um sie herum, bleibt bei dem älteren Herrn im Sweater gegenüber hängen. Der döst. Sie spricht ihn an: »Bitte«, sie versucht es auf Deutsch, »mein Deutsch ist schrecklich, Entschuldigung, haben Sie meine Geige gesehen?« »Ein junger Mann, ja, ist vorbeigekommen und hat den Geigenkasten mitgenommen.«

Sie schreit nicht: Was!? Sie sagt nicht: Aber warum haben Sie ihn denn nicht aufgehalten?

Kreston atmet aus.

Vielleicht hat einer der Kollegen den Geigenkasten geholt. Eckart Runge, der Cellist. Der ältere Herr hat vielleicht ihn gesehen. Ein Mann mit großen blauen Augen. Kreston würde Runge als jung bezeichnen.

Das Artemis Quartett ist auf dem Weg zu einem Konzert in Freiburg im Breisgau, das dreißigste Konzert, das Kreston mit ihnen spielt, dreißig Konzerte in drei Monaten. Sie finden zusammen, langsam.

Nachdem Friedemann Weigle sich das Leben genommen hatte, sah es zunächst so aus, als würde das Quartett erstarren. So ein Streichquartett ist mehr als eine musikalische Formation. Mehr als in einem Orchester, viel mehr als bei einem Solisten verhakt sich im Streichquartett der Beruf mit dem Privatleben, bis es keinen Unterschied mehr gibt. Jeder weiß, wie es im Innern der anderen aussieht. Täglich loten sie Gefühle aus. Überlegen: Ist die Traurigkeit in diesem Takt Leere oder Verzweiflung, Sehnsucht oder Hilflosigkeit? Und wann hast du dich zuletzt so gefühlt?

Als Kreston im November ein Jahr zuvor eine Facebook-Nachricht mit ihrer Bewerbung für die Stelle an Runge abschickte, schrieb sie nicht von glanzvollen Namen, mit denen sie gespielt hatte, erwähnte keine Wettbewerbe und zählte keine berühmten Säle auf, in denen sie aufgetreten war. Solche Informationen, die in vielen Programmheften über die Musiker zu lesen sind, können beeindrucken, sind aber blutleer. Kreston schrieb, sie habe zwei Kinder und lebe in Oregon, und sie drückte ihre Anteilnahme an Weigles Tod aus. Vielleicht erinnere man sich, schrieb sie, man habe sich vor zwanzig Jahren bei einem Meisterkurs an der Juilliard School in New York kennengelernt, sie sei diese Große mit den vielen Locken. Sie schrieb so echt wie möglich. Sie weiß, was es bedeutet, Teil eines Streichquartetts zu sein. Es bringt nichts, sich zu verstellen.

Ein Streichquartett ist unbedingte Verbindlichkeit. Man plant zusammen, man legt Urlaube gemeinsam fest, auf Jahre im Voraus – es gibt keine zweite Besetzung wie in einem Orchester, die im Notfall einspringen würde. Man macht sich abhängig von drei anderen. Es ist, als würde man eine Expedition zum Mars starten. Wenn das Raumschiff abhebt, gibt es kein Zurück mehr.

Im ICE sucht Kreston das fein geschnittene Gesicht des Cellisten. Sie traut Runge zu, dass er so umsichtig ist, ihre Geige zu holen, auch wenn er zwei Waggons vor ihr sitzt. Runge ist sanft und leise und scheint einem auf den Grund schauen zu können. Vielleicht hat er den Geigenkasten genommen, um zu prüfen, wie cool sie, die Neue, bleiben kann. Das traut sie ihm eigentlich nicht zu, aber sie weiß ja nicht, vielleicht ist das so ein Scherz. Ein Streichquartett, sagt man, sei eine »Ehe zu viert«. Mit allen Nachteilen einer Ehe, aber ohne ihre Vorteile, sagt Eckart Runge, den alle Ecki nennen. Da kann es schon sein, dass sich Schrullen bilden.

Es ist 13:30 Uhr. Noch sechseinhalb Stunden bis zum Konzert. Kreston spürt, wie sie zu schwitzen beginnt. Ecki hat sie nicht. Die Geige ist weg.

Man könnte in so einem Fall auch sagen: Die Hand ist weg. Für einen Musiker muss sich das im ersten Schreckmoment ganz ähnlich anfühlen. Die meisten Profimusiker suchen ihr ganzes Leben lang nach dem einen, dem wahren Instrument, und wenn sie es gefunden haben, halten sie an ihm fest. Sie verlieben sich in die Farbpalette, in den Witz, die Art, auf das anzuspringen, was der Musiker ihm anbietet. Gregor Sigl, zuvor die zweite Geige, der heute im Artemis Quartett die Bratsche seines verstorbenen Kollegen spielt, findet: Auf einem sehr guten Instrument zu spielen sei wie eine Unterhaltung mit einem geistreichen Menschen. »Man gibt sich Mühe«, sagt er, »aber das, was zurückkommt, ist noch besser.«

Eine Geige ist auch ein Glücksbringer, ein treuer Weggefährte in der immer schneller, härter und anspruchsvoller werdenden Musikerwelt. Der Geiger Frank Peter Zimmermann beschrieb die Beziehung zu seinem Instrument als »große Liebe«. Als er seine *Lady Inchiquin* im Frühjahr 2015 an den Stifter zurückgeben musste, sprach er von einer »ganz großen Tragödie«. Oder der Cellist Amadeo Baldovino: Nachdem sein Stradivari-Cello, das berühmte *Mara*, 1963 bei einem Schiffsunglück im Río de la Plata untergegangen und in viele Teile zerfallen war, musste er es identifizieren. Es muss ihm vorgekommen sein, als schaue er in den Cellokasten wie in einen Sarg.

»Meine Geige spricht wie ich«, sagt Kreston. Sie schließt die Tür zu ihrer Wohnung auf, Altbau, Flügeltüren, wenige Möbel. Sie haben keine Möbel mitgenommen. In Chicago ist sie geboren, aus Chicago stammt die Geige. Sie ist mit ihr aufgewachsen. Sie hat diese und keine andere, seit sie vierzehn Jahre alt ist. Mit ihr spielte sie die ersten Konzerte, mit ihr gewann sie Wettbewerbe – gegen Kandidaten, deren Instrumente 300.000 oder 350.000 Dollar wert sind, um ein Vielfaches teurer als ihres damals. Es ist, als kenne die Geige jeden Fehler, jeden Glücksmoment, jedes Stück, das Kreston auf ihr gespielt hat.

Der Klang ihrer Geige sei wie die Menschen aus Chicago, sagt sie: mit breiten Schultern, diesem ausladenden Gang, auf eine einfache Weise kompliziert. Sie übertreibt ihr Amerikanisch, klingt nasal, breit, als hätte sie eine heiße Kartoffel im Mund. Wie Anthea Kreston den Kopf in den Nacken wirft. Wie ihre Locken in alle Richtungen wippen. Wie sie lacht, ein weiches, sehr warmes Lachen. Sie hat das, was man bei einer Schauspielerin als Präsenz bezeichnen würde.

Der Großvater hat ihr die Geige geschenkt. In seinem Testament hinterließ er Anthea und den beiden älteren Schwestern je 10.000 Dollar für ein Instrument. Mit vierzehn verliebte sich Kreston in das orangefarbene Holz einer Geige. Carl Becker hat sie 1928 gebaut. »Becker wollte die Geigen genauso bauen wie Stradivari. Deshalb hat er auch das helle Holz genommen«, sagt sie. Und deshalb nenne man Geigen von Carl Becker auch die »amerikanischen Stradivaris«. In Deutschland sagen Geigenbauer, eine Carl Becker sei kein Ferrari. Mehr ein Volkswagen. Krestons Geige hat derzeit immerhin einen geschätzten Wert von 75.000 Dollar.

Es sind 24 Minuten bis zum nächsten Halt in Karlsruhe, so lange haben sie Zeit, die Geige zu finden. Sollte sie noch irgendwo im Zug sein. In den 24 Minuten entfaltet sich unter ihren neuen Kollegen etwas, das Kreston als magisch empfindet. Die Musiker sind daran gewöhnt, unter Druck ruhig zu bleiben. Im Konzert müssen sie punktgenau Höchstleistung abrufen – und dabei die Schwächen und Stärken der anderen einberechnen. Jetzt übersetzen ihre Kollegen diese Fähigkeit in eine Sonderkommission: Sie fahnden nicht nach dem einzig wahren Ausdruck ihres Klangs. Sie jagen einen Geigendieb. Überlegt, effektiv. Ohne Vorwürfe zu machen.

Kreston sucht hektisch unter den Sitzen, in den Gepäckablagen; erst in der Nacht bemerkt sie die blauen Flecken an Armen und Beinen, die sie sich bei der Suche zugefügt hat. Runge, Cellist und Sohn eines Diplomaten, fragt die Fahrgäste aus. Gregor Sigl, Bratschist, behält die Toiletten im Auge, die besetzt sind, und forscht in den Gesichtern, die vorbeigehen: Wirkt jemand nervös? Strengt sich jemand an, unauffällig zu wirken? Vineta Sareika, erste Geige, postet auf Facebook, dass die Carl Becker ihrer neuen Kollegin geklaut wurde.

Wer kann die Geige gestohlen haben? Der Kasten, in dem sie liegt, ist eher sportlich als edel, es könnte auch ein Tennisschläger darin sein. Aber vielleicht ist ihr jemand gefolgt, hat sie beobachtet? Hat vermutet, die neue Geigerin des Artemis Quartetts spiele ein wertvolles Instrument – und hat dann einen unaufmerksamen Moment einer Musikerin auf Konzertreise abgewartet? Immer wieder gibt es Meldungen, dass Musiker, müde nach dem Konzert, von ständigen Ortswechseln, ihre Instrumente im Wert von Einfamilienhäusern im Zug, im Taxi, im Flugzeug liegen lassen.

Bis Karlsruhe: nichts. Kreston steigt mit Runge aus. Sie geben bei der Bahnhofspolizei eine Anzeige auf. Sareikas Facebook-Eintrag erreicht innerhalb eines Tages mehr als 100.000 Menschen, Tausende teilen die Nachricht. Wer jetzt einem Geigenhändler ein Instrument aus grellorangefarbenem Holz anbietet, gebaut 1928 von Carl Becker in Chicago, muss sich verdächtig machen.

Mittlerweile sind Geigen wie ein Picasso, ein Chagall, ein Pollock, zu Sammel- und Investitionsobjekten geworden – eine unfassbare Preisentwicklung. Während der Dow-Jones-Index seit den sechziger Jahren auf das Zwanzigfache gestiegen ist, haben Spitzengeigen auf das Zweihundertfache zugelegt. Jährlich wachsen die Preise um zwölf Prozent. Das teuerste Instrument ist eine Bratsche von Antonio Stradivari, die *Macdonald*. Für 45 Millionen Dollar wurde sie angeboten, erblickte einige wenige Male das Rampenlicht und verschwand wieder im Safe des Geigenhändlers. Bis jemand bereit ist, wirklich so viel Geld für sie aufzubringen.

Für 16 Millionen Dollar wechselte eine Guarneri del Gesù, die *Vieuxtemps* aus dem Jahr 1741, den Besitzer und löste die *Lady-Blunt*-Stradivari als teuerste Geige der Welt ab. Die *Vieuxtemps* wird derzeit von der US-Geigerin Anne Akiko

Meyers gespielt, als Dauerleihgabe; der aktuelle Eigentümer der Lady Blunt ist anonym geblieben.

Immer wieder gibt es Versuche, das Geheimnis dieser Instrumente zu verstehen. Ist es das Holz? Der Jahrgang bestimmter Fichten? Ein Pilz? Das venezianische Brackwasser, in dem die Hölzer beim Transport gelegen haben mögen? Ist es die Wölbung der Decke, die Form, der Lack? Man durchleuchtet die Instrumente mit Computertomografen, will sie kopieren. Es gibt auch immer wieder Versuche, den Mythos zu entzaubern. Zum Beispiel den Blindtest, bei dem Virtuosen mit verbundenen Augen auf neuen Geigen und auf Stradivaris spielen, wobei die meisten den Neubau bevorzugten. Es ändert nichts: Das Begehren ist ungebrochen.

Auf dem Weg zur Polizeidienststelle im Hauptbahnhof Karlsruhe erinnert sich Kreston an abenteuerliche Geschichten von Geigendiebstählen, jeder Musiker kennt sie. Zum Beispiel die von Bronisław Huberman. Als er 1936 in der Carnegie Hall in New York Bachs Concerto in E-Dur auf seiner anderen Geige, einer Guarneri, spielte, schlich jemand in die Garderobe und nahm seine *Gibson* mit. Erst ein halbes Jahrhundert später tauchte die Geige wieder auf. Ein Wandermusiker hatte seiner Frau auf dem Totenbett gestanden, dass er damals die *Gibson* gestohlen habe. Er hatte sie mit Schuhwichse eingerieben, um das leuchtende Holz zu überdecken. Oder die Geschichte des damaligen Violinisten der Berliner Philharmoniker, Pierre Amoyal. Dessen *Kochanski* wurde 1987 gestohlen. Erst nach vier Jahren und Zahlung eines hohen Lösegelds bekam er sie zurück.

Die 75.000 Dollar, die Krestons Geige wert ist, sind wenig im Vergleich zu den Wolkenpreisen der anderen. Trotzdem: Abgesehen vom persönlichen Verlust – die wenigsten Musiker, vor allem die wenigsten Kammermusiker, können sich heutzutage solche Geigen selbst kaufen.

Es ist 20 Uhr. Das Publikum in Freiburg wartet auf den Auftritt des Artemis Quartetts. Hinter der Bühne nimmt Kreston eine Geige nach der anderen in die Hand. Noch im Zug hatte ihre Kollegin Vineta Sareika Freiburger Professorinnen, Musiker, Studentinnen angeschrieben. Sie bat darum, eine Geige zur Verfügung gestellt zu bekommen, damit das Quartett das Konzert nicht absagen muss.

Jetzt liegen vor Kreston vier Geigen. Sie hat eine Minute pro Instrument, dann muss sie sich entscheiden. Sie spielt eine Tonleiter. Es kratzt entsetzlich. Zwei, drei Akkorde. Kreston legt ein Instrument weg und nimmt das nächste. Jede Geige ist anders, jede Saite hat eine eigene Persönlichkeit, die sich auch noch auf jedem Zentimeter zwischen Wirbel und Steg unterscheidet. Um eine neue Geige kennenzulernen, brauche es Monate, sagt Kreston, wenn nicht Jahre.

»Du musst dir im Voraus verzeihen«, sagt sie, »sonst wird es schrecklich.« Verzeihen für den dummen Fehler, die Geige nicht mit aufs Zugklo zu nehmen. Für den Stress, den sie ihren neuen Kollegen verursacht hat, kurz vor einem Konzert. Sie denkt an die zehn bis zwölf Stellen im Schostakowitsch, den sie gleich spielen wird, die schlimm klingen werden. Anders als gewohnt. Nicht nur sie muss sich umstellen. Das ganze Quartett könnte während des Konzerts wie auf Eis gehen. Auch dafür muss sie sich verzeihen. Jeder Gedanke, der nicht in die Musik gehört, ruiniert den Moment. Der Kopf muss frei sein, das Herz offen liegen.

»Nimm die«, hört Kreston einen ihrer Kollegen sagen. Die Geige klingt milchig, warm, mütterlich. Es ist eine Barockgeige mit Saiten aus Katzendarm, aber das weiß Kreston noch nicht. Gleich werden sie einen mittleren Beethoven und einen Schostakowitsch spielen. Kein Musiker würde freiwillig in einem Konzert eine Barockgeige mit Darmsaiten dafür nehmen. Sie streicht die Hände an ihrem Konzertkleid ab, nimmt den Bogen, stimmt die Geige. Dann geht die Tür auf, und Kreston folgt Vineta Sareika auf die Bühne.

Es ist diese Bedingungslosigkeit, von der so oft die Rede ist, wenn man über Kammermusik spricht. Die ist es, die das Artemis Quartett in den 156 Kandidaten gesucht hat, vage irgendwie, intuitiv. Jetzt wird greifbar, was völlige Hingabe bedeutet.

In der Nacht nach dem Konzert in Freiburg, dem ersten Konzert, das sie ohne die Geige ihres Großvaters gespielt hat, schläft Kreston nicht. Sie bastelt ein Plakat, darauf ein Foto der Geige und eine Mail-Adresse, die sie extra dafür angelegt hat. Wenn eine Katze entlaufen war oder jemand einen Schlüsselbund verloren hatte, klebte in ihrer kleinen Stadt in Oregon an jeder Straßenecke ein Zettel mit der Bitte, mitzusuchen. Kreston bietet einen Finderlohn, 1250 Euro. Nicht zu niedrig, es soll schließlich ein Anreiz sein, die Geige abzuliefern. Aber auch nicht zu hoch. Wenn der Dieb bisher nicht wissen sollte, dass er ein Jahresgehalt eines höheren Beamten in den Händen hält, sollte er nicht durch einen zu hohen Finderlohn auf den Gedanken kommen.

Sie nimmt den ersten Zug am Morgen. Denkt an die Bäuche amerikanischer Officer, an den Becher schwarzen Kaffee, mit dem sie sich bewaffnen. Am Bahnhof in Mannheim kauft Kreston Donuts für die deutschen Bahnhofspolizisten. Was sie nicht weiß: Sie dürfen sie nicht essen, so sind die Vorschriften.

Im Mannheimer Bahnhof sitzt sie und wartet und hofft, dass die Polizei ihr Videosequenzen aus den Überwachungskameras zeigt. Sie könne ihren Geigenkasten doch am besten erkennen. Sie hört die Ansagen auf den Bahnsteigen, die Züge, die stündlich nach Berlin abfahren, aus Berlin ankommen. Sie spricht Leute an: Habt ihr die Geige gesehen? Studenten mit Instrumentenkoffern auf den Rücken erkennen sie, haben den Post auf Facebook gelesen. »Du bist Anthea!«, rufen sie. Und: »Viel Glück!« Vier schwere Männer mit struppigen Bärten überlegen, wie viel Bier sie sich vom Finderlohn kaufen könnten.

Dreieinhalb Stunden später hat ein Polizist endlich Mitleid. Kreston darf sich Videos aus den Überwachungskameras anschauen mit Personen, die die Polizisten für verdächtig hielten. Zeitlupe, Menschen steigen aus, Menschen gehen über den Bahnsteig, verschwinden aus dem Blickfeld der Kamera. Ihren Geigenkasten entdeckt Kreston nicht. Die Polizisten vermuten, der Dieb könnte die Geige in einen Koffer verstaut haben. Gleich ein gutes Dutzend der Taschen, Rucksäcke und Koffer der Reisenden, die am 14. Juni gegen

13:30 Uhr in Mannheim aus dem ICE 279 von Berlin nach Basel steigen, wäre groß genug gewesen, um einen Geigenkasten darin zu verstecken.

Es gibt auch einen Winkel, der den Kameras verborgen bleibt. Wenn der Dieb den Bahnhof genau kennt, könnte er den Zug verlassen haben, ohne dass ihn eine Kamera aufgenommen hat. Wenn er sich so genau vorbereitet hatte, spräche das für einen Auftragsdiebstahl.

Inzwischen dürfte jeder Geigenbauer, jeder einzelne Mensch in der engen Musikerwelt wissen, dass Anthea Kreston, zweite Geigerin im Artemis Quartett, ihre Carl Becker mit dem grellen Holz von 1928 als gestohlen gemeldet hat. Bei Diebstählen teurer Instrumente ist es wie bei einem Werk von Picasso und van Gogh: Es wäre nur unter der Hand zu verkaufen. An Liebhaber, die das Bild in den Tresor stellen, um es in einem einsamen Moment hervorzuholen und zu betrachten. Oder an Leute wie einen britischen Bratschisten, von dem Gregor Sigl erzählt: Der stahl einem Konzertmeister das Instrument, um darauf in seinem Keller zu spielen. Bis er starb.

Wenn ihre Geige in einem Tresor eines asiatischen Geschäftsmannes mit Liebe zu Meistergeigen verschwände wie das Cello des italienischen Geigenbauers Domenico Montagnana, das *Sleeping Beauty*, auf dem der Wiener Cellist Heinrich Schiff gespielt hatte, bekäme Kreston sie vermutlich nicht wieder.

Nach ein paar Tagen bekommt sie in Berlin einen Anruf. Die Mannheimer Polizei. Ein Geigenbauer in Bad Wurzach,

Württemberg, hat ihre Geige abgegeben. Carl Becker, 1928, helles Holz. Ein junger Mann, kaum zwanzig Jahre alt, sei in den Laden gekommen: Er habe angegeben, die Geige gefunden zu haben, und wolle sie schätzen lassen.

Vielleicht war der junge Mann ein Gelegenheitsdieb, der auf gut Glück in Mannheim in den Waggon gestiegen war, sich das nächstbeste Ding geschnappt und ihn wieder verlassen hat, bevor der Zug wieder anfuhr. Vielleicht hat er am nächsten Tag einen der Zettel mit dem Finderlohn gesehen, die Kreston um den Bahnhof herum aufgehängt hat. Oder den Post auf Facebook gelesen. Vielleicht ist er dann erschrocken. Mit ein bisschen Holz in einem schäbigen Kasten hat er sich einen Riesenärger eingehandelt. Der Staatsanwalt hat gegen den jungen Mann noch keine Anklage erhoben, die Ermittlungen sind nicht abgeschlossen. Der Tatort war ein ICE auf dem Weg von Nordosten nach Südwesten, die Akte wandert durch Deutschland, den Zeugen hinterher.

Kreston hat ihre wertvolle Geige gesucht, aber etwas anderes Wesentliches gefunden. Es muss in Freiburg gewesen sein, als sie sich auf der geliehenen Barockgeige dem letzten Takt von Dmitri Schostakowitschs fünftem Streichquartett nähern. Es ist ein untypischer Schluss für Schostakowitsch, nicht rabiat, rhythmisch, sondern irgendwie nachdenklich. Ecki nickt ihr zu, Vineta lächelt, kaum merklich. Gregors Blick, tief wie immer. Die Musik wird zart, bis sie entschwebt. Anthea Kreston sieht in die Gesichter ihrer Kollegen und weiß, sie ist angekommen.

III.

»Es gibt Stücke, die durchaus Unterhaltungswert haben und der Entspannung dienen. Aber das, was mein Leben grundsätzlich auszeichnet, was wir versuchen, ist selbstverständlich das Gegenteil. Wir wollen, dass die Musik dich aufrüttelt, öffnet, wir wollen mit der Kraft der Musik in dein Leben eindringen, es bereichern, und wir möchten, dass du dich für alles und für andere interessierst.«
Christian Tetzlaff

Ausgegraben

Der Garten liegt in Warschau, im hübschen Stadtteil Żoliborz, einer Idylle aus blühenden Büschen und pastellfarbenen Fassaden. Die alte Dame im Nachbargarten sagt, sie erinnere sich an den Mann, der bis zum Sommer 1944 nebenan gewohnt hatte, er sei zurückhaltend gewesen, höflich, leise. Damals, als die deutschen Besatzer begannen, den Warschauer Aufstand niederzuschlagen, und auch Villen im ruhigen Żoliborz anzündeten, war sie sechs Jahre alt. Manchmal noch komme das Geräusch zurück, das sie damals hörte, als das Feuer die Stahlsaiten des Flügels im Haus nebenan bersten ließ, sagt sie. Klänge prägen sich ein. Und sie haben Macht, weil man die Augen nicht vor ihnen verschließen kann.

Der Komponist hieß Ludomir Różycki, Ludooomir, mit dem Akzent auf der zweiten Silbe, das sanfte »ż« in Różycki wie das »j« im Wort »Journal«. Auf den beiden Klingelschildern an der Gartenpforte zum Haus des Komponisten stehen heute gar keine Namen mehr. Mächtige Äste einer Roteiche ragen über die Erde. Unter diesen Ästen soll die Frau des Komponisten im Sommer 1944 den Koffer vergraben haben, bevor sie Warschau verließ. Sie hatte Fotos hineingelegt, Briefe und – vor allem – Notenblätter. In den Jahren nach dem Zweiten Weltkrieg, als man die Trümmer in Warschau wegschaffte, tauchte der Koffer wieder auf, ein Reisekoffer, wie es sie in dieser Zeit gab, unhandlich, aber stabil. Wer ihn ausgegraben hat, dazu gibt es verschiedene Versionen. In einer waren es Bauarbeiter, als diese das Haus wieder aufbauten; sie hätten ihn dann Wissenschaftlern in Warschau gebracht. In einer anderen ist nach dem Krieg eine Nichte des Komponisten zusammen mit ihrem Mann nach Warschau gefahren, um nach der vergrabenen Musik zu suchen.

In Europa haben viele solcher Koffer oder Kisten den Ersten und Zweiten Weltkrieg überdauert. Zeitkapseln, die in Kellern oder auf Dachböden liegen, manchmal bis heute. Man nimmt sich vor, sie zu öffnen, eines Tages, wenn das eigene Leben Raum lässt, sich diesem vergangenen Leben zu widmen, das darin verborgen ist. Meistens sind es vergilbte Fotos, Tagebücher oder Feldpost aus dem Krieg mit mühsam zu entziffernder Schrift. Der Inhalt mancher solcher Koffer wandert in Archive von Museen, wenn er von einer berühmten Person stammt oder beispielhaft von der Zeit erzählt, aus der er kommt. In seltenen Fällen liegen in solchen Zeitkapseln Noten, dann kann es eine kleine Sensation sein. Aber auch und vor allem dann braucht man jemanden, der Zeit investiert, der die Noten liest, sie auf seinem Instrument einstudiert, ein Publikum für sie findet. Sonst bleiben sie nur Punkte und Striche auf einem Blatt Papier.

Das alles ist in diesem Fall passiert: Die Musik von Ludomir Różycki, die in einem Garten vergraben war, ist auf einem Album erschienen, aufgenommen von dem Geiger

Janusz Wawrowski und dem Royal Philharmonic Orchestra aus London. Es ist ein Violinkonzert, zwei Sätze, gut dreiundzwanzig Minuten lang. Das Album heißt *Phoenix*, wie der Vogel in der griechischen Mythologie, der immer wieder aufs Neue aus der Asche aufersteht.

Das Violinkonzert klingt beim ersten Hören wie die Gärten, inmitten derer es wohl entstanden ist, idyllisch, nach Fülle, nach Leben. Eine einzelne Geigenstimme bäumt sich zwar gegen das Orchester auf, immer wieder aber fügt sie sich auch. Ab und an grollen mal Pauken, mal Trommeln im Hintergrund. Wie ein Gewitter. Oder Kriegsgeschütz. Nur am Ende reißt die Geige noch mal aus. Dann hört die Musik einfach auf. Ein paar Schlussakkorde, bam, bam, fertig.

»Das Leben war kurz, die Musik war kurz«, sagt Janusz Wawrowski.

Wawrowski, neununddreißig Jahre alt, zählt zu den bekanntesten klassischen Musikern seiner Generation in Polen. Schon die Art, wie er geht, lässt vermuten, dass er Dinge gern zu Ende bringt, energisch und zielgerichtet. Sechs Alben hat Wawrowski veröffentlicht, auf manchen kombiniert er Musik polnischer Komponisten mit im sonstigen Europa bekannteren Namen wie Maurice Ravel oder Max Bruch. Wenn die Wertschätzung eines Geigers auch daran bemessen wird, welches Instrument ihm zur Verfügung gestellt wird, steht er ziemlich weit oben im Ranking. Wawrowski spielt auf einer Stradivari, der sogenannten *Polonia*, dem einzigen Instrument des berühmten italienischen Geigenbauers, das nach dem Krieg in Polen wieder aufgetaucht ist.

Auf der *Polonia* hat er auch das Violinkonzert von Ludomir Różycki gespielt. Vor der Pandemie hat er es in Polen aufgeführt mit den Philharmonikern von Zielona Góra, Łódź und Szczecin und auf dem Warschauer Festival *Chopin und sein Europa*. Im November 2021 ist ein Konzert mit den Warschauer Philharmonikern geplant. Konzertveranstalter lassen sich nur mühsam davon überzeugen, Musik eines unbekannten Komponisten wie Różycki ins Programm zu nehmen. Manche glauben, das Publikum habe vor allem jetzt, in der Pandemie, wenig Lust auf Experimente, es wolle bekannte Musiker und Komponistennamen wie Mozart, Schubert, Mahler auf den Programmen. Welches Publikum würde sich heute für ein unbekanntes Werk eines unbekannten Komponisten interessieren, noch dazu aus dem Kriegsjahr 1944? Allein schon die Jahreszahl lässt unbequem Hörbares vermuten.

Wer war dieser heute relativ unbekannte Künstler, dessen Musik nun, fast achtzig Jahre nachdem seine Noten vergraben wurden, wieder gespielt wird?

Von den unterschiedlichen Möglichkeiten, mit dem Leben zurechtzukommen, hat sich Ludomir Różycki, geboren 1883 in Warschau, die Musik ausgesucht. Auf Fotos sitzt er an einem Flügel oder steht auf einer Straße mit Kollegen und richtet den Blick irgendwohin in die Ferne. Seine Statur ist wie aus einem Stamm gehauen, ein kantiger Kopf, das Haar gescheitelt, die Lippen schmal aufeinandergepresst. Es geht eine Schwere von ihm aus, nicht nur wegen seines Körperbaus.

Różycki schrieb Opern, Ballette, sinfonische Dichtungen, oft in großer Orchesterbesetzung, luxuriös, melodisch und glitzernd. Nur aus einem Klavierkonzert, entstanden in den Kriegsjahren 1941/42, klingt etwas auffallend Düsteres. Er hatte in Berlin studiert, er war Schüler des Komponisten Engelbert Humperdinck, mit Richard Strauss und Giacomo Puccini soll er bekannt gewesen sein. Seine Ballette und Opern standen auf den Spielplänen der Theater in Polen, aber auch in Dänemark, Deutschland und Österreich. Allein achthundertmal wurde sein Ballett *Pan Twardowski* aufgeführt, es galt bei Kritikern als Meisterwerk. Bei der BBC in London nahm Różycki als Pianist sein Klavierquintett auf, zusammen mit einem britischen Streichquartett, die Aufnahme soll erhalten sein. Vor dem Zweiten Weltkrieg war Różycki in Europa ein bekannter Komponist.

Dann, am 1. September 1939, überfiel das nationalsozialistische Deutschland Polen. Die Wehrmacht belagerte die Hauptstadt, ließ Flugzeuge über der Stadt Brandbomben abwerfen. Anfang Oktober marschierten die deutschen Soldaten in Warschau ein.

Die Gestapo-Leute sollen Ludomir Różycki damals angesprochen haben: Sie sprechen ja gut Deutsch, wir setzen Sie auf die Volksliste, dann sind Sie einer von uns. Viele Polen ließen sich damals in diese »Deutsche Volksliste« eintragen, sie schien ein Ausweg zu sein, man musste ja irgendwie weiterleben. Aber Ludomir Różycki unterschrieb nichts. Er sei Pole, habe er der Gestapo geantwortet. So erzählt es zumindest die Urenkelin des Komponisten, so steht es auch in einem Buch, das ein polnischer Musikwissenschaftler namens Marcin Kamiński 1987 über Różycki veröffentlicht hat. Der Geiger Wawrowski hat eine Ausgabe dabei, als ich ihn in Warschau treffe; das Buch ist nur noch antiquarisch erhältlich.

Heute hat Ludomir Różycki Wikipedia-Einträge in mehreren Sprachen, aber das heißt nicht, dass seine Musik bekannt ist. Der Nachname Różycki, womöglich einst von Rosman oder Rozman abgeleitet, ist ein jüdischer Name. Ob er Jude war? Dazu weiß Wawrowski, der Geiger, nichts Näheres, der Dirigent, der das Londoner Orchester für die Aufnahme des Violinkonzerts geleitet hat, weiß es auch nicht, nicht der Chef der Musikabteilung in der Warschauer Universitätsbibliothek und auch nicht Różyckis Urenkelin.

Als Różycki im Sommer 1944 an seinem Violinkonzert schrieb, habe er jedenfalls wochenlang sein Haus kaum verlassen, so erinnert sich die Nachbarin in der Straße mit den üppigen Vorgärten in Żoliborz. Różycki Urenkelin wird später erzählen, seine Frau Stefania müsse viel ausgegangen sein, sie sei Sängerin gewesen, mondän, selbstbewusst. Sie habe zu anderen Künstlern in der Stadt Kontakt gehalten, während ihr Mann zuhause blieb. Im Buch des Musikwissenschaftlers Kamiński steht, Różycki habe im Sommer 1944 gesundheitliche Probleme gehabt. Und ein englischsprachiges Online-Magazin aus Polen schreibt, Różycki habe in der Zeit als Pianist für Untergrundkämpfer gespielt, die Quelle ist nicht angegeben, aber einige Pianisten und Komponisten traten in der Besatzungszeit in Warschau auf, wie der jüdische Pianist Władysław Szpilman, der durch den Film *Der Pianist* von Roman Polański berühmt wurde. Von Różyckis Leben in dieser Zeit scheint nicht viel mehr bekannt zu sein, als dass er in diesem bürgerlichen, bis zum Sommer 1944 recht ruhigen Viertel von Warschau wohnte.

Wenige Kilometer entfernt haben die Nazis einen großen Teil der Altstadt zum »Seuchensperrgebiet« erklärt und eine drei Meter hohe Mauer um die Altstadt gebaut. Es ist der Teil, der überwiegend von Juden bewohnt wird. Nichtjüdische Bewohner werden gezwungen wegzuziehen. Nach und nach werden alle Juden aus der Umgebung ins Ghetto gepfercht. Wer von außen Lebensmittel oder Medikamente ins Ghetto schmuggelt oder auf andere Weise hilft, läuft Gefahr, nicht nur von den Deutschen kontrolliert, sondern auch von den nichtjüdischen, zum Teil antisemitisch eingestellten Warschauern verraten zu werden. Wer am Morgen seine Wohnung im Ghetto verlässt, kommt vielleicht am Abend nicht mehr zurück, erschossen, erschlagen, verschwunden – man vermutet, wohin, man weiß in Warschau von diesen Zügen, in die sie Menschen hineintreiben wie Vieh, und man weiß, diese Menschen sieht niemand mehr wieder.

Ludomir Różycki bleibt in seinem Haus nördlich der Altstadt, Bäume schirmen die Fenster von der Straße ab, und schreibt Musik auf. Die Notenblätter datiert er in seiner großzügigen, klaren Handschrift. Vielleicht fühlt er sich sicher. Vielleicht glaubt er auch, dass alles schon bald wieder besser werde.

Er wohnt dort, hinter dem Grün seines Gartens, mit seiner Frau und der Tochter Kristina, seinem Schwiegersohn und der kleinen Enkelin Marya. Eines Tages kommen die Tochter und die Enkelin nicht mehr zurück nach Hause. Sie sind weg. Die Deutschen haben sie in ein Arbeitslager verschleppt. Das Verschwinden von Menschen ist in ganz Warschau zum Alltag geworden. Auch außerhalb des Ghettos.

Heute wärmt hier die Sonne den Asphalt, der Wind flüstert in den Blättern, es ist ein hellblauer Vormittag im Juni, ein Tag mit geöffneten Fenstern und Menschen, die auf den Bürgersteigen vor den Cafés sitzen. Janusz Wawrowski steigt in sein geräumiges schwarzes Auto und steuert es zurück Richtung Innenstadt. Eine Hand hält das Lenkrad, die andere stellt auf dem Handy das Violinkonzert wieder auf Anfang. Es beginnt nicht mit der Geige, sondern mit einer aufsteigenden Melodie der Klarinette. Wie ein Versprechen, als sage sie, komm, ich zeige dir was, und es wird schön! Als die Geige übernimmt, springt sie unruhig hin und her, kämpft gegen das Orchester an (»grausam schwer zu spielen«, sagt Wawrowski), aber dann schließt sie sich den anderen Geigen an, alles wird weich, anschmiegsam.

Auch die Tonart in den ersten Takten ist wie aus einer anderen Welt, Des-Dur, mit fünf Vorzeichen, weit entfernt vom alltäglicheren C-Dur, wo sich die Musik dann einfindet. Różycki lässt sie an harmonische Grenzen gehen, aber er überschreitet diese Grenzen nicht. Hier hat sich noch nichts zersetzt, hier hakt kaum eine Dissonanz dazwischen, als wäre die Welt in Ordnung. Musik ist eine Reflexion der Zeit, in der sie entsteht, hat die Soulsängerin Diana Ross einmal gesagt. Manchmal ist sie auch eine Flucht aus dieser Zeit. Oder zumindest der Versuch.

Wawrowski will, dass man genau hinhört, noch mal dieser Anfang, ungefähr vier Minuten, kurz darauf ein friedlicher Dialog der Geige mit den Holzbläsern. Wie die Geige dann springt, hoch, runter, halsbrecherisch schnell! Sie zerreißt die Idylle. Dann eine musikalische Figur, die Wawrowski »Don't-worry-Triller« nennt. »Es ist wie eine Art Manifest, eine Art Schöpfung seiner eigenen Welt inmitten all des Elends. Wie ein Impfstoff gegen die depressiven Gedanken«, sagt er.

Ob Różycki den Anfang des Violinkonzerts vor oder nach dem Verschwinden seiner Tochter und seiner Enkelin schreibt, lässt sich nicht nachvollziehen. In den Sommermonaten 1944 besucht er Freunde auf dem Land, von dort schickt er Briefe an seine Frau nach Warschau. Er erhole sich, schreibt er ihr, es gehe ihm besser, es werde gut für ihn gesorgt, er habe genug zu essen. Bei einem dieser Besuche entscheidet er, nicht mehr nach Warschau zurückzukehren. Vielleicht glaubt er nicht mehr daran, dass es schon wieder besser werde.

Im August 1944 beginnt die polnische Heimatarmee den bewaffneten Widerstand gegen die deutschen Besatzer. In der Altstadt kämpfen sie um jede Straße, um jedes Haus. Die Deutschen zerstören die Wasserversorgung, bald gibt es keine Medikamente mehr, Operationen werden in Krankenhäusern bei vollem Bewusstsein durchgeführt. Auch in Żoliborz, wo es bis dahin relativ ruhig geblieben war, sollen die Widerstandskämpfer Quartier gehabt haben. Als die deutschen Soldaten im September Żoliborz einnehmen, erschießen sie Widerstandskämpfer, ermorden Zivilisten. Sie stecken Häuser in Brand, wahrscheinlich auch das Haus der Różyckis.

An welchem Tag im Sommer 1944 Stefania Różycka, Ludomirs Frau, die Stadt verlässt, ist nicht bekannt. Sie muss begriffen haben, dass die Warschauer Aufständischen kapitulieren werden, vielleicht hat sie auch einen Hinweis bekommen. Wahrscheinlich bleibt wenig Zeit. Sie packt die Noten ihres Mannes in einen Koffer und vergräbt ihn im Garten. Dann reist auch sie ab.

Vor mehr als zehn Jahren beauftragte Janusz Wawrowski eine Musikwissenschaftlerin, in Archiven unbekannte Werke polnischer Komponisten zu suchen. Viele polnische Intellektuelle wurden im Zweiten Weltkrieg getötet, viele Komponisten sind seither in Vergessenheit geraten. Ihre Werke, sagt Wawrowski, ließen im Vergleich zur Musik ihrer heute viel bekannteren Kollegen aus anderen europäischen Ländern nichts vermissen, im Gegenteil, es gebe viele Parallelen.

In einem Archiv fand die Wissenschaftlerin die ersten Seiten eines Violinkonzerts, 87 Takte, ungefähr vier Minuten, auskomponiert für Geige solo, Streicher, Schlagwerk, Harfe, Bläser, die große Besetzung. Einen »glücklichen Zufall« nennt das Wawrowski. Er habe sofort gewusst, dass die Wissenschaftlerin etwas Großes gefunden hatte. Die 87 Takte waren gut komponiert, die Klangfarben, die Harmonien, eine Melodie, die ihn sofort packte. Er stellte fest, dass diese Takte zu Noten in Różyckis Handschrift aus einem anderen Archiv passten: dasselbe Konzert, aber nicht nur die ersten 87 Takte, sondern komplett, in einer später aufgeschriebenen Fassung für Klavier und Geige. Zusammen mit einem anderen Komponisten hat Wawrowski nach seinen Funden das gesamte Konzert für Orchester rekonstruiert.

»Ich habe Jahre darüber gegrübelt, welchen Klang der Komponist erreichen wollte«, sagt Wawrowski. Was war er für ein Mensch? War er sanft oder harsch, war er optimistisch oder verzagt, verträumt oder aufbrausend?

Musik kann viel vom Wesen derer erzählen, die sie geschrieben haben. Was erzählt Różyckis Violinkonzert? Der erste Satz ist verträumt, sehnsüchtig, schwärmerisch. Und der zweite reist durch verschiedene Zustände, er schwingt durch hüpfende Ragtime-Rhythmen, schwebt an Volksliedern vorbei, an Militärmärschen, Tänzen, als spaziere man an einem schwülen Sommerabend durch eine große Stadt. Man meint, es muss noch was kommen, da passiert noch etwas. Die Geige verbreitet Unruhe, das Orchester schwillt an. Dann ist es auf einmal vorbei.

Janusz Wawrowski hat zwei fast erwachsene Kinder, eine Professur am Konservatorium in Warschau, er könnte von Konzertsaal zu Konzertsaal reisen, auf seiner *Polonia*-Stradivari bekannte Werke bekannter Komponisten spielen und an freien Tagen vielleicht einfach die Sonne genießen. Er aber sagt: »Wer die Welt lieben will, muss bei sich selbst anfangen.«

Mit »sich selbst« meint Wawrowski die Gesellschaft in Polen. Deshalb beschäftigt er sich viel mit Musik polnischer Komponisten, vor allem mit Namen, die noch nicht so bekannt sind. Klar, einerseits geht es darum, dass ein Musiker eher auf sich aufmerksam macht, indem er nicht immer die gleichen Sachen spielt, sondern sich ein eigenes, besonderes Profil schafft. Andererseits geht es auch darum, nicht nur der Welt, sondern auch den Polen zu zeigen, wie reich die Kunst ihres Landes einmal war. Als könne er mit seinen Möglichkeiten dazu beitragen, eine zerrissene Gesellschaft wieder zusammenzubringen, mit klassischer Musik.

Ein schöner Gedanke in einer Zeit, in der die klassische Musik nirgendwo oberste Priorität hat, auch nicht in Polen, wo im staatlichen Fernsehen ständig Disco Polo läuft, eine Art polnische Variante von Ballermann-Schlagern. Ein heikler Gedanke aber auch in diesem gespaltenen Land, das »polnische Helden« in Kunst, Kultur und Geschichte zum Teil nur benutzt für Parteipolitik und Nationalismus.

Die ersten 87 Takte des Violinkonzerts von Ludomir Różycki liegen heute in der Musikabteilung der Universitätsbibliothek in Warschau. Wenn man mit den Fingerkuppen über das Papier fährt, fühlt man kaum eine Einkerbung. Fast nichts ist durchgestrichen, als habe Różycki nicht gezweifelt, als er die Takte aufschrieb, als sei er sich ganz sicher gewesen, so müsse es sein, nicht anders. Seine Handschrift ist leicht und sortiert, kein Vergleich mit den Narben, die etwa Beethoven manchmal auf dem Papier hinterlassen hat.

Der Bibliotheksleiter besteht nicht auf Handschuhen im Umgang mit den Autografen. Różycki ist eben kein Beethoven, kein Chopin, es haben sich bisher kaum Musiker und Wissenschaftler über dessen Originale gebeugt. Von Różyckis Ruhm vor dem Krieg ist nach dem Krieg wenig geblieben. Zunächst erschien den kommunistischen Kulturfunktionären seine Musik zu rückwärtsgewandt, und nach 1989 war für viele Polen alles, was »aus dem Westen« kam, interessanter. Der Musiker, der der Welt bis heute als Erstes zu Polen einfällt, ist und bleibt Chopin, mit dem Vornamen in französischer Schreibweise, Frédéric, obwohl er als Fryderyk in der Nähe von Warschau geboren wurde. Chopin ist in Paris begraben, aber sein Herz wurde in Cognac eingelegt und nach seinem Tod nach Warschau gebracht. Dort befindet es sich in einer Kirche, eingelassen in einer Säule.

Der Koffer, in dem Ludomir Różyckis Noten lagen, muss entsorgt worden sein, von wem genau, weiß niemand mehr. In der Bibliothek ist lediglich vermerkt, wer die Noten 1974 aus dem Koffer verkauft hat: Marya Różycka, die Enkelin des Komponisten, die mit ihrer Mutter im Krieg verschleppt worden war. Nach dem Krieg taucht Marya bei den Großeltern Ludomir und Stefania wieder auf. Sie war zunächst allein nach Polen zurückgekehrt, ohne die Mutter. Die sei in Deutschland verheiratet gewesen, habe sich scheiden lassen und sei dann später, nach Ludomirs Tod, nach Katowice gekommen. So erzählt es Maryas Tochter Ewa, die Urenkelin des Komponisten.

Ewa Wyszogrodzka wurde im selben Jahr geboren, in dem Ludomir Różycki starb, 1953. Ihre Stimme ist hell wie ihr Haar. Sie spricht schnell und melodisch, sie lässt Janusz Wawrowski kaum Zeit, das, was sie auf Polnisch erzählt, zu übersetzen. Aber auch wenn man nicht viel von dem versteht, was sie sagt, versteht man, wie sie es sagt. Es geht um verlorene Anerkennung. Mit Musik ist es wie mit der Erinnerung: Wenn es niemanden gibt, der sie teilt, verschwindet sie.

Wyszogrodzka lebt in Katowice im zweiten Stock eines Plattenbaus. In einem Zimmer steht ein Klavier, das ihrem Urgroßvater Ludomir gehört hatte. Niemand spielt heute mehr darauf, es ist verstimmt. Ewa Wyszogrodzka trägt süßes Gebäck aus der Küche, saure Gurken, Brötchen mit Käse und Wurst, Kannen mit Schwarztee und Kaffee. Sie deckt den Tisch, als wären wir von Warschau nach Katowice zu Fuß gelaufen.

An den Wänden hängen Kruzifixe und Fotos, die Wyszogrodzkas Söhne als Kinder zeigen. Einer von ihnen sieht genauso aus wie der Komponist, er hat die gleichen schmalen Lippen, den kantigen Kopf, den gleichen Blick. Wyszogrodzka nimmt ein Foto von der Wand – eine ausdrucksstarke Frau, großer Mund, große Zähne: Marya Różycka, ihre Mutter. Sie war Sängerin, eine schwierige Persönlichkeit, sagt die Tochter heute. 1974 wanderte sie nach Skandinavien aus. Sie habe fast alles verkauft, was dem Komponisten gehört hatte.

Nach dem Krieg wohnen Ludomir Różycki und seine Frau Stefania in Katowice, Warschau liegt in Trümmern, viele Musiker ziehen zu dieser Zeit hierher. Nach Warschau kehren die Różyckis nicht mehr zurück. Vielleicht fühlte er sich zu schwach für eine Reise, vielleicht wollte er sich nicht mit einem Leben konfrontieren, das es so nicht mehr gab. Marcin Kamiński, der spätere Biograf, vermittelt ihnen in Katowice eine große Wohnung, ein Klavier und Różycki eine Professur an der Musikhochschule.

Różycki komponiert keine neuen großen Werke mehr. Ob er den Inhalt des Koffers noch zu Lebzeiten zurückbekommt, weiß man nicht. Vermutlich nicht, denn er schreibt seine vergrabene Musik wieder und wieder auf. In leichter, schneller Schrift notiert er die Geigenstimme seines Violinkonzerts. Aber anstelle des gesamten Orchesters belässt er es beim Klavierpart und vermerkt dazu, welches Instrument hier spielen könnte, die Flöte da, dort eine Oboe, hier die Harfe, da Pauken. Drei solcher Klavierauszüge sind bislang aufgetaucht, unterschiedlich datiert. Es ist, als ob Różycki seine ganze Kraft noch mal in dieses Stück gegeben hätte. Am Neujahrsmorgen 1953 stirbt er an einem Herzinfarkt. Er hinterlässt Papier mit Musik, die damals niemand hören will.

Eine einzelne Geigenstimme bäumt sich gegen das Orchester auf, fügt sich aber immer wieder. Nur am Ende reißt sie noch einmal aus. Dann hört die Musik einfach auf. Ein paar Schlussakkorde, bam, bam, fertig.

Die Nazis erschießen im Sommer 1944 in Warschau Widerstandskämpfer und ermorden Zivilisten, sie stecken Häuser in Brand, wahrscheinlich auch das Haus der Różyckis.

Fährt man mit den Fingerkuppen über das Manuskript, fühlt man kaum eine Einkerbung. Als habe Różycki nicht gezweifelt, als sei er ganz sicher gewesen, so müsse es sein, nicht anders.

Die Urenkelin des Komponisten lebt in einem Plattenbau in Kattowitz. In ihrer Wohnung steht ein Klavier des Urgroßvaters. Schon lange hat niemand mehr darauf gespielt, es ist verstimmt.

Vom Lärm der Zeitenwende

An einem kalten Sonntagnachmittag im Februar 2022, einem Tag, an dem die Sonne flach über der Straße des 17. Juni steht und die Gesichter der Demonstranten mit goldenem Glanz überzieht, schlägt wenige hundert Meter von der Demonstration entfernt auf der Bühne der Berliner Philharmonie der Pauker einen Wirbel, ein heftiger Pulsschlag. Das Orchester setzt ein, Bläser, Streicher, und das Publikum steht auf. Der ganze Saal steht. Menschen in einem der oberen Ränge entrollen eine Fahne, blau und gelb, Himmel und Weizenfeld. Sie hängt über einer Brüstung in den Saal hinunter. Das Rundfunk-Sinfonieorchester Berlin beginnt sein Konzert am Sonntagnachmittag mit der Nationalhymne der Ukraine.

Es ist der 27. Februar, der dritte Tag seit in der Ukraine Raketen in Wohngebiete einschlagen. Die Nachrichten zeigen Bilder von Menschen, die aus Trümmern getragen werden. Wladimir Putin hatte seinen Soldaten den Befehl gegeben, in den frühen Tagesstunden des 24. Februar die Ukraine anzugreifen. Die Demonstranten in Berlin haben Plakate mit Tauben und Panzern gemalt, sie fordern Frieden und gleichzeitig Waffen, und es wird klar: Von jetzt an ist vieles anders. An diesem Vormittag hat der Bundeskanzler bei einer Sondersitzung des Bundestags das Wort »Zeitenwende« in die Welt geschickt. Sie zeigt sich auch im Konzertsaal.

Nachdem die Hymne in der Berliner Philharmonie vorbei ist, dreht sich der Dirigent auf seinem Pult zum Publikum, das wieder auf seinen Plätzen sitzt. Er hält sich mit den Händen am Geländer fest, das ihn sonst davor schützt, beim Dirigieren rücklings vom Podest zu fallen. Seit 1990 lebt Vladimir Jurowski in Berlin, seit 2017 ist er Chefdirigent des Rundfunk-Sinfonieorchesters Berlin. Er steht auf dem Podest, sein kinnlanges Haar schwingt im Takt seiner Bewegungen, und sagt: »Manche meinen, ein Konzert ist kein Platz für politische Kundgebungen, dafür gibt es Straßen und Plätze. Aber wir können nicht anders.«

Zu dieser Kundgebung gehörte auch, dass Jurowski und das Orchester das Programm änderten, das seit langem geplant war. Das Programm war: *Slawischer Marsch* Op. 31 von Peter Tschaikowski, das Konzert für Cello und Orchester Nr. 2 von Anton Rubinstein und die Uraufführung eines Werks von Dmitri Smirnov: *Concerto piccolo. Geschichte Russlands in vier Hymnen.*

In den frühen Morgenstunden des 24. Februar, als ihn die Nachricht vom Angriff erreichte, hatte Jurowski wach gelegen und entschieden, das gehe so nicht. Nicht mehr. Er müsse das Programm ändern.

Am Vormittag beschloss er zusammen mit dem Orchester, dass sie Tschaikowskis *Slawischen Marsch* streichen und ihn durch die Ukrainische Nationalhymne und ein weiteres kurzes Orchesterstück des Komponisten der Hymne ersetzen, Mychajlo Werbyzkyj. Jurowski hatte die Noten dafür im Internet recherchiert. Es sind nur wenige Minuten Musik, aber schon allein dadurch verstärkte oder veränderte sich die Aussage des gesamten Programms.

Zum Beispiel die *Geschichte Russlands in vier Hymnen* von Dmitri Smirnov, zwölf Minuten, die unter anderen Umständen womöglich nicht besonders aufgefallen wären. Aber anstatt eines subtilen, vielleicht bitteren Kommentars kann man nun in der Musik eine tiefernste, existenzielle Kritik an der Gegenwart heraushören.

Die vier Hymnen, die Smirnov sich vornimmt, sind die alte Zarenhymne, die Lenin nach der Oktoberrevolution 1917 durch die *Internationale* ablöste, außerdem die harmonisch recht emotionale Hymne für die Sowjetunion, die Josef Stalin zum 1. Januar 1944 durchsetzte, und schließlich das *Patriotische Lied* von Michael Glinka, für das sich Boris Jelzin 1990 nach dem Ende der Sowjetunion entschied. Die blieb nur zehn Jahre. Als Wladimir Putin Präsident wurde, der ehemalige sowjetische Geheimdienstoffizier, griff er wieder auf die Stalin-Hymne zurück: Die Worte sind neu, aber die Melodie ist dieselbe geblieben. Sie gibt einen Blick in die Vergangenheit frei. Subtil, vorsichtig oder gar kritisch scheint dieser Blick nicht zu sein. Eher pathetisch. Aus heutiger Sicht wirkt der Rückgriff auf die alte Hymne wie ein Vorspiel für das, was danach geschah: ein Vorspiel auf den Versuch, das wieder herzustellen, was einst mit der Hymne verschwunden war. Oder muss man es anders formulieren: ein Versuch, das auszulöschen, was seitdem entstanden war?

Der Komponist Smirnov bearbeitete, veränderte, verzerrte diese Hymnen. Er lässt ein Solo-Cello durch sie brummen, wie eine einsame Hummel. Mal klingt das Cello lyrisch, mal aufmüpfig, gewitzt, zornig, mal gerät es ins Straucheln wie ein Insekt, das zu nah ans Licht fliegt. Am Ende trumpft das Orchester (vielleicht kann man es als »das System« lesen) auf, es klingt, als würde es eine Tracht Prügel verteilen. Der Solo-Cellist (vielleicht »das Individuum«?) steht schließlich auf. Mit dem Cello in der Hand schlurft er über die Bühne und verlässt den Saal. Aber nachdem der Solist verschwunden ist, versinkt das Orchester im Chaos. Der Rhythmus stolpert, die Akkorde rutschen aus, das ganze Konstrukt zerfällt. Hat sich der Mensch vom Staat verabschiedet, so ist der Staat verloren, so könnte man das deuten.

Für ein solches Programm könnte man heute in Russland ins Gefängnis kommen. Seit Putin Präsident ist, gilt eine Verhöhnung der russischen Hymne als Straftat. Als Smirnov das Stück schrieb, hatte er Russland schon verlassen. Er war 1991 nach England ausgewandert. Die Uraufführung seines Stücks im Februar 2022 erlebte er nicht mehr. Er war im April 2020 in Großbritannien an den Folgen einer Corona-Erkrankung gestorben.

Die Konzertbranche hatte sich schon lange vor der Pandemie zu verändern begonnen, Abo-Zahlen brachen ein, Konzertbesucher wollten etwas anderes, aber was genau, das war schwer festzustellen. Wollten sie weg von den ritualisierten Abenden, an denen Musik wie eine Messe gefeiert wird und man sich als Neuling outet, wenn man aus Begeisterung an der falschen Stelle klatscht? Wollten sie mehr Sinnlichkeit, mehr Event? Oder genau das Gegenteil? Oder mehr Gegenwart vielleicht, mehr Relevanz, mehr Flexibilität, mehr große oder vielleicht auch immer neue Namen?

Verlässlich in dieser Branche zumindest war immer die Planung: Veranstalter buchten Säle, luden Künstler ein, verkauften Karten. Jeder wusste lange vorher, was zu tun ist, manchmal Jahre im Voraus. Dann hatte die Corona-Pandemie Bewegung erzwungen. Konzerte wurden ganz abgesagt oder kurzfristig umgeplant. Will man der Pandemie in Bezug auf das Konzertleben eine positive Seite abringen, dann vielleicht die, dass Musikerinnen und Musiker nicht mehr Werke spielen *mussten*, die sie vor zwei Jahren mit dem Veranstalter vereinbart hatten, auch wenn sie längst schon mit dem Kopf und dem Herzen woanders waren. Sie konnten, wenn sie denn überhaupt auftreten durften, die Musik spielen, für die sie brannten, die für sie zum Tag, zur Welt, wie sie sie empfanden, passten. Vielleicht kam das auch einigen sonst im strengen Korsett arbeitenden Orchestermitgliedern entgegen. Vielleicht sahen manche darin eine Chance, dem klassischen Konzertbetrieb etwas Dringlicheres zu geben als Zeitlosigkeit, die er ohnehin schon besitzt, etwas, das über seine Rituale, seine Üppigkeit hinausgeht. Vielleicht meinten sie, dem Konzert etwas geben zu können, das die Menschen in ihrem Leben abholt und ihnen zeigt, wie viel Musik mit ihrem eigenen Leben zu tun hat, ganz gleich, wann sie komponiert wurde. In Redaktionen von Radiosendern wird in solchen Zusammenhängen gern von »Tagesgefühl« gesprochen. Mit etwas mehr »Tagesgefühl« in den Moderationen, so die Hoffnung, kann selbst Jahrhunderte alte Musik wie neu klingen.

Ende Februar 2022 suchen die Menschen in Deutschland mehr als Halt in der Musik. Sie suchen Zusammenhalt. Und Haltung, das vielleicht auch.

Für das Abonnement-Konzert des Rundfunk-Sinfonieorchesters Berlin mit der Uraufführung von Smirnovs *Geschichte Russlands* und Tschaikowskis 5. Sinfonie hatte es ein paar Tage zuvor noch einige Tickets gegeben. Aber als das Orchester die Programmänderung bekanntgab, war das Konzert kurz darauf ausverkauft.

Vladimir Jurowskis Stimme ist erdig, sein russischer Akzent nur zu erahnen, er spricht lange zum Publikum. Später wird er sagen, es sei ihm an diesem Tag nicht leichtgefallen, zu reden, aber er wollte, dass die Menschen seine Entscheidung nachvollziehen, ein Stück von Tschaikowski, dem großen Melodienerfinder, vom Programm zu nehmen. Tschaikowski hatte den *Slawischen Marsch* als Propagandamusik für den Zaren geschrieben. Das Stück erzählt von einem Krieg, dem Befreiungskrieg der Serben gegen die Osmanen, oder besser: Tschaikowski hatte diesen Krieg im Kopf, als er diese Musik schrieb. Russland hatte Serbien damals unterstützt. Die Musik feiert am Ende zaristische Herrlichkeit, mit einem Aufgebot von Schlagwerk, Bläsern und jubilierenden Streichern. Der *Slawische Marsch* sei nun, wegen des russischen Angriffs, nicht mehr spielbar gewesen, sagt Jurowski, nicht etwa, weil Tschaikowski Russe gewesen sei. Seine 5. Sinfonie hätten sie ja beibehalten. Und in dieser 5. Sinfonie höre er alles andere als zaristische Herrlichkeit, obwohl sie in einer triumphierenden Tonart ende, Es-Dur. Jurowski sagt: »Tschaikowski berichtet von Dingen, die über das Tonliche hinausgehen. Das Es-Dur am Ende erschreckt mich. Ich setze es immer in Verbindung mit der sowjetischen Erfahrung, die immer auch ein Triumph des Bösen ist.«

Und so spielte das Rundfunk-Sinfonieorchester sie an diesem Abend auch. Es spielte den Schluss der Sinfonie mit einer Entschlossenheit, die an Verzweiflung grenzte. Von Triumph keine Spur.

Das Konzert endete, wie es begonnen hatte: Mit einem Wirbel des Paukers und einem Publikum, das lange stand und stehen blieb und anscheinend gar nicht zurückwollte in die Welt außerhalb der Philharmonie.

Am Tag danach sitzt Vladimir Jurowski im 14. Stock im Turm des Rundfunks Berlin Brandenburg. Es ist später Vormittag, die Stadt liegt unten, als schliefe sie noch, und über der Sofalandschaft drinnen tanzt im Sonnenlicht der Staub. Eigentlich wollte Jurowski in seiner Rolle als Chefdirigent eines Rundfunkorchesters mit drei jungen und zwei langjährigen Konzertgängern über den Konzertbetrieb nach der

Pandemie sprechen. In dieser Zeit waren Fragen aufgekommen, auf der Seite der Musiker und Organisatoren und auf der Seite des Publikums: Muss ein Konzertbesuch überhaupt sein? Was würde ich mir in Zukunft anders wünschen? Was kann man in der Musikwelt aus der Pandemie lernen?

Jetzt ist die Pandemie weit weg. Allen steckt die Ansprache des Bundeskanzlers mit der »Zeitenwende« in den Knochen. Und das Konzert vom Vorabend.

Es geht jetzt um Politik im Konzertsaal. Die jungen Konzertbesucher feiern die Entscheidung der Stadt München, den russischen Dirigenten Valery Gergiev als Generalmusikdirektor der Münchner Philharmoniker entlassen zu haben, weil er sich nicht öffentlich gegen Putin stellen wollte. Die älteren sind zurückhaltender. Sie haben in der DDR die Erfahrung gemacht, wie schnell Kunst aus der Öffentlichkeit verschwand, wie schnell Künstler ins Gefängnis kamen, weil sie nicht ins System passten.

Vladimir Jurowski sagt: »Der Konzertsaal ist ein Teil unseres Lebens, und wir Musiker sind ein Teil der Gesellschaft, in der wir leben. Man muss als Künstler die Antennen immer in alle Richtungen ausgefahren haben, man muss wissen, was auf der Welt passiert, und entsprechend bewusst seine Programme planen.«

Es vergeht kaum ein Tag, da wird Jurowski in russischsprachigen Social-Media-Kanälen vorgeworfen, er habe Tschaikowski aus dem Programm gedrängt, er sei ein Verräter.

In Deutschland beginnen Veranstalter darüber zu diskutieren, ob sie Musik russischer Komponisten aus den Programmen nehmen.

Die Staatsministerin für Kultur und Medien Claudia Roth spricht davon, dass es Putins Krieg sei, nicht Puschkins.

Im Mai dirigiert die aus der Ukraine stammende Dirigentin Oksana Lyniv bei der Eröffnung der Ludwigsburger Schlossfestspiele eine Sinfonie von Gustav Mahler statt der sechsten von Peter Tschaikowski. Grund dafür ist eine Verordnung des Kulturministeriums der Ukraine. Sie fordert Sanktionen, wenn ukrainische Künstler an der Aufführung russischer Kultur teilnehmen.

Im August beschmieren Unbekannte die Kölner Philharmonie, weil die Sopranistin Anna Netrebko dort singen soll. Netrebko hatte im März zwar gesagt, sie sei gegen den Krieg, das Leid ihrer ukrainischen Freunde breche ihr das Herz. Sie sei aber keine politische Person und finde es nicht richtig, Künstler zu einer Denunziation ihres Heimatlandes zu zwingen.

Im Oktober sagt der Intendant der Kölner Philharmonie ein Konzert mit dem Dirigenten Teodor Currentzis ab. In der Pressemitteilung schreibt er: »Über ein halbes Jahr nach Kriegsausbruch sollte doch eine Haltung zu der politischen Lage erkennbar sein. Die Aktivitäten und Finanzierung seiner Ensembles MusicAeterna und auch Utopia lassen vermuten, dass er dem russischen Regime sehr nahesteht.«

Und im Februar 2023 ruft der ukrainische Kulturminister in der Wochenzeitung *Die Zeit* die Deutschen auf, russische

Kultur zu boykottieren. Auch die Musik von Tschaikowski. Putin setze sie als Propaganda ein.

―

Der ukrainische Komponist Valentin Silvestrov soll einmal einen bemerkenswerten Satz formuliert haben. Es muss zwischen 1989 und dem 24. Februar 2022 gewesen sein, zwischen dem Ende der Sowjetunion und der »Zeitenwende«, von der Bundeskanzler Olaf Scholz sprach. Silvestrov sagte, dass unter dem Sowjetregime ein falscher Akkord genügt habe, und man sei verfolgt worden. Damit habe man als Komponist eine gewisse Bedeutung gehabt, auch wenn es eine negative sei. Er sagte: »Heute kann man den richtigen oder den falschen Akkord wählen und überhaupt niemand nimmt Notiz davon.« Nur der Satz ist zu finden, ohne Kontext, und so erlaubt er keine Rückschlüsse darauf, ob der Komponist diesen Zustand bedauerte oder begrüßte.

Derzeit klingen die Akkorde von Valentin Silvestrov in Europa »richtig« und in Russland »falsch«. Das mag auch daran liegen, dass Silvestrov den russischen Präsidenten Wladimir Putin im Interview als »Kreml-Teufel« bezeichnet und sich auch mit anderen scharfen Worten gegen die Regierung in Moskau gewandt hat.

Im April 2022 zum Beispiel gab der russische Pianist Alexei Lubimov in Moskau ein Konzert, Musik von Franz Schubert und Valentin Silvestrov. Man sieht auf einem Video, wie sich zwei Polizisten neben dem Pianisten aufstellen, während er spielt, dicht beim Flügel, und es sieht so aus, als wüssten sie nicht so richtig, was sie tun sollen. Sie stehen neben dem Musiker und schauen auf seinen Kopf herunter, auf seine Hände. Ihre Arme hängen schlaff neben ihren Körpern. Der Pianist lässt sich nicht beirren und beendet das Stück. Danach brechen die Polizisten das Konzert ab.

Alexei Lubimov erzählt später, ihm sei sofort klar gewesen sei, dass Silvestrov der Grund dafür war, dass die Polizei auftauchte. Er sagt: »Wahrscheinlich haben die Behörden seinen Namen als gefährliches Anti-Kriegs-Zeichen aufgefasst.« Dass die Polizisten Lubimov Schubert spielen hörten, nicht Silvestrov, hätten sie offenbar gar nicht bemerkt.

In Deutschland war die Musik von Valentin Silvestrov im Frühjahr 2022 zwar nicht unbekannt. Aber es waren wohl eher engere Kreise, die mit seinem Werk vertraut waren. Das änderte sich nun.

Valentin Silvestrov ist am 5. März aus Kiew geflohen. Er wohnte dort am linken Ufer des Dnjepr, in einer Straße, deren Name ziemlich aus der Zeit gefallen wirkt. Sie heißt »Straße des Enthusiasten«. Er wohnte dort seit 1965.

Am Anfang, erzählt Silvestrov später in einem Interview in der FAZ, habe er noch geglaubt, Putin wolle mit seinem Überfall den Donbass annektieren, wie 2014 die Krim. Er gibt das Interview der Musikwissenschaftlerin Tatjana Frumkis, sie kennen einander seit den späten achtziger Jahren aus Moskau. Sie gehört zu einem Kreis von Vertrauten, Musikern, Freunden, die ihm dabei geholfen haben, die Flucht aus Kiew zu organisieren. Jetzt hilft sie ihm bei Übersetzungen ins Deutsche.

Anfangs, erzählt Silvestrov, sei es ruhig gewesen in seinem Stadtviertel. Dann wurden auch in der Großstadt Charkiw zivile Ziele angegriffen. In Kiew, der Hauptstadt, begannen die Ausgangssperren. Überall im Land bildeten sich vor den Geschäften lange Schlangen. Jedem war klar, dass Russland einen Krieg begonnen hatte, in dem Menschen misshandelt, getötet würden. Die Russische Armee zielte auch auf die zivile Infrastruktur der Ukraine, auf Krankenhäuser, Kindergärten, Supermärkte. Trotzdem wollte Valentin Silvestrov seine Stadt nicht verlassen. Aber seine Tochter befürchtete eine Blockade von Kiew. Er ließ sich überreden, zu fliehen.

Vier Tage nach dem Aufbruch in Kiew erreichten sie in einem Auto schließlich Berlin. Zu dem Zeitpunkt war Valentin Silvestrov vierundachtzig Jahre alt. Auf der Flucht habe er immer wieder an Musik gedacht, erzählt er im Gespräch mit Tatjana Frumkis. Er hat sich selbst mal als Person mit »von Natur aus lyrischem Bewusstsein« beschrieben, und so klingt auch seine Musik. Wie jemand, der seine Antwort flüstert, wenn ein anderer brüllt. Wie jemand, der immer leiser wird, wenn die Welt die Lautstärke aufdreht. Er nimmt einen Koffer voller Noten mit auf die Flucht.

Valentin Silvestrov hat nicht vom Kindesalter an ein Instrument gelernt wie viele Musiker, zumal, wenn sie im sehr strukturierten Bildungssystem der Sowjetunion aufgewachsen sind. Silvestrov war schon fünfzehn, als er das erste Mal

Klavierunterricht bekam. In den fünfziger Jahren begann er ein Studium des Ingenieur- und Bauwesens und besuchte die Abendschule für Musik. Das Studium brach er wieder ab. Er wollte mehr Zeit für die Musik. Er mochte Zwölftonmusik und ihre Gesetze. Silvestrov wurde zuerst zur Künstlergruppe der Kiewer Avantgarde gezählt, aber der herrschenden Kulturdoktrin gefiel diese Avantgarde nicht. Sie sei zu kompliziert, sie gehöre den Intellektuellen, nicht den Arbeitern. Ende der 1960er Jahre schloss der Komponistenverband der UdSSR Silvestrov aus. Silvestrov begann, eine andere Art von Musik zu schreiben, wie auch die Komponistenkollegen Arvo Pärt und Alfred Schnittke änderte Silvestrov die Richtung, wobei das eine mit dem anderen nicht unbedingt zusammenhängt. Silvestrov strich alles Komplizierte, was allerdings auch nicht hieß, dass seine Musik einfach wurde. Als Silvestrov 1992 seiner »Symphonie für Klavier und Orchester« den Titel *Metamusik* gab, versuchte er mit dem Begriff auch, seinen neuen Stil zu beschreiben: Musik, die aus Musik entstanden ist. Alle Musik sei ohnehin schon da, sagte er einmal: »Man darf es nicht als persönliches Verdienst des Autors sehen.« Als wäre die Musik wie ein weiteres Element, eine Art Meer aus Tönen, aus dem der Komponist nur etwas aus herausfische.

Er nahm zum Beispiel Musik von Bach oder Beethoven, und es war in etwa so, als würde er die Musik sehr lange einkochen und auf eine notwendige Essenz reduzieren. Was dann entstand, könnte man vielleicht mit dem Gedanken an etwas vergleichen, das schon längst vergangen ist, in der Erinnerung ist ein leichter Glanz davon geblieben. Die Erinnerung an das Wesentliche.

In den ersten Monaten nach dem russischen Angriff auf die Ukraine versuchten viele Kulturschaffende auf ihre Weise, dem Entsetzen über den Krieg Ausdruck zu verleihen oder die Ukraine – irgendwie – zu unterstützen. Es begann kaum ein Konzert, ohne dass gegen den Krieg protestiert oder um Spenden für die Ukraine und für Geflüchtete gebeten wurde.

Auch die Kulturradios in Deutschland spielten plötzlich regelmäßig Musik von Komponisten aus der Ukraine oder Musik, die ukrainische Musiker aufgenommen hatten, auch häufig Musik von Valentin Silvestrov. Moderatorinnen und Moderatoren erzählten die Geschichte seiner Flucht nach Berlin. Sie zitierten aus den wenigen Interviews, die Silvestrov gegeben hat. Und dann zogen sie in ihren schalldichten Studios den Regler auf, und eines von Silvestrovs filigranen Stücken ging raus über die UKW-Frequenz, über die Streams, in die Wohnzimmer und Autos und Zahnarztpraxen.

Man konnte Valentin Silvestrovs Musik dann hören als Kontrast zu dem, was die Radiomoderatoren gerade erzählt hatten, als einen Zufluchtsort, als einen wortlosen Kommentar zum Krieg. »Klassische Musik« gewann einen aktuellen Bezug.

Dabei kommentiert Musik an sich überhaupt nichts, schon gar nicht, wenn in ihr keine Worte vorkommen. Sie lässt sich nicht festlegen auf eine Aussage. Alle hören, was sie hören wollen, ganz gleich, was die Komponisten wollen oder wollten. So ist das mit Kunst. Das war schon immer so. Die Kommunikation geht nie in eine Richtung, sie bewegt sich zwischen Sender, Kunstwerk und Empfänger, zwischen Komponistin, Musik (und Interpret) und Zuhörerin.

Es werde kein Trost sein, aber, so sagt es Michael Schetelich, ein enger Freund der Familie Silvestrov, wenigstens eine finanzielle Hilfe, dass durch die wachsende Bekanntheit des Komponisten, durch Beschäftigung von Künstlern aus der Ukraine überhaupt, auch die Ausschüttungen der GEMA zugenommen haben. Wenn eines der Stücke gestreamt, ausgestrahlt oder aufgeführt wird, müssen die Sendeanstalten oder Veranstalter eine Meldung bei der »Gesellschaft für musikalische Aufführungs- und mechanische Vervielfältigungsrechte« machen, so heißt die GEMA. Dann bekommen Urheberinnen und Ausführende nach einem bestimmten Schlüssel Geld.

Am 9. Oktober, ein halbes Jahr nach der Flucht, wird Valentin Silvestrov im Berliner Konzerthaus mit dem Preis ausgezeichnet, der in Deutschland der klassischen Musik die größte Öffentlichkeit bietet. Die Preisträger bekommen kein Geld, dafür Aufmerksamkeit, allein dadurch, dass die Verleihung im ZDF übertragen wird, an einem Sonntagabend, nach dem *heute journal*. Valentin Silvestrov erhält den Opus Klassik für sein Lebenswerk.

Vielleicht ist auch das eine neue »gewisse Bedeutung«, von der Silvestrov einmal sprach. Sie kann Musik durch Veränderungen im Außen zuwachsen, durch den »Zeitgeist«, durch die politische oder gesellschaftliche Entwicklung. Vielleicht kann man es auch andersherum sehen: Manchmal deutet die Kunst die Zeit voraus.

Was der Komponist darüber denkt, ist, während dieser Text entsteht, nicht zu erfahren. Zur Verleihung des Opus Klassik ist er aus gesundheitlichen Gründen nicht erschienen, er soll sich generell auch nicht viel aus Preisen machen. Aber er hatte eine Videobotschaft geschickt, die auf einer Leinwand zu sehen war. Auch danach lehnt er Interviews ab, der Krieg in seinem Herkunftsland wühle ihn zu sehr auf. Michael Schetelich sagt, die Wut auf Wladimir Putin und die »Terroristen«, wie Silvestrov die russischen Angreifer nennt, überwältige ihn jedes Mal so sehr, dass er hinterher sehr erschöpft sei.

Vladimir Jurowski sagt: »Ich habe es vorher nicht für möglich gehalten, aber inzwischen muss ich sagen, dass dieser furchtbare Krieg im Westen den Weg freigibt für Russophobie.«

Es ist der 20. Dezember 2022, ein Tag, an dem sich das Berliner Grau in den Pfützen spiegelt, ein Tag, an dem Jurowski mit dem Rundfunk-Sinfonieorchester Berlin die Oper *Die Nacht vor Weihnachten* proben wird. In Deutschland wurde sie bislang kaum aufgeführt. Die Musik stammt vom russischen Komponisten Nikolai Rimski-Korsakow, das Märchen, auf dem sie beruht, vom ukrainischen Dichter Nikolai Gogol. Die Oper zeigt, wie Gogol und Rimski ukrainische Kultur in St. Petersburg hoffähig machen wollten, jeder zu seiner Zeit, der Schriftsteller 1831, der Musiker 64 Jahre später, als er den Stoff als Oper aufführte. Die Handlung ist derb bis lustig, die Musik schillert und leuchtet in allen Farben.

Jurowski sitzt eine Stunde vor Probenbeginn im Dirigentenzimmer unter dem Großen Sendesaal im Haus des Rundfunks, einem schmucklosen, kleinen Raum im Souterrain. Wieder mussten sie zwei Sänger neu besetzen. Die anderen beiden hätten wegen ihrer russischen Staatsangehörigkeit nicht nach Deutschland einreisen dürfen, erzählt er. Der eine wäre aus Wien gekommen, wo er im Opernstudio der Staatsoper singt. Aber man habe ihn an der deutsch-österreichischen Grenze aus dem Zug geholt, als er auf dem Weg nach Berlin war. Der andere hatte von der Deutschen Botschaft in Moskau kein Arbeitsvisum bekommen.

Jurowski musste also zwei neue Sänger finden, das sei in letzter Zeit nicht selten, sagt er. Aber das ist es nicht, was ihn besorgt. Er sitzt in seinem Dirigentenzimmer, am Revers trägt er einen Button mit der Friedenstaube auf der ukrainischen Flagge, und erzählt von einer dritten Begebenheit. Vor kurzem hätten Grenzbeamte an der deutsch-polnischen Grenze einen Sänger aufgehalten. Sie kontrollierten sein Arbeitsvisum, aber wollten einen Beweis, dass er Sänger sei. Er habe dann eine Arie vorgesungen. Jurowski sagt: »Der Beamte hat dann seinen Vorgesetzten angerufen und gesagt: ›Wir können jetzt nichts mehr machen, wir lassen ihn durch.‹ Das war Schikane.«

In der Welt der klassischen Musik, über die man immer wieder das Vorurteil hört, sie sei »grenzenlos« und Musik eine »Universalsprache«, eine Welt, in der manche Solistinnen und Solisten so viel für ihren Beruf herumreisen, dass sie auf die Frage nach ihrer Heimat oft antworten, ihr Zuhause sei »die Musik«, ist es in Europa mit einem Mal wieder entscheidend, welche Staatsangehörigkeit Musiker haben. Ebenso die Komponisten, deren Stücke sie spielen. Auch wenn sie mit diesem Krieg nichts zu tun haben, auch wenn sie schon lange tot sind. Wie Nikolai Rimski-Korsakow, 1844 geboren, gestorben 1906 bei St. Petersburg.

Schon vor einem Jahr hatten sie diese Oper von Rimski-Korsakow für das traditionelle Vorweihnachtskonzert am 23. Dezember eingeplant. In Deutschland wird sie nur selten aufgeführt, aber Jurowski kennt das Stück seit vielen Jahren. 1990 hatte sein Vater, der Dirigent Michail Jurowski, es in Moskau aufgeführt. In jenem Jahr hatte die Familie Moskau verlassen und war nach Berlin gezogen. Und hier, in Berlin, will Jurowski nun die Oper zur Aufführung bringen, im Jahr, in dem Russland nun seit zehn Monaten Krieg gegen die Ukraine führt.

Es gibt auch andere Komponisten, die von dem Stoff hingerissen waren, Peter Tschaikowski zum Beispiel hat ihn als Grundlage für seine Oper *Die Pantöffelchen* genommen, und auch der ukrainische Komponist Mykola Lyssenko, dessen Statue heute vor der Oper in Kiew steht. Kurz hatte Vladimir Jurowski überlegt, die Weihnachtsoper in einer anderen Vertonung aufzuführen. Aber dann ist er bei Rimski-Korsakow geblieben. Die musikalische Qualität dieser beiden Opern sei nicht vergleichbar mit Rimski, sagt Jurowski. Außerdem ist er zwischendurch sehr komisch, zum Beispiel, wenn das Orchester illustriert, wie die lebensfrohe Schwiegermutter einem Verehrer nach dem anderen Schnaps eingießt. Man hört den Alkohol gluckern, man hört sogar, wie die Männer das Glas abstellen, und in Harfen und Violinen funkeln die Sterne. Tschaikowski dagegen war weniger der Komponist fürs Leichte, ihm lag mehr das Dramatische und Tragische, *Eugen Onegin*, *Dornröschen*, *Schwanensee*.

In der *Nacht vor Weihnachten* von Rimski-Korsakow kommen Ukrainer und Russen auf märchenhafte, fast idyllische Weise zusammen. Ein Schmied aus einem ukrainischen Dorf verbündet sich mit dem Teufel, damit der ihm dabei hilft, nach St. Petersburg zu fliegen. Seine Angebetete verlangt von ihm das Unmögliche, damit sie ihn heiratet: Er soll ihr die Schuhe der Zarin bringen. Als der Schmied vor der Herrscherin steht, geht es überraschend leicht. Die Zarin ist ganz gerührt und überreicht ihm freiwillig die schönsten Pantoffeln.

Wie viele Komponisten im 19. Jahrhundert verwob Rimski-Korsakow in seiner Oper Volkslieder, ukrainische Volkslieder, mal mit Texten auf Weißrussisch, mal auf Ukrainisch, mal auf Russisch. Sie ist in einer Zeit entstanden, in der sich Komponisten überall in Europa mit Volksmusik beschäftigten, mehr oder weniger systematisch. Béla Bartók in Ungarn zum Beispiel, Antonín Dvořák in Tschechien, Gustav Mahler in Österreich. Bewusst oder unbewusst trugen sie dazu bei, ein Zusammengehörigkeitsgefühl zu stärken, durch eine Art nationale Identität, die sich in einer gemeinsamen

Hochsprache wiederfand, in der Literatur und eben auch in der Musik. Mit anderen Worten, Musik wurde in dieser Zeit national codiert. Unter anderen Umständen wäre das wahrscheinlich nicht aufgefallen, aber jetzt spielt die Beschaffenheit der Musik wieder eine Rolle.

Später, vor der Aufführung, soll ein Chor im Foyer der Philharmonie ukrainische Weihnachtslieder singen. Während der Aufführung werden sie im großen Saal Ausschnitte aus einem alten Zeichentrickfilm an die Decke projizieren. »Russischer Disney«, sagt Jurowski. Da verwandelt sich der Teufel in ein pechschwarzes Pferd, auf dem der Schmied am Nachthimmel in die Stadt der Zarin galoppiert, da öffnen sich prachtvolle Türen zum Palast. Es soll ein heller Abend werden.

Aber auch die Schatten die Nationalismen, unter deren Vorzeichen im 19. Jahrhundert viele Sinfonien, Lieder, Opern entstanden, die heute noch zum Kernrepertoire der Orchester und Opernensembles gehören, ziehen in Europa wieder auf. Sie reichen bis in den Konzertsaal. Für das Konzert im Foyer haben sie einen Exil-Chor aus der Ukraine angefragt. Die Chorleitung hat abgelehnt, weil Musiker mit russischer Staatsangehörigkeit auf der Bühne stehen, und seien es Exilrussen mit deutscher Staatsangehörigkeit. Wie der Dirigent. Er könne diese Haltung verstehen, sagt Jurowski, »aber es schmerzt«.

Zum Leben erweckt

Die Hauptfigur dieses Textes ist, nüchtern betrachtet, nur ein Gegenstand. Gegenstände, klar, sind in der Regel tot. Manchmal aber, sehr selten, tragen sie etwas Lebendiges in sich, ein altes Leben. Die Uhr des verstorbenen Vaters, der Teddy aus der Kindheit, der immer noch unterm Bett liegt, das zerlesene Buch im Regal, das man einfach nicht aussortieren kann. Oder der weiße Lederanzug von Elvis Presley, der vor ein paar Jahren bei einer Auktion für den geringfügigen Betrag von 57.600 US-Dollar den Besitzer wechselte.

Der Gegenstand, um den es hier gehen soll, ist eine Geige. Sie gehörte dem vielleicht berühmtesten klassischen Musiker aller Zeiten, Wolfgang Amadeus Mozart. Es ist vor allem dieser Umstand, der die Geige ebenfalls berühmt macht. Deshalb die Security: Muss die Geige von einem Ort zum anderen, wird sie von einer Kunsthistorikerin getragen, im Geigenkasten auf dem Rücken, eine zweite Person läuft daneben. Es müssen immer zwei Personen sein – falls eine ganz plötzlich umfällt oder abgelenkt wird. Würde die Geige verschwinden, könnte man den Gegenwert des Instruments ersetzen – schließlich ist es versichert –, aber niemals das, wofür es steht. Vor ziemlich genau 240 Jahren muss Mozart es zuletzt berührt haben. Im November 1780 war er noch mal in Salzburg, in Anstellung beim Erzbischof, dann fuhr er nach einer Opernaufführung in München nach Wien – und blieb dort. Die Geige ließ er in Salzburg.

Heute liegt sie in Mozarts Geburtshaus in der Getreidegasse. In einem Tresor, der wiederum in einem gesicherten Raum steht, ausgestattet mit Klimaanlage und Feuchtigkeitsmesser. Die Geige ruht in ihrem Kasten, auf weinrotem Samt, unter einer kleinen Decke mit Paisley-Muster. Die Werkstatt des Geigenbauers Klotz in Mittenwald hat sie Anfang des 18. Jahrhunderts aus Fichtenholz und Ahorn gefertigt. Man weiß, dass Mozart mit dieser Geige selbst aufgetreten ist, er schrieb 1777 an seinen Vater: »auf die Nacht beym soupée spiellte ich das strasbourg=Concert. es gieng wie öhl. alles lobte den schönen reinen Ton.« Und später: »Da schaute alles gros drein. Ich spiellte als wenn ich der gröste geiger in Ganz Europa wäre.« Europa meinte damals die ganze Welt.

Und dennoch hat Mozart seine Geige, aus welchen Gründen auch immer, nie nach Wien geholt, wo er als freischaffender Musiker lebte. Wenn er dort mit einem Instrument auftrat, dann am liebsten am Klavier. Nach seinem Tod wanderte die Geige zunächst zu seiner Schwester, danach zu deren Lieblingsschülerin, zuletzt zu einer Apothekerfamilie in Oberösterreich. Viel erlebt hat das Instrument nach Mozarts Tod wahrscheinlich nicht. Man kennt von Mozarts Geige keine spektakuläre Geschichte wie zum Beispiel jene über das berühmte Mara-Cello von Stradivari, das bei einem

Schiffsunglück auf dem Río de la Plata über Bord ging und sich im Wasser in seine Bestandteile auflöste, weshalb Geigenbauer heute scherzen, das Mara klinge vielleicht deshalb so toll, weil es erst wieder neu zusammengesetzt werden musste. Es gibt von ihr auch keine Geschichte wie über den britischen Bratscher, der seinem Orchesterkollegen die Geige stahl, um bis zu seinem Tod heimlich im Keller auf ihr zu spielen, so sehr liebte er ihren Klang. Auch nicht die von dem Wandermusiker, der 1936 in eine Garderobe der Carnegie Hall in New York schlich und die Stradivari des berühmten polnischen Geigers Bronisław Huberman stahl und sie mit Schuhwichse einrieb, damit das Holz des Instruments nicht mehr so auffällig leuchtete. Die Tat gestand er erst auf dem Totenbett.

Mozarts Geige fristete jahrhundertelang ein eher braves, behütetes Dasein. In den vergangenen Jahrzehnten kamen immer wieder Violinisten in Mozarts Geburtshaus vorbei, um auf ihr zu spielen, mal für ein paar Minuten, nur um sie auszuprobieren, mal ein ganzes Konzert lang. Ein Instrument muss regelmäßig gespielt werden, sonst klingt es immer schlechter. Manchen Musikern liefen bei der Begegnung Tränen über die Wangen, einer fiel vor der Geige auf die Knie. Danach kam sie wieder in den Tresor, in dem sie liegt, seit die Stiftung Mozarteum die Geige 1956 von der Apothekerfamilie gekauft hat, für damals 100.000 Schilling (heute etwa 50.000 Euro). Jahrzehntelang lag sie dort wie ein Dornröschen, das oft geküsst wurde, aber so richtig wach soll sie nicht geworden sein. Bis zu einem Wintertag Anfang 2012.

Wäre dieser Text Musik, müssten sich die Wörter jetzt in einem Ritardando dehnen und verlangsamen, um jenen Moment einzufangen, in dem man tatsächlich den Atem anhält: An jenem Wintertag zieht Sabine Greger-Amanshauser, Kunsthistorikerin in der Stiftung Mozarteum, die kleine Decke mit dem Paisley-Muster zur Seite, entblößt das Holz, fasst die Geige am Hals und reicht sie einem drahtigen blonden jungen Mann mit kräftigen Fingern. Christoph Koncz, Stimmführer der Zweiten Violinen bei den Wiener Philharmonikern, hatte immer davon geträumt, auf Mozarts Geige zu spielen. Heute ist er der Musiker, der am längsten auf Mozarts Geige gespielt hat, wahrscheinlich länger als Mozart selbst. Wenn Sabine Greger-Amanshauser davon erzählt, wie Koncz die Geige zum ersten Mal in die Hand nahm, klingt es, als erzähle sie davon, wie der Prinz das Dornröschen wachgeküsst hat. PR-mäßig ist das ja auch eine traumhafte Geschichte.

Koncz war damals fünfundzwanzig Jahre alt, und Sabine Greger-Amanshauser setzte sich mit ihrer Kollegin ins Nebenzimmer. Sie hörten es nicht quieken, wie es durchaus quieken kann, selbst wenn ein Profi zum ersten Mal auf einer ihm unbekannten Geige spielt. Koncz habe den Bogen angelegt und dann direkt Mozarts fünf Violinkonzerte gespielt, hintereinander weg, über mehrere Stunden. »So hatten wir das noch nie gehört«, sagt Sabine Greger-Amanshauser.

Anders als viele andere alte Instrumente hatte Mozarts Geige über die Jahrhunderte niemand auseinandergenommen und umgebaut. Sie wurde nie modernisiert, damit sie in den modernen großen Konzertsälen bis in die letzte obere Reihe zu hören ist und sich gegen große Sinfonieorchester durchsetzen kann. Niemand hat ihr je Stahlsaiten aufgezogen. Die Geige trägt noch immer Saiten aus Darm, wie zu Mozarts Zeit. Sie wurde schon wie eine Reliquie behandelt, als Mozart noch lebte, erzählt Greger-Amanshauser. Heute müsste sie also noch genauso klingen, wie er sie damals gehört hat.

Der Raum, in dem Christoph Koncz acht Jahre nach jenem Wintertag, an einem Freitag im Oktober, Mozarts Geige in die Hand nimmt, ist eingerichtet wie im 18. Jahrhundert. Zierliche, mit delikatem Stoff bezogene Polstermöbel, ein Schrank mit geschwungenen Verzierungen, durchs Fenster blickt man auf die barocken Türme der Kollegienkirche. Überhaupt wirkt Salzburg von hier aus gesehen, als hätte jemand die Zeit vor 250 Jahren angehalten. Koncz legt die Geige unters Kinn, streicht blitzsaubere Quarten, Terzen, zum Niederknien perfekte Doppelgriffe und was hervorragende Violinisten sonst noch beherrschen. Die Töne sind voll, glatt und süß, im Bass etwas matt, in der Höhe leuchten sie, man kann sich vorstellen, wie sie mühelos das Orchester überstrahlen. Manchmal bekommen sie auch etwas Scharfes, Unnachgiebiges, wie eine Königin der Nacht, wenn sie sich in den Gehörgang hineindrehen und im Kopf hallen. Koncz übt, Sabine Greger-Amanshauser sitzt daneben, entspannt und still lächelnd auf einem Sessel.

Sie sieht aus dem Fenster, wie so oft in den vergangenen Monaten, mal in die Sonne, mal auf die Regentropfen, die an der Scheibe hinunterrannen, wenn Wolken an den Alpen festhingen. Die Sicherheitsbestimmungen wollen es so: Niemand bleibt mit Mozarts Geige allein. Auch nicht der Musiker, der mittlerweile auf ihr alle fünf Violinkonzerte von Mozart aufgenommen hat, zum ersten Mal auf dem Instrument, auf dem Mozart von 1769 an gespielt hat. »Wir haben uns vom ersten Moment an verstanden«, sagt Christoph Koncz. Er meint die Geige und sich.

Mozart war dreizehn Jahre alt und Konzertmeister der Salzburger Hofkapelle, als er die Geige bekam. Zwischen 1773 und 1775 sind die Violinkonzerte entstanden, ziemlich sicher auf dieser Geige, erzählt Koncz später beim Mittagessen. »Mozart nutzt in seinen Violinkonzerten gerne die obere Textur und die Koloraturregister«, sagt er, »genau dort klingt seine Geige besonders schön.« Er spricht von »Reife«, »Tiefe«, »Emotion« – und vom großen Genie. Wie Mozart sich schon als so junger Komponist loslöste von dem, was die anderen in seiner Zeit machten, zum Beispiel indem er das Orchester als gleichberechtigten Partner behandelte, der nicht nur den Solisten strahlen lässt, sondern auch selbst etwas zu sagen hat. Der Mozart-Forscher Alfred Einstein schrieb einmal über einen langsamen Violinkonzertsatz, er sei »wie vom Himmel gefallen«.

Mozarts Musik ist, anders als seine Geige, nicht greifbar. Sie ist so leicht und zugleich tief, dass sie berührt, ohne dass man sie berühren kann. Und genau das kann auch schmerzhaft sein. Im besten Fall erzeugt man die Musik selbst, dann entsteht große Nähe, aber fassen kann man sie dennoch nicht. Sobald sie erklingt, ist sie auch schon wieder weg. Wenn ein Ton stirbt, kommt er niemals wieder.

Und wer will sich damit schon abfinden.

Nach dem Tod seines Vaters 1791 bekam Mozarts Sohn Franz Xaver immer wieder Anfragen, ob er nicht etwas besitze vom größten Musiker aller Zeiten, der noch im Fieber auf dem Totenbett komponierte. So geht die Überlieferung, die auf Gemälden festgehalten ist. Sie zeigen, wie Mozart, bleich auf einem Sessel sitzend oder im Bett liegend, sein Requiem schreibt oder diktiert, je nachdem. Franz Xaver besaß nicht viel vom Vater, das er hätte weggeben können und wollen, seine Mutter hatte vieles verkauft. Hier und da fand er aber ein Schriftstück, ein Fragment, an dem er nicht hing oder das ihm als nicht so wichtig für die Nachwelt erschien. Er zerschnitt es und verschenkte die Schnipsel. So kamen Mozart-Schnipsel in die Welt und Jahre später von der Welt zurück in die Stiftung Mozarteum nach Salzburg. Dort bewahren die Mitarbeiter vieles auf, was Mozart einmal gehörte oder zumindest wahrscheinlich gehörte.

2020 erst hat ein Kurier aus den USA drei Briefe gebracht. Sie lagen im Nachlass des Kinderbuchautors und Mozart-Liebhabers Maurice Sendak. Anfang Oktober wurden die Briefe im Mozarteum vorgestellt, zusammen mit einem dunkelblonden Haarbüschel, das aus einer anderen Sammlung kam und wahrscheinlich von Mozarts Kopf stammt. Genau kann man das aber nicht sagen, Wissenschaftler haben kein Genmaterial zum Vergleich. Sie können auch nicht überprüfen, ob der Schädel, der der Stadt Salzburg gehört und den sie in einem anderen Tresor der Stiftung aufbewahren, wirklich Mozarts Schädel ist. Constanze Mozart hatte ihren Mann in einem Standardgrab beerdigen lassen, ohne Stein, ohne Kreuz, als Mutter von zwei kleinen Kindern musste sie schauen, wie sie klarkam.

Vor einigen Jahren öffneten Wissenschaftler die Gruft der Familie Mozart. Zwar war bekannt, dass Wolfgang Amadeus dort nicht begraben lag, aber man erhoffte sich Aufschlüsse über die Verwandtschaft des Schädels in Mozarts Geburtshaus. Die Wissenschaftler untersuchten die Knochen und stellten dann fest, dass die Menschen, die dort zusammen liegen, überhaupt nicht miteinander verwandt sind. So erzählt es der Leiter der Bibliothek im Mozarteum. Diese Nachricht wiederum haben die Wissenschaftler lieber nicht an die große Glocke gehängt.

Man will ja, dass die Dinge echt sind. Nur, was bedeutet »echt« in diesem Fall – und im Fall von Mozarts Musik? Was macht Kunst authentisch? Geht es schlicht darum, dass Schein und Sein für uns übereinstimmen?

Bei Kunst, die man an die Wand hängen kann, ist die Beweislage recht eindeutig. Einen Max Ernst, einen Rembrandt oder Picasso kann die Wissenschaft durchleuchten, sie kann ihm Proben entnehmen, ihn im Labor untersuchen. Die Zusammensetzung der Farbe, das Alter der Leinwand, der Pinselstrich verraten in vielen Fällen, ob das Bild authentisch oder eine Fälschung ist. Mag der Nachahmer auch handwerklich sehr gut sein: Als gefälscht erkannte Kunst verliert sofort ihren Wert, den materiellen und den ideellen.

Bei Musik verhält sich das anders. Denn was wäre das Gegenteil von authentischer Musik? Gefälschte? Es gibt Musiker, die Bach, Händel, Haydn, Mozart auf historischen Instrumenten spielen, auf Barockgeigen mit Darmsaiten, Hammerflügeln, Naturhörnern. Sie wollen nah herankommen an die Töne, von denen sie glauben, dass sie in etwa so geklungen haben mögen in der Zeit, als die Komponisten ihre Musik aufschrieben – auch wenn heute niemand mit Bestimmtheit sagen kann, wie die Komponisten ihre Musik gehört und gemeint haben. Nicht selten führen diese Fragen zu Streit darüber, wie viel Heutiges in die Kunst von früher darf oder muss, je nach Sichtweise. Mit Originalinstrumenten aber käme man vielleicht am nächsten an den Komponisten heran, das jedenfalls ist die Idee, denn in einem Instrument muss sich der Klang doch zweifelsfrei erhalten haben. Oder? Eine Geige bleibt schließlich eine Geige, wie ein Rembrandt immer ein Rembrandt bleibt.

Nur: Mozart bleibt niemals Mozart. Musik ist nichts in sich Abgeschlossenes, sie ist eine Zeitkunst. Vielleicht ist sie die gegenwärtigste Kunst überhaupt: Sie existiert nur im Moment. Selbst wenn ein Musiker sich genau an die Noten hielte, an jedes Staccato, Piano, Decrescendo, brächte er seine Muskelkraft, seinen Atem, seine Erfahrung, sein Gefühl mit ein. Ohne ihn oder sie wäre Musik nicht mehr als ein paar schwarze Punkte auf weißem Papier. Es gibt keinen Klang, der sich außerhalb von Raum und Zeit bewegt. Kann es daher überhaupt so etwas wie einen authentischen Klang geben? Ist es nicht eigentlich egal, ob das Instrument, auf dem eine Musikerin spielt, nun vorher Mozart gehört hat oder nicht? Christoph Koncz sagt, er fühle sich Mozart durch die Geige sehr nah, und da ist im Gegensatz zu den Noten auf Papier, die er erst zum Leben bringen muss, der Interpretationsspielraum minimiert. Mozart hat die Geige am Körper und im Ohr gehabt, daran gibt es keinen Zweifel. Es sei, sagt Koncz, als träte er mit ihm in Verbindung, über 250 Jahre hinweg. Die Begegnung mit der Geige sei »ein Erweckungserlebnis« gewesen.

Koncz ist einer, das sollte man wissen, der irgendwie zwischen zwei Typen von Musikerpersönlichkeiten steht: dem Typus »Ich« und dem Typus »Diener des Komponisten«. Der »Ich«-Typ ist meist Solist und sucht etwas Eigenes im Ganzen. Der »Diener« besteht darauf, hinter dem Werk zurückzutreten, als löste sein Ich sich in dem Moment auf. Koncz ist auf eine Art beides. Er muss geigerisch topfit sein, bei den Wiener Philharmonikern führt er schließlich die Zweiten Violinen an, aber das heißt auch, er ist dann am besten, wenn er im Gesamtklang nur dann auffällt, wenn er auffallen soll. Gleichzeitig bezeichnet Koncz sich als »nachschaffenden Künstler«, als einen, der möglichst nah an das herankommen will, was der Komponist gewollt hat. Da schließt sich der Kreis wieder, Authentizität, Interpretationsspielraum.

Ein anderer Musiker, der Dirigent Christopher Hogwood, soll einmal von einem magischen Moment gesprochen haben, als er auf einem anderen Instrument Mozarts spielte. Auf seinem Klavichord nämlich, in dem Zimmer sogar, in dem Mozart geboren wurde. Es war gegen Mitternacht. Die

Anwesenden sollen das Gefühl gehabt haben, als wäre Mozart selbst im Raum. So erzählt es Sabine Greger-Amanshauser. Irgendwas ist mit diesen Instrumenten, entweder haben sie tatsächlich eine Aura oder man projiziert eine Aura in sie hinein, wie bei einem Placebo. Aber macht das wirklich einen Unterschied?

Wegen der Aura ist jedenfalls an diesem Oktobertag ein Fernsehteam des ZDF gekommen. Zum Glück regnet es ausnahmsweise nicht in Salzburg. Die Kamera folgt Christoph Koncz, wie er über die Salzach zum Mozarteum spaziert, die Sonne scheint, am Abend wird er hier mit zwei Violinkonzerten von Mozart auftreten. Die Geige wird in Doppelbegleitung etwas früher in den Konzertsaal getragen, die beiden Überbringerinnen nehmen aus Sicherheitsgründen einen anderen Weg als Koncz und das Fernsehteam. Man befürchtet, dass die Kameras zu viel Aufmerksamkeit erregen, es soll außerdem keine Aufnahmen vom Transport der Geige geben.

Im Solistenzimmer klappt Sabine Greger-Amanshauser den Geigenkoffer auf, schlägt das Tuch zurück und reicht Koncz das Instrument. Er legt es unters Kinn, immer wieder streicht er mit dem Bogen über eine der Saiten, sie war in einer Nacht im Tresor gerissen, wohl vom vielen Üben schon leicht brüchig geworden, Darmsaiten sind empfindlich. Der Geigenbauer zog dem Instrument dann eine neue auf. Die Geige klingt jetzt voll und offen, hell und süß, aber so ganz zufrieden scheint Koncz nicht zu sein. Als es wieder an seiner Tür klopft, richtet er sich auf, stramm, er trägt schon seinen Konzertanzug, das blonde Haar sorgfältig gescheitelt. »Herein«, sagt er, es klingt freundlich, aber, ja, doch, er brauche wohl ein wenig Stille, danke.

Es ist auch viel an diesem Nachmittag in Salzburg: das Konzert, Mozarts Geburtsort, das Mozarteum, das Fernsehteam, das bereits unter dem Stuck die Kameras einrichtet, die Musiker, die er als Solist dirigieren wird und die extra aus Frankreich angereist sind, mitten in der Lockdown-Pause. Und vielleicht macht ihn auch der Gedanke etwas nervös, dass er die Geige selbst wird tragen dürfen, wenn er später zur Bühne geht, zum ersten Mal, nur ein einziges Mal. Es seien ja nur drei Stufen, sagt Sabine Greger-Amanshauser, sie laufe ja auch direkt hinter ihm, und sie setze sich dann eben in eine der vorderen Reihen.

Die dunkle Seite der Sonate

Jedes Konzert beginnt mit Stille, jener Stille, wenn das Orchester die Instrumente gestimmt hat und der Applaus verebbt, mit dem das Publikum den Auftritt der Dirigentin, des Dirigenten begleitet hat. Dann steht sie, er, bewegungslos vor dem Orchester auf dem Pult, im Rücken der Saal, die Arme vor dem Körper gekreuzt. Bis sie, er den Taktstock in einer schnellen Bewegung hebt. Das ist die Stille vor dem Anfang. Dann, klar, gibt es Generalpausen und Fermaten und ein paar Sekunden zwischen zwei Sätzen.

Jedes Konzert endet dann mit Stille, jener Stille zwischen dem allerletzten Akkord und dem Moment, wenn die Dirigentin, der Dirigent mit einem Ausatmen die Arme sinken lässt und der Erste im Publikum klatscht. Als »die Beziehung zwischen Klang und Stille«, so hat Daniel Barenboim die Musik mal beschrieben. Wobei der Klang den größten Anteil hat, eine Melodie, die man mitsummen kann, eine Harmonie, die leuchtet. Die Stille in der Musik ist daneben wie die dunkle Seite des Mondes.

Wie ist das, wenn man das umdreht? Wenn die Stille den größten Anteil hat?

Ich hatte so was in der Art schon mal gehört. Ich war Studentin in Karlsruhe. Ein Vortrag, dessen Inhalt ich nur vage erinnere, sollte mit einem Konzert beginnen. Der Name des Komponisten war einer dieser vielen Namen, die uns im Studium anwehten und neu für uns waren. Ich erwartete was mit elektronischen Klängen, Video oder Laser. Immerhin befand sich der Konzertsaal im ZKM, im Zentrum für Kunst und Medien, es flackerte und leuchtete dort in jeder Ecke.

Der Saal war recht klein, aber gut besucht. Auf der Bühne stand nur ein Klavier. Ein junger Mann betrat die Bühne und ging mit Schritten in angemessener Lautstärke zum Instrument. Während er sich setzte, stellte das Publikum sein Rascheln, Flüstern und Hüsteln ein. Dann schlug der Pianist, den ich als Pianisten identifizierte, weil er in einer Konzertsituation an einem Klavier saß, den Deckel auf, legte seine Armbanduhr ab und die Hände in den Schoß. Ich wartete auf den ersten Ton. Er kam nicht. Dafür nahmen die Publikumsgeräusche wieder zu. Bonbonpapier knisterte. Es hüstelte oder tuschelte da mal einer, mal dort. Auf der Bühne passierte nichts.

Manche wurden unruhig. Die meisten saßen ergeben da. Nach einer Weile nahm der Pianist seine Uhr vom Klavier, legte sie wieder an, klappte den Deckel zu, stand auf, wir applaudierten. Dann sagte der Pianist, dass der Komponist John Cage heiße und sein Stück *4′33″*, in Worten: *Vierminutendreiunddreißig*. Das Konzert, das waren wir selbst, das Publikum, mit unseren Geräuschen, mit der Erwartung, was zu hören. Cage hatte *4′33″* mal als sein wichtigstes Werk überhaupt beschrieben.

Aber das war es nicht, was ich mir unter *vollkommener Stille* vorstelle.

Was würde ich hören, wenn von außen nichts käme, wirklich nichts, kein Hüsteln und Knistern, kein Podcastgeplauder über Kopfhörer, kein Instrument, kein vorbeifahrendes Auto, kein Vogelgezwitscher, kein Reden. Was gäbe es ohne Wind, der in den Blättern raschelt, ohne Kühlschrankbrummen, ohne Rauschen der Laptoplüftung? Ohne andere Menschen in einer Yogaklasse, bei der Stille theoretisch zum Konzept gehört und praktisch Neoklassik aus den Lautsprechern perlt, damit sich die Gedanken an Tönen festhalten können.

Was also hört man, wenn es *absolut still* ist, und das in etwa so lange, wie eine Konzerthälfte dauert, eine Stunde?

Im Sommer hatte ich eine Freundin getroffen, sie ist Redakteurin, wir saßen draußen, tranken Limonade, die Sonne schien durchs Laub und spielte mit dem Schatten der Blätter. In der Nähe dröhnte ein Rasenmäher. Sie erzählte mir vom stillsten Ort der Welt, in den USA befinde der sich. Sie hatte darüber gelesen, dass Menschen es darin kaum aushalten sollen. Vielleicht, überlegte sie, weil sie so sehr auf sich zurückgeworfen seien. Drinnen gurgelte die Kaffeemaschine. Als sie gegangen war, googelte ich »stillster Ort der Welt« und fand mehrere. Einer liegt in Minneapolis, Harley Davidson soll dort den Sound seiner Motorräder testen. Einen anderen hat die Firma Microsoft 2015 in Richmond, Washington, gebaut, um Hardware für Computer zu prüfen. Seitdem gilt er laut *Guinness-Buch der Rekorde* als »stillster Ort der

Welt«. Ich finde auch einen »stillsten Ort« in der Nähe von Bern und einen in Berlin. Er gehört zur Technischen Universität im Institut für Strömungsmechanik und Technische Akustik und ist etwa fünfzig Quadratmeter groß.

Alle diese stillsten Orte der Welt sind Raum-in-Raum-Konstruktionen, das heißt, dass ein Raum in einen anderen, größeren hineingebaut ist, wie bei einer Matroschka. An allen Seiten und an der Decke des Raumes sind tiefe, keilförmige Elemente angebracht, gefüllt mit Mineral- oder Glasfaserwolle, die jeden Schall schlucken. Diese Räume sind *reflexionsarm*, das heißt, sie haben keinen Hall. Man nennt sie auch *schalltot*. Ich erfahre, dass die Zimmerlautstärke nachts im Schlafzimmer bei 20 bis 30 Dezibel liegt. Wenn man flüstert, kommt man auf 30 Dezibel. In schalltoten Räumen dagegen liegt die Dezibel-Zahl unter null. Ich habe keine Vorstellung, was das fürs Ohr bedeutet. Schalltote Räume werden gebaut, um Geräte einzustellen, mit denen zum Beispiel die Akustik in Konzerthäusern gemessen wird, oder um Mikrofone, Lautsprecher, Instrumente zu testen.

Es soll so leise sein, dass Menschen darin ihre eigene Lunge hören können. Manche hören ihre Gelenke in den Kapseln knirschen, das dumpfe Schlagen ihres Herzens, das Rauschen des Blutes. Ich lese, dass Menschen es anscheinend nicht länger als eine Stunde in solchen Räumen aushalten. Die Räume seien »gut für die Forschung, aber schlecht fürs seelische Wohlbefinden«. In Minnesota dürfen Journalisten zwar allein in diesen Raum, wenn sie sich angemeldet und eine Gebühr von über 100 Dollar gezahlt haben, aber nur einmal sei ein Reporter fünfundvierzig Minuten dringeblieben. Die meisten wollten nach der Hälfte der Zeit wieder raus. Ähnlich wie in kompletter Dunkelheit kann man in kompletter Stille die Orientierung verlieren, es kann einem schwindelig werden. Manche bekommen Panik. Das Gehirn kennt keine *schalltote* Umgebung.

Wie lange würde ich es in dem Raum aushalten, was würde ich wahrnehmen?

In den reflexionsarmen Raum der Technischen Universität würde ein Lastwagen passen. Sie forschen dort derzeit an »Verbrennungslärm« und untersuchen etwas, das sie »Freistrahlflamme« nennen. Ich stelle mir eine Bühne der Band Rammstein vor, mit diesen Flammen, die aus dem Boden schießen. Aber um die wird es in den Versuchen kaum gehen. Rockkonzerte dürfen 100 Dezibel laut sein, bevor die Polizei kommt. Der Lärm der Flammen auf der Bühne fällt kaum ins Gewicht.

In Berlin gibt es sogar noch einen zweiten solchen Raum. Er gehört zum Staatlichen Institut für Musikforschung der Stiftung Preußischer Kulturbesitz. Dieser Raum sei wesentlich kleiner als der von der TU, erfahre ich am Telefon, aber ansonsten genauso schalltot.

Er liegt unter dem Gebäude des Musikinstrumenten-Museums an der stark befahrenen Ben-Gurion-Straße, kurz vor dem Tiergartentunnel. Am besten gefällt mir daran: Es sind kaum hundert Meter zur Berliner Philharmonie. Für die dunkle Seite der Sonate könnte es keine passendere Lage geben.

Wahrscheinlich bräuchten wir nicht mehr als eine halbe Stunde, sagte der Mann, der im Institut den Raum verantwortet, am Telefon. Normalerweise reiche das den Leuten, die sich für diesen Raum interessieren. Einmal hatte sich eine Dame für regelmäßige Besuche angemeldet, sie habe sich gesundheitlich was vom Aufenthalt in der Stille versprochen, aber das Projekt recht bald abgebrochen. Anderen sei es unheimlich, den Raum überhaupt zu betreten, wir würden sehen.

Der Leiter der Abteilung heißt Hans-Joachim Maempel. Er ist gelernter Tonmeister und Musikwissenschaftler und beschäftigt sich, unter anderem, mit Wahrnehmungspsychologie. In seinem Institut werden immer wieder Messungen durchgeführt, gern würde Herr Maempel auch mal die die alten Instrumente aus dem Musikinstrumenten-Museum in seinem Schalllabor messen, aber es fehle ihm dafür gerade an Zeit.

Eine Wendeltreppe führt ins Untergeschoss, in dem es zwei besondere Räume gibt, den schalltoten und einen, der das Gegenteil von schalltot ist. Einen *Hallraum*. Maempel schlägt vor, zuerst in den Hallraum zu gehen. Dann hätte ich den Kontrast, erst viel, dann überhaupt keinen Hall. Das ist wie in der Musik, wenn ein langsamer Satz auf einen schnellen folgt, Dur auf Moll, Legato auf Staccato. Im Kontrast wirken Dinge klarer.

Der Hallraum sieht aus wie ein von einem übermütigen Designer entworfenes Badezimmer. Platten biegen sich wie große Kacheln in den Raum, alles ist aus schallhartem Material und in einer Farbe gestrichen, die im Kellerlampenlicht an dichten Nebel erinnert. Und so fühle ich mich auch, als wäre ich in eine Schallnebelwand geraten. Ich verliere akustisch sofort die Orientierung. Hans-Joachim Maempel steht keine zwei Meter entfernt von mir, aber als er zu sprechen beginnt, löst sich der Abstand auf. Meine Erfahrung für Entfernungen nützt mir nichts. Seine Stimme hallt aus allen Richtungen gleichzeitig, die Worte verschwimmen, ich verstehe nicht, was er sagt. Außerdem trägt er eine Maske, ich kann es nicht einmal anhand seiner Lippenbewegungen raten.

Als ich etwas fragen will, spreche ich lauter, als ich will, weil im Raum so viele Worte gleichzeitig schwimmen. Die Lautstärke steigt, mein Puls steigt, der Herzschlag, ich spüre, wie sich Stress in mir breitmacht. Ich will raus, nach nur zweieinhalb Minuten. Jetzt hört sich sogar der Flur im Untergeschoss an wie ein mit viel Plüsch ausgepolstertes Kaminzimmer.

Die Tür zum stillsten Ort in Berlin öffnet sich in den Flur hinein. Mit dieser Tür ist eine zweite, sehr dicke Tür verbunden, ich muss an Gringotts Zaubererbank bei *Harry Potter* denken. Es riecht, als hätte man seinen Kopf in einen großen Karton gesteckt. Bevor er die Türen schließt, schlägt Hans-Joachim Maempel vor, dass wir zwanzig Sekunden erstmal gar nichts sagen. Schon beim Betreten des Raumes habe ich das Gefühl, das ich von Bergwanderungen an einem windstillen, klaren Tag kenne. Weite spannt sich auf. Entspannung. Abstand. Ein paar Sekunden später aber fühlen sich meine Ohren an wie mit Watte ausgestopft.

Vor meinem Besuch im Institut für Musikforschung hatte ich Bekannten davon erzählt, dass ich mich in einen schalltoten Raum setzen will, so lange ich es aushalte, am liebsten in der Länge einer Konzerthälfte.

Sie reagierten, als hätte ich ihnen erzählt, ich wolle mit dem Bungee-Seil vom Berliner Fernsehturm springen. Das sei »mutig«, fanden sie. Sie stellten es sich als »einschüchternd unheimlich« vor. Einer überlegte sogar, welche Musik nach dieser Erfahrung passen könnte. Der Anfang von Wagners *Rheingold*, der vom tiefen Es wie vom schlammigen Flussbett an die Oberfläche steigt? Ein Beethoven, der wach machen kann wie eine kalte Dusche? Ein Mozart, für eine heitere und gelassene Rückkehr in die Realität? Oder vielleicht die *Vexations* von Eric Satie? Die *Vexations*, französisch für Quälereien, bestehen aus einem kurzen Thema mit zwei kurzen Variationen, die 840-mal wiederholt werden sollen, ein Stück wie ein Rosenkranz, in dem irgendwann die Wörter verschwimmen, bis alles nichts mehr bedeutet. Satie wollte, dass das Stück *très lent* gespielt wird, sehr langsam, es würde dann 28 Stunden dauern. *Vexations* wurde einige Male aufgeführt, im Mai 2020 in Berlin durch den Pianisten Igor Levit. Es heißt, das Stück könne nach einer Weile Halluzinationen auslösen, einmal hat ein Pianist geglaubt, Käfer zu sehen, die zwischen Klaviertasten herauskriechen, er musste abbrechen. Levit spielte die *Vexations* in gut sechzehn Stunden durch, in einem Aufnahmestudio im Norden von Berlin. Als er fertig war, sagte er: »So, und jetzt der zweite Satz.« Das war natürlich ein Witz, Levit googelte anschließend allerdings die »längsten Musikstücke der Welt«.

Mein Vater wäre in einen solchen schalltoten Raum wahrscheinlich gern mitgegangen. Er gehörte zu den Menschen, die Musik genauso sehr aufsuchten wie die Stille, beides war für ihn nichts, was man nebenbei wahrnahm. Bei meinen Eltern lief der CD-Player praktisch nie nebenbei. Wenn mein Vater etwas auflegte, dann war es, als wäre mit der Musik eine weitere Person im Raum, der man zuhörte oder über die man sprach; die jedenfalls Aufmerksamkeit bekam. Wenn wir anderen trotz ihrer Anwesenheit nicht über sie, sondern über sie drüber redeten, weil das restliche Leben eben auch besprochen werden wollte, machte er die Musik wieder aus. Wenn wir in den Ferien in ein Dorf in die Berge fuhren, saß mein Vater gern im Wohnzimmer auf einem Sessel. Der Fernseher blieb schwarz, das Radio stumm, er las nicht, er schlief nicht, er saß nur da, die Unterarme auf den Sessellehnen. Ich erinnere mich daran, wie ich einmal reinkam, mich auf einen anderen Sessel setzte und wartete. Ich muss Teenager gewesen sein, ich hörte damals praktisch immer alle mögliche Musik über kleine, schlechte Kopfhörer, und solche stillen Momente empfand ich als irritierende Abwesenheit von Leben. Ich wusste nicht, was ich anfangen sollte mit der Situation im Wohnzimmer. Mich hielt seine Aufmerksamkeit, die er auf etwas gerichtet zu haben schien.

Er wandte mir den Kopf zu und sagte: »Hörst du diese Stille?«

Ich hörte ein leises Summen, zwei Frequenzen. Ich hielt es für ein Geräusch der Glühbirnen.

»Ja«, sagte ich, »man hört sogar den Strom.«

Ich höre wieder zwei Frequenzen, aber sie kommen nicht aus Richtung der Kellerlampe, ein Fiepen, ganz leise, ziemlich hoch und harmonisch nicht aufeinander abgestimmt. Es ist wie dieses Summen, von dem man in Sommernächten manchmal nachts aufwacht, wenn die Mücke einen schon gestochen hat und nun satt und blutbetrunken vor dem Ohr schwebt. Das sei ein Ohrgeräusch, sagt Herr Maempel, jeder habe es, es sei wie ein Tinnitus, aber in der normalen Welt würde man es kaum wahrnehmen.

Wir sprechen noch ein paar Minuten und vereinbaren, dass er nach mir schaut, wenn ich nicht zwanzig Minuten später in seinem Büro stehe. Vielleicht würde ich umfallen, man weiß nie. Ich teste, wie ich die Tür von innen öffnen kann (es geht leicht), dann lässt er mich allein. Die Stille fällt wie eine schwere Wolldecke auf mich. Ich setze mich auf einen Stuhl, er steht auf einer Platte, damit die Beine nicht durch den Gitterboden rutschen. Unter dem Gitter ragen die gleichen gelblichen Keile in den Raum wie an Wänden und Decke. Ich versuche, meinen Herzschlag zu hören.

Ich denke an die Dirigentin, die mir mal erzählte, wie sie immer wieder die Tempi für Musikstücke trainiere. Wenn sie zum Beispiel gerade am Bahnsteig steht und auf einen Zug wartet, hört sie auf ihren Puls, und auch wenn der Puls hochgeht, weil sie sich in Bewegung setzt, in den Zug einsteigt, versucht sie, das Tempo des Anfangs einer Musik zu finden, das sie dirigieren will, ganz unabhängig davon, was ihr Herzschlag für einen Takt vorgibt. Wenn sie meint, es gefunden zu haben, überprüft sie das Tempo mit einer App.

Nur dumpf höre ich das Schlagen meines Herzens. Ich lausche nach dem Geräusch von Muskeln. Ich spanne den Bizeps an. Hören kann ich nichts. Dafür bin ich vollkommen entspannt.

Meine Ohren haben in meinem Alltag praktisch dauernd zu tun. Zuhause die Kinder, die erzählen wollen, wenn sie aus der Schule kommen. Am Telefon meine Mutter, die weit weg wohnt. Im Sendestudio bei meinem Job als Radiomoderatorin läuft ständig Musik oder spricht ständig jemand, selbst wenn nur ich es bin und meine eigene Stimme über den Kopfhörer höre. Auch wenn ich unterwegs bin, lasse ich selten Stille zu. Ich fülle sie aus, als würde Zeit in Stille versanden. Ich trage oft Kopfhörer im Ohr. Ich stelle Nachrichten ein, eine Radiosendung, aber meistens höre ich Musik. Manchmal ist das, was der Algorithmus eines Streamingdienstes aussucht, auch ein Geschenk. Einmal bin ich mitten auf dem Weg stehen geblieben, weil ein Puls in Streichern begann, ganz leise, behutsam, eine Melodie in Begleitung. Sie erzählte von etwas Schönem. Ich setzte mich auf die nächste Bank und hörte weiter zu. Es passierte über Minuten etwas Aufwühlendes in der Musik, das sich wieder beruhigte und dann am Ende zu seinem sachten, tastenden Anfang zurückfand. Vielleicht klang es nach dem, was zuvor passiert war, sogar noch umsorgender, wie um die Erfahrung reicher, die inzwischen gemacht worden war. Man steigt nie mehr in denselben Fluss.

Ich blieb auf dieser Bank sitzen und verpasste eine Bahn, dann noch eine. Dafür hatte ich das Adagio aus dem Streichquintett in C-Dur von Franz Schubert kennengelernt.

Jetzt, in diesem reflexionsarmen Raum in der Nähe der Philharmonie, könnte ich auch Musik anmachen, vielleicht dieses himmlische Schubert-Quintett. Das Handy habe ich bei mir, hier unten sogar mit gutem Empfang. Aber ich verspüre gar keinen Drang.

Nach zwanzig Minuten verlasse ich den Raum und suche wie abgesprochen Hans-Joachim Maempels Büro. Ich will nicht viel reden, ich will wieder zurück. Er kann das verstehen, er wäre gern auch öfter allein da unten, aber er komme so selten dazu. Er bietet mir an, ich dürfe so lange bleiben, wie ich wolle. Er habe bald einen Termin und müsse weg, aber an der Pforte sei immer jemand.

Als ich wieder im Raum auf dem Stuhl sitze, rolle ich meine Schultern zurück. Sie knacken verlässlich, jetzt höre ich auch die Bewegung der Gelenke in den Gelenkkapseln.

Ich habe das eigenartige Gefühl, gar nichts zu brauchen. Als ich diesen Satz in mein Notizbuch schreibe, kratzt der Bleistift über das Papier. Ich lege ihn weg.

Stille kann unerträglich werden, wenn man nicht weiß, wie lange sie bleibt. Die Einzelhaft in Gefängnissen gilt in Deutschland als schärfste Disziplinarmaßnahme für Gefangene und darf nicht länger als vier Wochen andauern. Der Gefangene hat keinen Kontakt zu anderen, es wird ihm vorenthalten, womit er sich beschäftigen könnte. Kritiker bezeichnen das als »Vernichtungshaft«.

Die Mechanik meiner Armbanduhr surrt vor sich hin. Ich habe die Stille, die mich umgibt, selbst gewählt und auf eine Stunde begrenzt. Es ist nur ein Ausflug, der wahrscheinlich deshalb auf manche wie eine Expedition wirkt, weil die meisten Menschen sich nicht vorstellen können, wie es ist, sich selbst zuzuhören. Sie haben ja meistens Geräusche um sich herum, das Radio, den Verkehr, die kleinen Kopfhörer in den Ohren. Daran ist nichts falsch. Aber es hat mit Stille nichts zu tun. Dieser Ort kommt mir vor wie Wellness. Eine Weile zumindest.

Die Stunde ist um. Ein bisschen länger würde es wohl noch gehen, aber die Luft ist trocken. In meinem Kopf hat sich ein Druck eingestellt, ich könnte nicht sagen, ob von der Stille, der Luft oder vom Hunger. Mein Magen knurrt ohne Rhythmusgefühl.

Ich schließe die Tür hinter mir. Der Flur klingt jetzt weniger nach Kaminzimmer, mehr nach Kölner Dom. An der Wand hängt eine große Uhr. Als der Minutenzeiger vorrückt, klackt er. Ich zucke zusammen. Hinter einer weiteren Tür rauschen Rechner. Ich habe ein bisschen Sorge. Wenn jemand geräuschvoll trinkt, ist mir das manchmal schon zu viel, wie soll das denn jetzt werden?

Beim Hinausgehen winke ich der Pförtnerin zu, meine eigene Stimme will ich noch nicht hören.

Die Luft ist kühl, über die Kreuzung rollen Autos. Verkehrslärm, 75 bis 80 Dezibel. Stört mich nicht mehr als sonst, eher im Gegenteil.

Welche Musik soll ich jetzt hören, Brahms?

Der Geiger Christian Tetzlaff hat Brahms' Sonate Nr. 1 für Geige und Klavier mal mit Freundschaft verglichen. Wenn der eine einen Schmerz empfindet, ruft ihm der andere etwas Schönes in Erinnerung. Vor allem im langsamen Satz seufzt die Violine immer wieder, sie erzählt von einem Verlust, von Verzweiflung, das auch. Aber dann löst sie sich in Versöhnung auf, wie Regen, der auf trockene Erde fällt. Es gibt Trost. Tetzlaff vergleicht das mit einer »Naturerscheinung«, mit jener Wirkung, die sich einstellen kann, wenn man sich lange im Wald aufhält, beruhigend, ausgleichend. Seitdem höre ich diese Sonate auch so, als Naturerscheinung.

Ich nehme mein Handy in die Hand und suche nach der *Regensonate* von Brahms in einer Aufnahme mit Tetzlaff. Ich kenne diese Aufnahme. Sie legt feine Schichten frei, sie ist innig, intuitiv, sie nimmt einen an der Hand und macht etwas mit einem. Tetzlaff sagte, dass ihn genau das am meisten an Musik interessiere: dass sie was mit einem macht. Er will, dass man mitfühlt, dass man die Verzweiflung spürt, wie in der *Winterreise* zum Beispiel. Er will nicht »Klassik zum Entspannen und Genießen«, er will, wie er sagt, »mit der Kraft der Musik aufrütteln, heilen, einen öffnen, dass man wirklich beim Hören von Stücken in Tränen ausbricht und sich fragt: Was ist das, was in mir sich so bewegt, wenn ich das höre und warum?«

Ich stecke das Handy wieder weg. Genau das will ich jetzt nicht. Ich will noch ein wenig in dem Zustand bleiben, durch die Stille wie aufgeräumt. Aber wenn es eine solche Konzertform gäbe, würde ich sofort hingehen, vielleicht wäre das ein Gedanke: erst eine Weile schalltot, dann Töne.

Die Musik, die ich zuerst höre, kommt aus den geöffneten Fenstern eines Lieferwagens, der an der Ampel steht. Ein Bass, E-Gitarre, Klavier, *upbeat*. Die Stimme von James Brown weht vorbei, *get on up, stay on the scene*.

Das Konzert II

Musik hat kein Gewicht. Ein Klavier schon. Dieses hier wiegt 380 Kilo und ist schwarz lackiert, ein Steinway O-180, ein kleiner Konzertflügel, Versicherungswert: 94.000 Euro. Er fährt jetzt über den See, festgegurtet auf einem Pontonboot, auf der Seite liegend, geschützt von einer wasserabweisenden Transporthülle.

Als Ronny das Boot auf den Strand an der Südseite von Valentinswerder auflaufen lässt, entspannen sich die Schultern des Klavierträgers, der sich als Kutte vorgestellt hat. Aber die Hand lässt er am Flügel. Ronny macht das Boot fest, springt auf den Strand, verschwindet aus unserem Blickfeld und kommt ein paar Minuten später mit einer Art großem Gabelstapler angefahren, mit dem die Gärtner sonst Baumstämme oder Holzplatten oder anderes großes Gerät über die Insel transportieren. Kutte tauscht einen Blick mit seinem Kollegen.

Der Tag ist hellblau, mit ein paar harmlosen Wolken.

Kutte schaut sich um und entdeckt zwischen den Bäumen unsere Bühne auf der Wiese, die Ronny und die Gärtner in der vorangegangenen Woche gebaut haben. »Da hin?«, fragt er. Diesmal richtet sich seine Frage an mich. Ich nicke.

Anstelle eines Daches hat Ronny am Vormittag einen großen Lüster von den Bäumen über die Bühne gehängt, denn selbst meine pessimistische Wetter-App sagt null Prozent Niederschlag voraus.

Kutte löst den Gurt, mit dem sie den Steinway auf dem Pontonboot festgemacht hatten. Zu zweit wuchten sie ihn auf die Traktorgabel. Als Ronny über den Sand und die Wiese an die Bühne steuert, fährt Kuttes Kollege auf der Gabel neben dem Flügel mit. Sie laden das Instrument auf die Bühne um, montieren die Lyra an die Unterseite des Instruments und stellen es sachte auf seine drei Beine. Der Rest ist Ästhetik. Sie rollen es nach rechts, dann wieder nach links, bis es nicht zu zentral auf der Bühne steht. Die Streicher brauchen ja auch noch Platz. Dann streifen sie die Transporthülle ab.

Kutte nimmt Filterkaffee in einer winzigen Porzellantasse entgegen, mit der Aura eines Yogalehrers. Als würde er anstatt der Haltung »Krähe« als Übung für innere Balance eben tagtäglich Konzertflügel übers Wasser schiffen und unter Bäumen aufstellen.

Wir haben nicht nur eine Klavierbank mit Beinen aus Holz, wie es sich einer der Musiker gewünscht hatte, sondern sogar zwei Klavierbänke mit Holzbeinen. Auf dem Tresen glänzen Champagnerschalen. In zwei Kartons habe ich Schlitze geschnitten, das sind meine Spendenboxen. Im schwarzen Lack des Flügels spiegeln sich die Äste, die Blätter, das Grün.

Am Nachmittag, als die Sonne schon tiefer steht und die hohen alten Bäume die Wucht ihrer Wärme abfangen, hat sich die Wiese gefüllt. Es sind alle gekommen, Kinder, Erwachsene mit Picknick, alle Helfer, sogar ein Klavierstimmer. Vor ein paar Tagen hat noch die Geigerin zugesagt, die vier Musikerinnen und zwei Musiker haben es pünktlich zum Soundcheck geschafft. Malakoff Kowalski für ein Solo-Programm mit eigenen Stücken. Und für den klassischen Teil die Cellisten Julia Hagen und Konstantin Heidrich, die Bratschistin Karolina Errera, die Geigerin Larissa Cidlinsky und die Pianistin Annika Treutler.

Als ich auf die Bühne steige und zum Mikrofon greife, kann ich unserem Publikum nicht sagen, was sie spielen. Julia und ich haben uns von unserem Konzept aus dem Winter verabschiedet, weil die Besetzung so lange unklar blieb. Und dann hatten wir keine Gelegenheit mehr, darüber zu sprechen. Also keine sieben Werke, die sieben Zustände im Neuland der Corona-Pandemie spiegeln, wie wir uns damals im Februar auf einen Zettel geschrieben hatten, Einsamkeit, Langsamkeit, Fernweh, Unklarheit, Heimlichkeit, Enge. Was noch? Gewichtszunahme, das sogar auch. Das hatten wir aufgeschrieben.

Aber all das spielt keine Rolle mehr. Das Konzept ist jetzt: Gute Musiker entscheiden, was zur Stimmung passt. Die Abendsonne leuchtet durch die Blätter, ich bin als Veranstalterin und als Journalistin selbstverständlich völlig objektiv, wenn ich schreibe: Sie spielen, als hätten Haydn, Schumann, Mendelssohn, Schostakowitsch, Barrière, Kowalski die Musik extra für diesen Abend erfunden. Schade, dass wir keine Kritiker eingeladen haben.

Kurz: Es läuft. Die Spendenboxen füllen sich, obwohl man Musik weder essen noch übers Sofa hängen kann. Trotzdem werden die Menschen sogar mehr Geld für die Musik in den Spendenboxen lassen als für den Wein an der Bar.

Aber das weiß ich da noch nicht. Ich habe nochmal einen schlimmen Moment.

Kowalski taucht auf dem Flügel in die intimste Stelle seiner Uraufführung. Hinter ihm schwimmt ein wummerndes Partyboot ins Bild. Ich schwitze. Gleich wird er die Finger von den Tasten nehmen und sich nach den Bässen umdrehen, befürchte ich. Das Publikum wird murmeln, rascheln, aufstehen. Da dreht das Partyboot bei.

Ich atme aus, setze mich wieder auf die Wiese. Ich strecke die Beine aus. Das Gras ist kühl.

Kowalski beugt sich über die Tastatur und spielt, als wäre nichts gewesen. Ich sehe Gläser mit schimmernden Getränken auf der Wiese und Gesichter von Menschen, die sich mit Musik volllaufen lassen.

Am nächsten Tag, als Kowalski anruft und fragt, ob es irgendwelche speziellen Insekten auf der Insel gebe, seine Knöchel seien so dick angeschwollen, dass er die Füße bis zu den Waden in Eiswasser tauchen müsse, spüre ich die Mückenstiche.

Dann kommt auch der Regen.

Nachwort und Dank

Im Schreiben kann man vielleicht die Zeit festhalten, aber das Leben geht weiter. So auch für die Protagonistinnen und Protagonisten meiner Geschichten. Das Artemis Quartett, in dem Anthea Kreston Geige spielte, hat sich mittlerweile aufgelöst. Der Mann, der nicht nur die Tasten drücken wollte, Igor Levit, hatte während der Pandemie auf Twitter Konzerte aus seinem Wohnzimmer gestreamt und damit nicht nur sehr viele Menschen glücklich gemacht, sondern, wie er mal sagte, sich vielleicht zum ersten Mal in seinem Beruf als Pianist richtig zuhause gefühlt. Inzwischen hat er seinen Twitter-Account voraussichtlich endgültig gelöscht. Der Kontrabassist, der im Text Konrad Reber heißt, spielt nun fest in der Staatsphilharmonie Nürnberg. Zu meiner Freude habe ich ihn wiedergetroffen, als ich übers Dirigieren schreiben wollte, denn Chefdirigentin in Nürnberg war zu dem Zeitpunkt Joana Mallwitz. Das Konzerthausorchester Berlin wiederum, das mich bei dem Kontrabass-Probespiel dabei sein ließ (dem gesamten Orchester sei auch an dieser Stelle herzlich gedankt!), wird ab der Spielzeit 2023/24 eine neue Generalmusikdirektorin haben. Sie heißt: Joana Mallwitz. Hätte ich mir das bewusst vorgenommen, als raffinierte Variation, die sich durchs Buch zieht, oder als eine Art Leitmotiv, das hätte vermutlich nicht geklappt, so was kann man nicht planen.

An diesem Buch waren viele Menschen beteiligt, denen ich danken will. Von Herzen gilt er den Musikerinnen und Musikern, die ich lange, manchmal auch sehr lange, begleiten durfte. Sie haben mir ihre Zeit und, vor allem, ihr Vertrauen geschenkt. Ohne sie gäbe es diese Texte nicht. Ich danke Nina Sillem, die mich zu diesem Buch antrieb, und Heinrich von Berenberg, dessen Begeisterung für Musik und Texte gleichermaßen unvergleichlich ist. Ohne sie gäbe es dieses Buch nicht, schon gar nicht auf diesem herrlichen Papier.

Danken möchte ich auch Beatrice Faßbender sowie den Redakteurinnen und Redakteuren, für die einige der Texte in diesem Buch so oder ähnlich entstanden waren: Michael Ebert, Johannes Gernert, Tobias Haberl, Gabriela Herpell, Emilia Smechowski, Tanja Stelzer, Britta Stuff, Stefan Willeke, Felix Zimmermann von der *taz*, dem *Süddeutsche Zeitung Magazin*, der *ZEIT*, dem *ZEIT-Magazin*. Von ihnen allen würde ich gern etwas abschauen: die Gabe, eine Welt in einen Satz zu fassen; Gelassenheit, Genauigkeit, eine Spur Größenwahn. Dazu gehören auch die Menschen in den Radio-Redaktionen, die mir Sendungen anvertrauen und die intensive Beschäftigung mit Musik immer wieder herausfordern, insbesondere Susanne Ockelmann, Steffen Brück, Christian Detig. Sie ahnen nicht, wie wichtig das ist.

Darüber hinaus haben viele Menschen ihr Wissen mit mir geteilt, wie die Mitarbeiterinnen und Mitarbeiter des Deutschen Musikinformationszentrums, des Deutschen Bühnenvereins, des Staatlichen Instituts für Musikforschung, des Rundfunk-Sinfonieorchesters Berlin, des Inselbüros Valentinswerder, sowie Dirk Augustat, Christian Badzura, Maren Borchers, Wolfram Goertz, Vera Kabo, Michael Schetelich, Lena Wallén. Sie alle haben mir auf ihre Weise geholfen, Menschen, Musik und Worte zu treffen.

Und ich danke von Herzen jenen, die mich immer wieder auf den Boden oder zu den Sternen holen, wie Verena Friederike Hasel, Tina Hüttl, Juan Moreno, Alexa Pirich, Aram Pirmoradi, Katrin Beushausen, Sebastian Fischer, Ing Holzmayer, Benjamin Kiesewetter, Susanne Westenfelder. Nicht zuletzt ist meinen Schwiegereltern und meiner Mutter zu danken, zum Beispiel für ihre Kunst, Dramen mit dem Sinn fürs Praktische einzufangen. Der Scharfsinn und die Intuition meines Vaters werden mir Vorbild bleiben, immer.

Und das alles wäre nichts ohne Nikolai, Caspar und Felicitas. Sie sind Inspiration und Zuhause.

Nachweis

Die hier abgedruckten Texte wurden zwischen 2011 und 2023 geschrieben und in verschiedenen Zeitungen und Zeitschriften veröffentlicht (*Süddeutsche Zeitung Magazin, DIE ZEIT, ZEIT Magazin, taz am Wochenende*). Sie erscheinen hier erstmals versammelt und wurden, sofern bereits veröffentlicht, von der Autorin für das vorliegende Buch überarbeitet und erweitert, teils leicht, teils erheblich. Die Geschichten *Vor dem Vorhang, Machine for Contacting the Dead, Vom Lärm der Zeitenwende, Die dunkle Seite der Sonate* sind bislang unveröffentlicht.

Das Zitat von Igor Strawinsky auf S. 5 stammt aus dem Band *Schriften und Gespräche I* (I. Paris 1935), hg. v. Wolfgang Burde, Mainz 1983, S. 69. Alle übrigen Zitate stammen aus Gesprächen, die Carolin Pirich mit den Künstlerinnen und Künstlern geführt hat.

MIX
Papier | Fördert
gute Waldnutzung
FSC® C083411

Originalausgabe
© 2023 Berenberg Verlag, Sophienstraße 28/29, 10178 Berlin

Konzeption | Gestaltung: **Antje Haack** | www.lichten.com
Satz | Herstellung: **Büro für Gedrucktes, Beate Zimmermanns**
Einbandillustration: **Antje Haack**
Reproduktion: **Frische Grafik, Hamburg**
Druck und Bindung: **CPI – Clausen & Bosse, Leck**
Printed in Germany
ISBN 978-3-949203-52-7